Jon Flemming Olsen

Der Fritten-Humboldt

Jon Flemming Olsen

Der Fritten-Humboldt

Meine Reise ins Herz
der Imbissbude

Goldmann Verlag

Originalausgabe

Verlagsgruppe Random House FSC-DEU-0100
Das FSC-zertifizierte Papier *Munken Premium* für dieses Buch
liefert Arctic Paper Munkedals AB, Schweden.

1. Auflage
Copyright © 2010
by Wilhelm Goldmann Verlag, München,
in der Verlagsgruppe Random House GmbH
Satz: Uhl+Massopust, Aalen
Druck und Bindung: GGP Media GmbH, Pößneck
Printed in Germany
ISBN 978-3-442-31219-1

www.goldmann-verlag.de

Für Dominique von Savoyen

Die Stationen

Das Rettungsboot............................... 11
Erste Station: Lude's Imbiss
Aventoft, Schleswig-Holstein

Im Ring 32
Zweite Station: Heiko's Grillimbiss
Bremen

Danke, Volker 47
Dritte Station: Pohly's Snack-Eck
Wagenfeld, Niedersachsen

Allein unter Frauen 64
Vierte Station: Glückauf-Grill
Dorsten, Nordrhein-Westfalen

Hitzefrei 84
Fünfte Station: Imbiss Kalsch
Gillenfeld, Rheinland-Pfalz

Der Halbmond und der deutsche Michel 98
Sechste Station: Schnellimbiss
Frankfurt am Main, Hessen

Im Reich der Weißrücken 115
Siebte Station: Imbiss Adolf Müller
St. Wendel, Saarland

Heilige Knochen 131
Achte Station: Hakim's Imbiss & Steakhouse
Heidelberg, Baden-Württemberg

Familienbande 146
Neunte Station: Alles Wurscht
München, Bayern

Wirtschaftswunderkind 162
Zehnte Station: Fritz Mitte
Jena, Thüringen

Frotteesuppe 181
Elfte Station: Heidi's Feldküche
Leipzig, Sachsen

Ruß und Regen 199
Zwölfte Station: Extra-Griller
Weißenfels, Sachsen-Anhalt

Am Anfang war die Wurst 217
Dreizehnte Station: Krasselt's Imbiss
Berlin

Zurück in die Zukunft 237
Vierzehnte Station: Günther's Imbiss-Eck
Pritzwalk, Brandenburg

Die Wollmilchsau 253
Fünfzehnte Station: Banny's Imbiss & Pension
Friedrichsruhe, Mecklenburg-Vorpommern

Von einem, der auszog 270
Sechzehnte Station: Eppendorfer Grillstation
Hamburg

Dank 287

Das Rettungsboot

Erste Station:
Lude's Imbiss
Aventoft

Heute ist Freitag. Als ich die Pension betrete, bin ich enttäuscht. Das hatte im Internet aber besser ausgesehen. Hier, in der nordfriesischen Realität, muss ich mit meinem Koffer erst an einem verwaisten Softeisstand vorbei und mich dann durch ein leeres, aber stark mit Stühlen vollgestelltes Restaurant hindurchkämpfen, bis ich am Tresen des Schankraumes eine Art Rezeption ausmachen kann.

Niemand da.

»Hallo?«

Nichts zu hören. Nur entferntes Tellerklappern aus der Küche. Steht hier eine Glocke auf dem Tresen? Nein. Ich werde etwas lauter.

»Hallo!?«

Die Fachkraft kommt aus der Küche herbeigeschlichen.

»Guten Tag, mein Name ist Olsen.«

Dass ich ein Zimmer reserviert habe, lasse ich unerwähnt. Das ist natürlich nicht nur ein Zeichen meiner Weltläufigkeit, sondern auch ein Test: Eine wirklich fähige Rezeptionistin wird aus meinem Satz von ganz allein und ohne Nachfragen die richtigen Schlüsse ziehen.

»Schönen guten Tag«, entgegnet die Fachkraft, »haben Sie reserviert?«

Danke, das war's, denke ich. Scharfer Geist und Professionalität sind an diesem Ort offenbar nicht zu Hause.

»Ja«, erwidere ich immer noch höflich, aber auch ein bisschen gelangweilt, »natürlich.«

»Und der Name war ...?«

»Olsen. O-L-S-E-N.«

Eine kleine Pause entsteht. Die Fachkraft schaut in ihr Buch. Ich weiß schon, was jetzt kommt: ein Ausdruck des Bedauerns, ich sei nicht zu finden, die erneute Frage nach meinem Namen.

»Wahrscheinlich haben Sie mich unter meinem Vornamen drin«, sage ich müde, »Das kenne ich schon. Schauen Sie doch bitte unter ›Flemming‹.«

»Flemming?«, fragt die Fachkraft nach und beugt sich wieder über ihr Buch. »Nein ...«, sie blättert um, »Flemming habe ich auch nicht ...«

»Das gibt's doch gar nicht.«

»Ach, Moment!«, das Gesicht hellt sich auf. » Für morgen hab ich Sie drinstehen! Hier ...«, sie deutet auf eine Stelle auf der vollgekrakelten Seite, »Olsen.«

»Wie auch immer«, entfährt es mir genervt, »ich bin aber nun mal heute da.«

»Ja, ja«, beeilt sich die Fachkraft zu sagen, »aber Sie stehen erst für morgen drin, sehen Sie? Olsen – Freitag, der 14.«

Jetzt wird es mir aber wirklich zu bunt.

»Aber heute *ist* doch Freitag.«

»Nein, nein«, erwidert mein Gegenüber mit einem entschuldigenden Unterton, »heute ist Donnerstag.«

»Heute ist ... Freitag.«

»Nein, wirklich – heute ist Donnerstag. Hier.«

Sie zeigt mir ihren Kalender. Donnerstag. Ist das wahr?

Kann das wirklich wahr sein? Ich frage noch mal nach. Ob sie sich auch ganz sicher sei?

»Ganz bestimmt!«, bekräftigt die Fachkraft. »Das tut mir ja nun leid.«

Ich lache, aber es klingt wahrscheinlich etwas hölzern. Mein Kopf fühlt sich mit einem Mal sehr leer an. Heute ist also erst Donnerstag. Und nicht Freitag. Ich bin tatsächlich losgefahren in der Überzeugung, es wäre Freitag? Das ist mir ja noch nie passiert.

»Tja«, sage ich, »dann fahre ich jetzt wohl wieder nach Hause … und morgen komm ich wieder, und …« Ich weiß nicht, wie dieser Satz weitergehen soll.

»Wissen Sie was?«, sagt die Fachkraft.

»Nein.«

»Und morgen tun wir beide dann einfach so«, sie zwinkert und beugt sich mir ein ganz kleines Stück entgegen, »als hätten wir uns noch nie gesehen.«

»… als hätten wir uns noch nie gesehen …«, echoe ich und lächele hilflos.

»Ist das nicht eine gute Idee?«

»Ja, das ist … prima.«

Die Fachkraft strahlt mich an. Auf ihrem Schildchen steht »Carstensen«.

»Na denn, Herr Olsen, – bis morgen!«

»Ja. Bis morgen, Frau Carstensen.«

Es ist also noch mal Freitag. Ich fahre durch die bratpfannenflache Weidenlandschaft Nordfrieslands. Der Himmel kann sich heute nicht so ganz entscheiden: Hellgrau und Dunkelgrau kämpfen sowohl gegeneinander als auch gemeinsam gegen knalliges Blau, und alles wirbelt in unendlich vielen Schattierungen unentwegt durcheinander. Es ist mächtig was los da oben, denke ich – wahrscheinlich mehr als hier unten. Das kleine, graue Band der Landstraße durchschneidet sattes Grün und kleine Wäldchen, ab und zu schimmert das Ziegelrot eines Gehöfts durch die Zweige. Dies ist es also: das Ende der Welt oder zumindest das Ende Deutschlands, sein nördlichstes, der letzte Zipfel deutschen Festlandes. Ich biege rechts ab und bin da: mitten im Nirgendwo, auf einem viel zu großen Parkplatz, zwischen einem geschlossenen Supermarkt und einem noch geschlosseneren, riesigen Anglerbedarfshop. Hier steht, trotzig dazwischengeklemmt und keine fünfhundert Meter von der dänischen Grenze entfernt, ein kleines Backsteinhäuschen. »Lude's Imbiss«. Meine erste Reisestation.

Einen Monat werde ich reisen, gegen den Uhrzeigersinn, durch ganz Deutschland. So lange war ich noch nie allein unterwegs. Eigentlich, so fällt mir ein, war ich überhaupt noch nie alleine unterwegs. Das wirkt fast ein bisschen lächerlich: Mitte vierzig und zum ersten Mal allein unterwegs? Noch nie allein im Urlaub gewesen? Nein, tatsächlich nicht. Aber mit Urlaub werden die kommenden Wochen ohnehin nur wenig gemein haben. Ich habe sechzehn Imbisse in sechzehn Bundesländern vor mir. Sechzehn Arbeitstage, jede Menge Frittendunst, knapp dreitausend Kilometer Fahrtstrecke und dazwischen ein paar freie Tage, um die Eindrücke festzuhalten. Ich bin bewaffnet mit Diktiergerät, Kamera und Laptop. Ich werde ermitteln, erforschen, erfahren, wie es so zugeht in den Imbissen dieses Landes. Ich bin ein Agent und Schmetterlingssammler. Ich werde eintauchen in die Materie, eins werden mit meinem Objekt. Ich werde lernen, wie es ist, wirklich hinter dem Tresen zu stehen und zu arbeiten. Ich werde Menschen kennenlernen, die genau das tun. Was für ein Abenteuer! Ich freue mich. Und habe Angst. Ob ich vielleicht deswegen einen Tag zu früh losgefahren bin?

Heute ist endlich Freitag.

Als ich aussteige, kommt mir Lude entgegen.

»Moin!«, ruft er mir zu. »Schön, dass du da bist.«

Das finde ich auch.

Lude sieht gesund gebräunt aus, eine Eiche von einem Mann, früher hätte man gesagt »in den besten Jahren«. Ich werde Stunden brauchen, bis ich weiß, an wen er mich erinnert. Curd Jürgens. Der Typ Mann, der – etwas schmal und steif in den Hüften – nach oben immer breiter und kräftiger wird, mit einem ungeheuren Brustkorb und massigem Nacken. Lude lächelt mich aus hellblauen Augen an und stellt mir seine Frau und seinen Sohn vor. Anke hat ein schmales, aber herzliches Lächeln. Sie ist auffallend groß, trägt eine Brille und eine etwas mützenartige Lockenfrisur. Thorsten ist ein Hüne mit Raspelschnitt. Die genetische Vorgabe des Vaters hat er augenscheinlich durch konsequentes Muckibudentraining vervollkommnet. Ich habe Angst um meine Hand, aber Thorsten drückt nur ganz sachte zu und sieht dabei sehr nett aus.

»Mensch, ja…«, sagt Lude ein bisschen unbeholfen. »Willkommen hier im Norden.«

Ein dicker Mann schiebt sich von rechts ins Bild.

»Moin!«

Das muss er sein, mein Tippgeber für diese erste Station. Wie hieß er noch?

»Mensch, Herr Klindt!«, rufe ich aus und bin froh, dass mir in genau diesem Moment sein Name einfällt. »Sie auch schon hier? Das ist ja nett.«

Wir betreten Lude's Imbiss. Hell ist es hier, erstaunlich modern, frisch und sauber. Ein weißer Schleiflacktresen, Tische mit dunklen Granitplatten und eine dezente Beleuchtung bestimmen das Bild. Fast bin ich enttäuscht. Ich hatte mit einem etwas schmuddeligeren Start gerechnet. Unsere kleine Gemeinschaft schiebt sich durch den Laden ins verglaste Raucherzimmer. Dort ist der größte Tisch bereits komplett eingedeckt. Offenbar hat mein Chef als Erstes ein mächtiges Kaffeetrinken mit mir vor. Anke hat gebacken: Erdbeerkuchen, Butterkuchen mit furchtlos bemessenem Butteranteil und einen Berg von einer Torte, wie ich ihn noch nie gesehen habe.

»Das ist Friesentorte«, klärt Anke mich auf.

Ich frage, wie viele Friesen für dieses Backwerk wohl ihr Leben lassen mussten. Die Runde lacht, die Stimmung löst sich. Ich bin dankbar – nicht nur für das reichliche Kuchenangebot, sondern auch für meinen Hunger, der mir die Gelegenheit gibt, mich als guter Esser in dieser Runde einzuführen. Anke schenkt dampfenden Kaffee in große Becher und verteilt den Kuchen. Aus Herrn Klindt wird Jens, und damit sind wir ab sofort alle per Du. Die Friesentorte entpuppt sich beim ersten Bissen als eine Schichtung aus Kuchenboden, Pflaumenmus, Sahne und Baiserdeckel. Was ganz Leichtes also. Lecker.

»Moin, moin!«

Ein graumelierter Brillenträger klopft an die Glasscheibe und betritt den Raucherraum. Anke schiebt Stühle hin und her und schafft Platz. Der Ankömmling stellt sich als Hans-Werner, Redakteur der *Husumer Zeitung*, vor. Er möchte Informationen für einen Artikel über meinen Besuch bei Lude.

»Also Jo, du testest jetzt Imbisse in Norddeutschland? Erzähl doch mal …«

Und ich erzähle: dass ich keine Imbisse teste, und nicht nur Norddeutschland bereisen werde, wo ich die Tipps herhabe, und so weiter und so fort. Die ganze Runde hört zu. Jens dreht Däumchen. Ich komme mir ein bisschen blöd vor. Eigentlich wollte ich ja die Fragen stellen und die anderen erzählen lassen, aber da muss ich jetzt wohl durch.

»Hat dich deine Fernsehrolle als Ingo der Imbisswirt auf diese Idee gebracht?«, fragt Hans-Werner. Ich spähe nach rechts durch die Scheibe Richtung Tresen und sehe eine dunkelhaarige Gestalt in Tarnhosen und Muskelshirt sich nähern.

»Tachchen!«

Die Runde antwortet mit allgemeinem, begrüßendem Gemurmel. Der Guerillakämpfer ist offenbar ein Stammgast. Ein weiterer Stuhl wird in die Runde geschoben, direkt rechts neben mir. Ich sehe die Adern auf seinen gebräunten, tätowierten Unterarmen.

»Ick bin der Volker.« Ein kräftiger Händedruck, ein kurzer Blick aus zusammengekniffenen Augen. Etwas leicht Spöttisches umspielt Volkers Mundwinkel. Ich rutsche mit meinem Stuhl ein Stück weiter nach links. Jens möchte wissen, ob ich auf der Straße oft angesprochen werde – bei *Dittsche* würde ich ja eine Perücke tragen.

»Alter, sowat kenn ick ooch!«, antwortet Volker für mich. »Ick war mal – nee, zweemal – son Statist für 't Fernseh. Und da war ick massivst im Bild! Massivst, vastehste?« Er stubst mich leicht mit dem Ellenbogen an. »Da bin ick nur noch anjequatscht worden. Nur noch!« Seine Hand zerschneidet die Luft. »Det war Wahnsinn! Hör mir uff!«

Der Journalist fragt nach dem Zweck meiner Reise – der bestehe doch darin, ein Buch zu schreiben, oder?

»Ja, genau …«

»Alter, 'n Buch! Da kriech ick dann aber ooch eens jeschickt, det is ja wohl ma klar, oder?«

»Gern, wenn du eins bei Amazon bestellst«, möchte ich eigentlich antworten, schlucke es aber herunter. Seit Volkers
Ankunft hat sich die Atmosphäre in unserer kleinen Runde
irgendwie verändert. Ich versuche, meinen Satz zu beenden,
sage, dass bis jetzt noch keiner ein Buch über Menschen in
Imbissen geschrieben habe, und einer müsse es ja mal machen.
Hans-Werner nickt und stenografiert eifrig mit.

Während ich weiter Fragen beantworte, lasse ich den Blick
schweifen. Erst jetzt fallen mir die ordentlich gerahmten Skizzen an den Wänden auf. Der gesamte Raum ist vollgehängt. Ich
erinnere mich: Jens hatte mir in seiner Imbiss-Empfehlung geschrieben, dass es unter Ludes Gästen einen Zeichner gebe, der
sämtliche Stammgäste auf Einwickelpapier verewigt habe. Ich
erkenne einen leicht zittrigen, filigranen, aber auch entschlossenen Strich. Fröhlich sieht keiner der Porträtierten aus. Ganz
offenbar ist es das Dunkle im Menschen, das den Zeichner interessiert, die Schatten, das Unbeleuchtete. Besonders einer der
Gäste scheint es ihm angetan zu haben – an ihm hat er sich
gleich mehrfach versucht: Es ist ein Mann mit Glatze und riesigen Ohren. Seine Augen sind klein, sie stehen eng zusammen,
und sein Gesicht ist wettergegerbt. Es ist etwas Besonderes in
seinem Blick, etwas Geschundenes und Trauriges.

Ein klappriger Endfünfziger betritt den Raum.

»Ach!«, ruft Jens. »Das ist Jan – der Zeichner. Von dem
hatte ich dir ja geschrieben.«

Jan murmelt ein leises Hallo. Ich gebe ihm die Hand. Seine
ist enorm schmal und zart. Später wird er diese Hand zur
Faust ballen und jemandem zurufen: »Geht die hier auf, gehst
du unter!« Kaum eine Hand auf der Welt, bei der dieser Satz

unangebrachter wäre. Jan setzt sich mir schräg gegenüber. Der Zeichner ist in dieser Runde eine eher exotische Erscheinung: Er trägt sein Haar fast schulterlang und unaufgeräumt, an seinem Oberkörper hängt ein schlabberiges Jackett wie über einer Stuhllehne. Er justiert die kleine Brille mit den ovalen Gläsern auf seiner Nase und zündet sich eine Zigarette an. Von Jens weiß ich, dass Jan schon seit fast dreißig Jahren hier oben lebt. Er kommt aus Hamburg und ist eigentlich Architekt.

»Verdammt!«, ruft Volker deutlich zu laut. »Ick brauch jetzt erstma 'n Schnutenwischer!«

Er hält ein leeres Schnapsglas hoch. Die Stimmung am Tisch duckt sich. Für eine Sekunde wird es still. Lude reagiert sofort.

»Mein lieber Freund.« Sein Ton ist leise und scharf. »Du brauchst hier nicht wieder so rumzubrüllen, klar?«

Volker widerspricht nicht. Er blickt nach unten, nickt und grummelt etwas Unverständliches. Anke stellt ihm ein neues Glas hin. Die Stimmen um mich herum werden wieder lauter. Mir ist unbehaglich neben diesem Mann. Was ist das bloß für ein Typ? Und was ist ein Schnutenwischer? Ein dreifacher Weinbrand in einem Schnapsglas, erklärt mir Jan. Er spricht so leise, dass ich mich ganz zu ihm hinüberbeugen muss. Anke fragt Jan, ob er auch noch eine »Mischung« möchte. Jan lächelt und nickt. In der Zwischenzeit hat Jens Lude in eine Kontroverse über Peter Sodanns Bundespräsidentenkandidatur verstrickt. Die Argumente gehen hin und her.

»So schlecht ist der Mann nun auch wieder nicht«, meint Jens, » 'n paar vernünftige Sachen hat der schon gesagt.«

Lude legt die Stirn in Falten.

»Also, so einer kann doch wohl nicht Deutschland repräsentieren, oder?«

»Wieso denn nicht?«, meint Jens »Das kann ja wohl nicht so schwer sein! Das bisschen Repräsentieren…«

»Wenn das jeder könnte – wieso machst du das dann nicht?«

»Da hätte ich gar keine Lust zu.« Jens verschränkt die Arme über dem massigen Bauch und grinst. »Aber mit dir zusammen würd ich mich drauf einlassen.«

»Wir beide?« Ludes Lachen füllt den Raum mit kräftigem Bariton. »Ja, das wär was!«

»Na, denn machen wir das doch!«, schlägt Jens vor.

Lude nimmt seine Flasche.

»Prost!«

Zwei Bügelbierflaschen klackern aneinander. Die Eintracht ist wiederhergestellt. Lude steht auf, er hat vorn zwei Kunden entdeckt, die bedient werden möchten. Mir fällt ein, dass ich ja eigentlich zum Arbeiten hier bin. Muss ich denn gar nichts machen? Lude bremst meinen Tatendrang: »Nee, nee, hab du man erstmal deinen Schnack hier. Dat is sowie so 'n büschen eng bei uns hinterm Tresen. Lass man erstmal.«

Mein erster Arbeitstag sieht also nicht gerade nach Arbeit aus. Das gefällt mir. So langsam finde ich es sogar richtig gemütlich hier im verqualmten Hinterzimmer. Abgesehen von Volker. Irgendetwas brodelt da in seinem Inneren. Er redet zu laut. Rutscht auf seinem Stuhl hin und her. Jetzt taxiert er mich wieder, kneift die Augen zusammen, will wissen, was ich für einer bin.

»Na, ihr baut doch bestimmt auch viel Scheiß, du und Olli, oder?«

Was ist denn das für eine Frage? Am besten weder verneinen noch bejahen. Ich zucke die Achseln und ziehe die Mundwinkel nach unten.

»Hm… ja… kann schon sein.«

»Aha! Siehste?« Volker grinst mich an und piekst mir seinen Zeigefinger in die Schulter. »Det is det nämlich. Det ha ick mir jedacht.«

Ich habe keinen Schimmer, was das bedeuten soll, lächle etwas gequält und nicke höflich. Volker, so scheint mir, möchte vor allen Dingen Aufmerksamkeit.

»Sag mal«, frage ich ihn, »du klingst aber nicht, als wenn du von hier oben kommst?«

»Nee, Alter.« Volker bestellt mit erhobenem Finger noch einen Schnutenwischer. »Türlich nich. Ick bin aus Neuruppin.« Volker ist aus der DDR? Das überrascht mich. Ich dachte, er würde berlinern, und diesen Klang verbinde ich intuitiv immer noch mit dem Westen.

»Ach! Und wie bist du dann hier gelandet?«

Und Volker erzählt. In ruppigen Halbsätzen, die aus ihm hervorbrechen. Wie er vor zwanzig Jahren mit zwei Mark in der Hand über die Grenze in den Westen gekommen ist. Drei Wochen nach Maueröffnung. Lieber jetzt als gar nicht: Man weiß ja auch nicht, ob die Grenze in der nächsten Woche nicht schon wieder zu ist. Schon als Kind hatte er jedem erzählt, dass er mal am Meer leben wird. Geglaubt hat ihm keiner. Seiner Mutter sagt er, er bleibt nur ein paar Tage weg. Daraus werden zwanzig Jahre. Volker arbeitet als Putzmann, als Baugehilfe, er nimmt jede Arbeit an.

»Also … mein Ding is bauen«, sagt Volker. »Bauen, det find ick total geil. Bauen, Alter! Fand ick schon als kleener Junge …«

Harte Maloche macht Volker nichts aus: Er hat es geschafft, er ist am Meer, da wo die Freiheit am größten und die Luft am klarsten ist. Volker fummelt eine Zigarette aus seinem Bauchtäschchen und steckt sie an.

21

»Warste schomma im Knast?«

Ich schüttle den Kopf. Volker rückt ein Stück näher und sieht mir ins Gesicht. Knast sei scheiße. Mehr sagt Volker nicht. Er sieht mich nur weiter an. Ich nicke, sehe auf den Boden und nuschele Zustimmung. Volker knallt sein leeres Schnapsglas auf den Tisch. Wieso, beschwert er sich lautstark, gebe es hier immer noch keinen neuen Schnutenwischer für ihn? Lude steht am Tresen. Er solle die Klappe halten und einfach rüberkommen, ruft er Volker zu. Der Gescholtene schiebt seinen Stuhl weg und setzt sich leise schimpfend in Bewegung. Jens beugt sich zu mir herüber: »Volker geht einem manchmal echt auf die Nerven. Aber von uns allen hier ist er der Einzige, der allein in einem Wald überleben würde.«

Hans-Werner steht auf und klopft zweimal auf den Tisch. Er muss seinen Artikel noch in die Tasten hauen. Anke schenkt ihm zum Abschied einen ein. Die beiden Kunden von vorhin haben sich mit ihren Pommes nach draußen vor den Laden gesetzt. Lude kommt zurück von der Friteuse. Er bringt mir eine weiße Flensburger-Schürze mit.

»Hier. Willste mal anziehen?«

Das gefällt mir: Wenn schon keine Arbeit, dann doch wenigstens Kleidung, die danach aussieht. Während ich aufstehe, um die Schürze zu binden, erscheint ein weiterer Gast in der Glastür unseres Separees. Ich drehe mich um – und erschrecke: Das ist zwar der Mann von den Porträts an der Wand, aber – hat ihm jemand eine Gruselmaske aus Gummi aufgesetzt? Auf dem Papier sah dieses Gesicht nur wettergegerbt aus. In Wirklichkeit ist es gefräst, gemeißelt, zerfurcht, zerknittert, verschrumpelt, gebrochen und wieder zusammengeknetet. Der Mann schielt leicht, und seine winzigen Augen werden von mächtigen Wangen- und Stirnknochen umrahmt.

22

Der gesamte Kopf glänzt wie eine Speckschwarte und ist für die Ewigkeit gebräunt. Der Ankömmling wird von der Runde lautstark begrüßt:»Hallo, Hannes!«

Hannes steht für den Bruchteil einer Sekunde steif da. Dann passiert etwas Beeindruckendes mit diesem Gesicht: Es lächelt. Und auf einen Schlag wird aus der Gummimaske das Antlitz eines liebenswerten Freundes. Ich kann die Augen nicht abwenden. Hannes winkt zum Gruß in die Runde. Seine Hand ist eine Schaufel, eine massige, fleischige Pranke, die Haut fleckig und dünn wie Pergament. Er trägt eine alte, steife Kunstfaserhose und einen giftgrünen Pullover. Anke schiebt noch einen Stuhl an den Tisch zwischen Volker und mir. Sie stellt Hannes ein Bier hin. Ich reiche meinem neuen Nachbarn die Hand. Hannes lächelt mich an und lässt meine Hand komplett in seiner verschwinden. Jan bestellt noch eine Mischung:»Und Lude: Bring mir mal 'n bisschen Papier mit!«

»Wen willst du denn zeichnen?«, frage ich ihn – und weiß es doch schon.

Jan nickt in Hannes' Richtung. Sein Modell scheint es geahnt zu haben. Es lacht und zeigt mit dem Finger auf den Zeichner. Und noch etwas sehe ich jetzt: Der Mann hat keine Augenbrauen und keine Wimpern. Kein einziges Haar im Gesicht.

»Was war dieses Gebäude eigentlich früher mal?«, frage ich Lude, der mit Schnäpsen und Bier und großen Bögen Einwickelpapier zurückkommt.

»Tja.« Lude kratzt sich am Hinterkopf.»Der Laden war früher 'n Kohlenschuppen, also bis hier hin ungefähr.« Lude macht eine trennende Handbewegung in Richtung Tresen. »Komm mal mit!«, sagt er.»Ich zeig's dir.«

Wir stehen auf und gehen zur Küche. Ich schwanke kurz.

Dabei bin ich der einzig Nüchterne hier. Der gesamte Boden, das merke ich in diesem Moment, besitzt deutlich Schieflage. Ich frage Lude, woher das kommt.

»Halt mir bloß damit auf!« Der Wirt verschränkt die Arme vor der Brust. »Am Anfang war der Laden ja viel kleiner. Und dann schlug der aber so bombig ein, da ham wir nach 'm Vierteljahr gleich vergrößert. Da hinten ham sie angefangen zu fliesen«, Lude deutet Richtung Raucherraum, »und als sie die Wand weggehauen hatten, ham sie gemerkt, dass sie zu tief waren.« Er schüttelt den Kopf. »Da hab ich gesacht: So, nu lass liegen den Scheiß – fertig. Und deswegen ist hier son büschen Schlagseite.«

Anke und Thorsten kommen dazu. Ich erfahre, dass der Supermarkt und der Angelshop nebenan schon seit Jahren dicht sind. Das gesamte Areal – alles Insolvenzmasse. Lude und Anke warten auf den dritten Insolvenztermin, und zwar schon seit siebzehn Jahren.

»Man gewöhnt sich dran«, seufzt Anke.

Sie hätten inzwischen gemerkt, dass sie auch ohne die Läden zurechtkommen. Eigentlich müssten sie dringend umbauen, Wände wegreißen, vergrößern – aber wer steckt da noch Geld rein?

Thorsten ist bei der Bundeswehr. Er hat sich für zwölf Jahre verpflichtet. Feldwebellaufbahn bei den Fallschirmjägern. Weit über zweihundert Sprünge hat er bereits hinter sich. Die Begeisterung dafür steht ihm ins Gesicht geschrieben. Thorsten sagt, er springe auch »zivil«. Seine Eltern hätten ihm nie Steine in den Weg gelegt. Anke nickt.

»Weißt du, unser Nachbarssohn war vierzehn, da kriegt er zu Weihnachten ein Fahrrad, stürzt – und wird nie wieder wach.«

Anke sieht mich an. Ich sehe Thorsten an.

»Deswegen … Als Thorsten damals die Ausbildung machen wollte, da haben wir gesagt: Wenn das sein Ding ist, dann soll er das auch machen.«

Im Raucherzimmer werden unterdessen weiterhin Schnäpse und Bier verhaftet. Ein Däne erscheint vorn am Tresen und bestellt einen Hamburger. Er ist zum Angeln hier, auf Karpfen. Der Fangteich ist direkt um die Ecke. Ich frage ihn, wie viele Tiere man denn pro Tag so raushole.

»Gar keine«, sagt der Mann mit den Sommersprossen und lacht. »Oft jedenfalls.«

Vor ein paar Jahren sei er mit seinen Freunden hier gewesen, da hätten sie eine Woche lang keinen einzigen Fisch gesehen. Das sei eben manchmal so. Wer so viel Frustration auf sich nimmt, denke ich, der muss Karpfen wirklich lieben.

»Aber so frisch gefangen abends auf den Tisch ist der Karpfen doch köstlich, oder?«

»Überhaupt nicht!«, lacht der Sommerbesprosste und schüttelt sich mit sichtlichem Abscheu. »Wir schmeißen die doch wieder rein!«

Der Reiz dieser Freizeitbeschäftigung will sich mir nicht so recht erschließen: Man sitzt eine Woche lang an einem künstlichen Teich – am besten noch bei Regenwetter –, um vergeblich darauf zu warten, dass ein Tier anbeißt, das man eigentlich eklig findet? Und wenn man es fängt, tut man nichts weiter, als es sofort wieder reinzuwerfen?

»Nein, nein«, sagt der Däne. Die gefangenen Karpfen würden sie natürlich messen und wiegen – und zum Schluss habe der mit dem größten Fang gewonnen.

»Und was, wenn mein Nachbar nun genau den Karpfen fängt, den ich gerade erst wieder reingeschmissen habe?«

Mein Gesprächspartner scheint ein sonniges Gemüt zu besitzen. Lachend legt er das Geld für den Hamburger auf den Tresen, klopft mir sachte auf die Schulter, zwinkert Lude zu – und verlässt den Imbiss. Durch die Glastür sehe ich, wie er, noch immer lachend, ins Auto steigt.

»Tja«, sagt Lude. »So sind sie, die Dänen.«

Die Stammgäste im Raucherzimmer verlangen nach neuen Getränken. Anke stellt mir ein Tablett voll, und ich darf – gewissermaßen als erste Amtshandlung des Tages – servieren. Ich verteile Gläser und Flaschen auf dem großen Granittisch. Jan hat sich in seine Porträtzeichnung vertieft. Lore und ihr Ehemann Jönne sind zu unserer Runde dazugestoßen, sie ist klein und drahtig, er groß und behäbig. Es wird wild durcheinanderdiskutiert. Mindestens drei verschiedene Gespräche zirkulieren im Raum. Es geht um Aufsitzrasenmäher, die Rente und das Wetter. Nur Hannes sagt kaum etwas. Er raucht, lächelt und nimmt ab und zu einen Schluck aus der Bierflasche. Er ist einfach nur dabei, und das reicht ihm. Mir geht es genauso. Die Menschen um mich haben sich an meine Anwesenheit gewöhnt, jetzt darf ich auf meinem Stuhl sitzen, unsichtbar werden und zuhören.

Volker fühlt sich durch Jans Zeichentätigkeit herausgefordert, seinerseits ein Bild anzufertigen. Schließlich habe er draußen auf dem Parkplatz das große Imbiss-Schild gemalt – er sei also vom Fach. Er ruft nach weiterem Malwerkzeug und zerrt an einem der Papierbögen, die Jan gerade als Zeichenunterlage dienen. Jan will sich das Papier nicht nehmen lassen, Volker zetert und zerrt. Für kurze Zeit entsteht ein kleiner Tumult. Irgendjemand holt Papier für den Wüterich, Jens reicht ihm einen dicken Benzinstift, die Lage beruhigt sich wieder. Volker beginnt, bricht ab, zerknüllt den ersten Bogen und fängt noch mal neu an. In großen Bögen führt er den Stift übers Papier. Dann hält er inne und nickt. Das Werk ist offenbar fertig. Stolz präsentiert er es der Runde. Es scheint eine Ente darzustellen. Vereinzelt höre ich Laute der Anerkennung. Volker empfiehlt insbesondere Jan, sich »das Teil« mal ganz genau anzusehen (»Damit du ma weeßt, wat 'ne Zeichnung is!«), und entscheidet, dass es genau jetzt an der Zeit sei zu gehen. Dass dies schwierig werden könnte, ist bereits beim Aufstehen zu erkennen. Volker schwankt, schlenkert Richtung Tresen und wühlt in einer sehr tiefen Hosentasche nach Kleingeld. Auf halbem Wege dreht er sich noch mal um. »Zieh dein Ding durch, Alter!«, ruft er mir zu. »Ick meine, ick weeß ja nich, wat dein Ding jenau is … Aber … na ja, jib Stoff!«

Ich verspreche Volker, ab sofort jede Menge Stoff zu geben und wünsche ihm alles Gute. Gemurmel macht sich am Tisch breit. Man könne Volker doch jetzt so nicht nach Hause gehen lassen.

»Der geht ja auch gar nicht – der ist doch mit 'm Fahrrad hier!«, meint Jens.

Jönne macht sich grade: »Umso schlimmer! Der fährt doch anner nächsten Ecke in 'n Graben!«

»Oder gegen 'ne Laterne«, glaubt Lore.

»Vielleicht geht ihm dann ja 'n Licht auf«, sagt Jan sehr leise.

Ich setze mich neben den Zeichner und nehme mir auch einen Bogen Einwickelpapier. Seit über zwanzig Jahren habe ich niemanden mehr porträtiert. Jan reicht mir wortlos einen zweiten Bleistift. Dann sieht er wieder auf sein Blatt Papier und flüstert mir etwas zu.

»Weißt du, woher Hannes diese Hände hat?«

Ich zucke die Schultern. »Keine Ahnung. Von der Feldarbeit vielleicht?«

»Ja klar, Feldarbeit…«, murmelt Jan, »Feldarbeit auch…« Er nimmt einen letzten Zug von dem filterlosen Stummel und drückt ihn in den übervollen Aschenbecher.

»Hannes ist Jahrgang neunundzwanzig. Und mit vierzehn, ein Jahr vorm Kriegsende, da haben sie ihn noch ins KZ gesteckt.«

»Wie bitte?« Ich muss schlucken. »Und wieso?«

»Tja… das war… er… Niemand hatte…« Jan hält inne. »Dumme Jungenstreiche«, sagt er dann. Der Genuss einiger »Mischungen« hat seine Zunge schwer werden lassen. Hannes habe Wehrmacht-Motorräder sabotiert. Am Anspringen gehindert – mit Staniolpapier. Hannes sitzt uns schräg gegenüber und lächelt verträumt ins Blaue.

»Hier um die Ecke war das Lager.«

Jan fingert eine neue Zigarette aus der zerknautschten Packung.

»In Ladelund.«

Er sieht mich an.

»Und wie ist er da wieder rausgekommen?«, flüstere ich.

»Er ist abgehauen. Geflohen.«

Der Zeichner zieht eine schwere Linie durch das Gesicht auf dem Papier.

»Mit diesen Händen«, sagt er, »hat sich unterm Zaun durchgegraben.«

Ich sehe Jan an. Er sieht müde aus. Seine Augen sind wässrig.

»Und er geht heute noch zu den Treffen.«

»Was für Treffen?«

Jan schüttelt den Kopf. Da scheint es etwas zu geben, das er nicht begreifen kann. »Das musst du dir mal vorstellen«, sagt er. Leise Verzweiflung schwingt in seiner Stimme. »Wie schafft der das bloß?« Jan steckt die Filterlose in Brand. »Ich frag ihn, Hannes – wieso gehst du denn da noch hin?« Er nimmt einen Zug. »Und weißt du, was er mir dann sagt?« Ich weiß es nicht. Mein Mund ist trocken. Ich schüttele den Kopf. »Weil der Bäcker auch hingeht.« Er macht eine kurze Pause. Seine Stimme zittert. »Das musst du dir mal vorstellen.« Im Konzentrationslager Ladelund steckt Hannes sich mit Typhus an. Er überlebt, verliert aber sein komplettes Kopfhaar. Von Ladelund wird Hannes nach Køge in der Nähe von Kopenhagen verlegt. Von dort gelingt ihm die Flucht zurück nach Aventoft. Den größten Teil der über dreihundert Kilometer langen Strecke legt er zu Fuß zurück. Unterwegs trifft er einen dänischen Bäcker, den er um ein Brötchen bittet. Der Bäcker ist so gerührt von Hannes' Geschichte, dass er ihm gleich vier gibt. Hannes geht heute noch zu den regelmäßigen Treffen der ehemaligen Insassen von Ladelund. Der Bäcker auch. Die vier Brötchen haben die beiden mittlerweile alten Männer ein Leben lang verbunden. Mit dem Ende des Krieges ist auch Hannes' Schulzeit vorbei. Zu Hause wird er gehänselt: Hannes Glatze nennen sie ihn. Ich sehe Hannes an. Er sieht sehr friedlich aus. Seine Hände liegen gefaltet in seinem Schoß. Dieser Mann trägt keinen Groll in sich.

Anke kommt und fragt nach weiteren Getränkewünschen. Ich glaube, jetzt kann ich auch ein Bier gebrauchen. Lude setzt sich an unseren Tisch und sieht uns beim Zeichnen zu. »Du musst mal nicht denken«, flüstert mir Jan in den Kragen,»dass hier immer eitel Sonnenschein ist. Hier drin knallt es jeden Tag an irgendeiner anderen Stelle.«

Im Moment zetert Lore quer über den Tisch. Sie streitet sich mit Jens. Es geht um etwas, das ein gewisser Peter vor ein paar Tagen gesagt oder nicht gesagt hat. Dieser Ort, denke ich, ist eine komplett in sich abgeschlossene, eigene kleine Welt. Ein Rettungsboot, weit draußen auf hoher See. Wenn man hier oben lebt, gibt es einfach keinen anderen Platz, wo man hingehen könnte. Es wird hier auch nichts anderes mehr geben. Es gibt nur den Himmel und die bratpfannenflachen Felder. Und deshalb raufen sie sich auch immer wieder zusammen. Weil sie diesen Ort brauchen. Und weil sie sich gegenseitig brauchen. Zum Reden und zum Trinken.

Ich sehe nach draußen. Es ist dunkel geworden, der Wind hat sich gelegt.

»Mensch!«, ruft Lude. »Lass doch mal 'n büschen Musik machen!«

»Hast du 'ne Gitarre bei?«, krakeelt Lore von links.

Ich zucke die Schultern. »Leider nicht.«

Lude hat eine Idee. »Hannes, du kannst doch Mundharmonika!«

Hannes lacht: »Die hab ich doch nich immer bei!«

Lude schlägt sich auf die Stirn. »Mensch, ich hab doch eine hier! Wo ist die denn nochmal?«

Anke sucht in der Küche, Lude springt auf, stöbert im Regal hinterm Tresen und wird fündig. Triumphierend hält er das blitzende Teil in die Luft. »Hannes! Hier!«

Hannes nimmt das Instrument in die Hand. Für einen Moment wirkt es, als hätte er so ein Ding noch nie angefasst. Er sieht sich das chromglänzende Gebilde an. Etwas gequält lächelt er in die Runde und bleibt bei Lude hängen.

»Meinst du? Soll ich wirklich?«

Ein deutliches Echo kommt aus der Runde. Jeder will ihn hören. Hannes soll spielen. Er führt die Mundharmonika an die Lippen, setzt sich etwas breitbeiniger hin, stemmt die Füße auf den Boden und nimmt den Kopf leicht in den Nacken. Dann legt er los. Das Instrument beginnt zu klingen. Es scheint ihm einiges abzuverlangen, er pumpt die Luft mit Wucht durch die kleinen Kammern, sein Brustkorb hebt und senkt sich deutlich, Schweißperlen treten auf seine spiegelglatte Stirn. In den riesigen Händen ist die Mundharmonika kaum noch zu sehen. Jan beugt sich zu mir: Hannes habe in seinem ganzen Leben nicht eine Stunde Musikunterricht gehabt, flüstert er. Er spiele einfach nach Gehör. In diesem Moment erkenne ich das Stück – es ist »Lilli Marleen«. *Vor der Kaserne, vor dem großen Tor. Stand eine Laterne und steht sie noch davor.* Kein Mucks kommt aus der Runde. Alle Augen sind auf Hannes gerichtet. Alle hängen an seinen Lippen. Und der Klang füllt den Raum mit Sehnsucht, Schönheit und Schmerz. Ohne ein Wort zu sagen, erzählt Hannes von seinem Leben, von jedermanns Leben. Alle hier spüren das. Ich habe einen Kloß im Hals. Etwas Erhabenes hat den Raum betreten.

Auf meiner nächtlichen Fahrt zur Pension öffne ich das Seitenfenster und strecke den Arm wie einen Flügel in den Fahrtwind. Ich habe Hannes und seine Mundharmonika noch im Ohr, und ich fliege durch die sternenklare, bratpfannenflache Nacht. Meine Reise hat begonnen.

Auf einem Stuhl am Hintereingang der Pension wartet mein Schlüssel auf mich. Die Fachkraft hat ihn dort deponiert. Frau Carstensen. Die Gute.

Im Ring

Zweite Station:
Heiko's Grillimbiss

»Na? Isser das? Oder isser das nicht?«
»Das isser!«, versichere ich meinem Gegenüber. Der Mann strahlt.
»Margret!«, ruft Heiko nach hinten. »Jon Flemming ist da!«
Eine zierliche weibliche Person kommt aus der Küche.
»Das ist Margret.« Heikos Augen blinken verschmitzt. »Meine Chefin.«
Auf dem Stammtisch steht eine große Thermoskanne. Margret hat Brötchenhälften geschmiert, es ist kurz vor zehn: Frühstückszeit.
»Also, Olli und du...«, Heiko ringt nach Worten, »ich brech ja jedes Mal fast zusammen.« Nur dass die Sendung immer so spät sein müsse, klagt er. Manchmal sei er dann doch eingenickt, und wenn es noch so lustig sei.
Ich pflichte ihm bei: Ein früherer Sendeplatz...
»Das Schönste für mich ist ja«, unterbricht mich Heiko, »dass ich auch 'ne Schildkröte hier hab!« Er lächelt schelmisch und klopft mir auf den Unterarm. »Genau wie bei euch in der Sendung! Mein Peter, der ist immer hier! Jeden Tag, wirklich wahr! Der kriegt sein Bier – und dann is gut. Sitzt auch immer alleine. Und vor allen...«, er wischt sich eine Lachträne aus dem Auge, »der steht bei Schierholz an der Säge.«

*Also hier in Bremen gibt es einen Imbiss, den musst Du
Dir wirklich anschauen.* »*Heiko's Grillimbiss*« *in Bremen-Kattenturm, der hat Kultstatus. Heiko Förster hat
gerade sein 28-jähriges Imbiss-Jubiläum gefeiert.* »*Kredit
gibt es nur an 80-Jährige in Begleitung ihrer Eltern*« *oder*
»*Wer hier klaut, stirbt!*« *steht bei ihm an den Wänden,
Heiko ist so ein liebenswerter, knorriger Kerl. Früher hat
er im Leichtgewicht geboxt.*

Anfang Februar hatte mich dieser Text per Mail erreicht –
jetzt, knapp drei Monate später, sitze ich mit Heiko und seiner
Frau in der Stammtischecke. Der Raum ist komplett holzgetä-
felt. Rustikale Laternen an den Wänden sorgen für gedämpf-
tes Licht. Über dem Tresen sind Barre-Bräu-Leuchtschilder
an Ketten aufgehängt. Weiter hinten, neben dem Durchgang
zur Küche, wartet Daddelautomat Bully auf Kleingeld.

Heiko hat viel zu erzählen, leise und schnell. Seine Stimme
tänzelt und duckt sich weg. Ich nehme mir ein Mettbrötchen
und höre Anekdoten aus dreißig Jahren Imbissbetrieb. Heiko
schwärmt von seiner Zeit als Bundesligaboxer und von seinem
Boxerkollegen René Weller. Er deutet auf die Wände links und
rechts: Da hängt Heiko mit René und einer noch sehr jungen
Verona Feldbusch, Heiko mit René und einem weiteren Boxer, Heiko alleine mit René, Heiko mit René und einem ganzen Haufen weiterer Boxer. Auf allen Bildern wird gelächelt,
es werden Fäuste geballt und in die Kamera gehalten. Das, was
Heiko nicht sagt, sagen seine Bilder: Der schöne René, ehemaliger Europameister im Leichtgewicht und späterer Weltmeis-
ter im Superfedergewicht, ist Heikos engster Freund und sein
Idol. Aber nicht nur das: Die beiden könnten Zwillingsbrüder
sein. Verblüfft zeige ich auf das gerahmte Plakat an der Wand

über ihm. Heiko lacht. »Ja, das sagt jeder, dass wir uns so ähnlich sehen. Ich hab Renés Mutter auch schon mal gefragt, ob da nicht was dran sein könnte.«

Vielleicht, denke ich, hätte Heiko lieber seinen Vater fragen sollen, und studiere das Plakat noch einmal genauer: Es kündigt einen Schaukampf zwischen den beiden an. »Promi-Boxen« lautet die Überschrift – am 11. September 2004. Ich rechne zurück: Der Mann, der vor mir sitzt, war zu diesem Zeitpunkt bereits sechsundfünfzig Jahre alt.

»Ihr habt erst vor fünf Jahren noch gegeneinander geboxt?«

»Ja«, sagt Heiko nicht ohne Stolz. »Und zwar volle acht Runden.« Er guckt mir direkt in die Augen. »Ich hab mich aber auch ein Dreivierteljahr vorbereitet. War 'n toller Kampf, wir haben uns nichts geschenkt.«

Heiko erzählt von seinen Vorbereitungen für diesen letzten Schaukampf, vom Training, von der Schinderei. Sein Gesicht wirkt auch jetzt, mit Anfang sechzig, noch immer jugendlich. Das Boxen hat nur wenig Spuren hinterlassen: ein leicht verdicktes linkes Augenlid, die Nase dezent formverändert. Heikos linke Augenbraue strebt nach oben, sie spöttelt und schätzt den Gegner ab, während er ihn mit wachem Auge fixiert. Hier sitzt er: Der suchende Blick des Boxers. Heiko trägt einen kurzen Schnauzer und einen goldenen Ohrring. Das dichte silbergraue Haar ist gepflegt geschnitten. Einen winzigen Rest Vokuhila meine ich in der Frisur noch erkennen zu können. Seine Haut ist ledrig, aber immer noch glatt. Bis auf die kräftige Zornesfalte und die Furchen neben den Mundwinkeln.

Dass er es nie ins Profilager schaffen würde, war Heiko von Anfang an klar. Zu seiner großen Zeit, in den Siebzigern, ist im Boxsport unterhalb des Schwergewichts keine Mark zu verdienen. Erst sein Freund René habe das geändert, sagt er: Er sei der allererste Leichtgewichtler im Profibereich gewesen. Das habe vor ihm keiner geschafft. Er selbst, meint Heiko, habe immer nur aus Spaß an der Freude geboxt. In der Bundesliga war er mal deutscher Meister im Mannschaftsboxen. Ich schaue an ihm herunter: Der Mann sieht aus, als sei er aus Draht gebogen. Sechzig Kilogramm. Seit vierzig Jahren hält er dieses Gewicht, wie mir Heiko nicht ohne Stolz verrät.

»Und wann hast du angefangen, dich fürs Boxen zu interessieren?«, frage ich ihn.

»Da war ich sechs.« Heiko sieht mir in die Augen. »Und mit elf hab ich dann selber geboxt.«

»Hallo, Carrie!« Heikos Blick geht zur Tür. »Du bist aber früh dran heute!«

»Ja ... Manno.«

Heikos Zusatzkraft ist ein Rehlein mit Pferdeschwanz und Haarreif. Sie wird ein bisschen rot und schlägt die Augen nieder. Ob sie wohl extra wegen dem Mann aus dem Fernsehen so früh gekommen ist? Ich stehe auf, um ihr die Hand zu geben. Carrie macht einen Knicks und kichert dabei. Margret bietet ihr ein Brötchen an, aber Carrie schüttelt den Kopf. Sie nimmt sich eine Cola Light aus dem Tresen und setzt sich zu uns. Heiko blickt sie fast zärtlich an. Sein väterlicher Unterton ist nicht zu überhören. »Das ist also unsere Carrie.«

»Manno.«

»Normalerweise macht sie die Nachmittagsschicht, aber heute ...«

»Oh, Manno!«

»Tja, das ist echt Manno ...«, versuche ich einen Einstieg ins Gespräch.

Carrie kichert. Ich sage ihr, dass sie heute meine Chefin

sei, ich von nichts eine Ahnung hätte und sie mir alles zeigen müsse.

»Ist gut«, sagt Carrie, und die beiden Worte beschreiben eine kleine Terz, genau wie die Silben in »Ku-kuck«. »Was willst du denn wissen?«

»Na … alles«, sage ich. »Was machst du denn normalerweise immer zuerst?«

Carrie guckt zum Tresen. Margret und Heiko lächeln einander an.

»Besteck eindrehen.«

Ich versichere Carrie, dass Besteck eindrehen eigentlich schon immer mein Lebenstraum war und dass es nach dem Verzehr eines letzten Restes Käsebrötchen sofort losgehen könne, aber Heiko bremst meinen Tatendrang. Er will mir erst den ganzen Laden zeigen. Durch den Durchgang gehen wir in den hinteren Küchenbereich – und mir fährt ein Schrecken durch Mark und Bein. In einer holzgetäfelten Ecke im Küchenflur sitzt ein Mann an einem runden Tisch auf einem Barhocker. Er wird von einer gelblichen Werbelampe beleuchtet und hat ein Bier vor sich stehen.

»Das ist doch nur mein Peter!«, sagt Heiko und lacht über mich. »Du weißt doch – meine Schildkröte.«

»Mensch, Peter!«, sage ich und reiche ihm die Hand zur Begrüßung. »Du hast mich aber erschreckt!«

»Hm-hm«, macht Peter und meint damit wahrscheinlich irgendetwas zwischen »Hallo« und »Ich hab doch gar nichts gemacht«.

Heiko prüft den Flascheninhalt auf dem Tisch: »Möchtst du noch 'n Bier, mein Peter?«

»Hm«, murmelt der Befragte.

»Na, dann hol ich dir doch eins.«

Ich bleibe mit Peter allein. Mir fällt nichts anderes ein, als dem Mann aufmunternd zuzulächeln. Peter lächelt zurück und presst die Lippen aufeinander. Es wirkt, als hätte er nur noch wenige Zähne. Etwas unendlich Sanftmütiges und Geschlagenes liegt in seinem wässrigen Blick. Seine Augen, sein Gesicht, die gesamte gedungene Körperhaltung scheint nur eines sagen zu wollen: Tut mir leid, dass ich hier bin. Das Leben hat ihm übel mitgespielt und der Alkohol eine sanfte Decke darüber gebreitet.

»Hier, mein Peter.« Heiko stellt ein frisches Pils auf den Tisch.

Peter nickt und steckt sich eine Zigarette an. Er trägt eine blaugraue Latzhose und eine dazu passende Arbeitsjacke. Sein Oberlippenbart ist fusselig und seine Fingernägel schwarz. Der Aschenbecher vor ihm ist bereits gut gefüllt. Jetzt dämmert mir, warum Peter hier sitzt: Vorn regiert das Rauchverbot, hier hinten darf er schmöken.

»So, Flemming, komm, ich zeig dir jetzt mal alles.« Heiko kann nicht lange auf einem Fleck stehen bleiben, die Unruhe des Leichtgewichts kriegt er nicht aus den Knochen.

Wir gucken um die Ecke in die Spülküche, hier ist Margrets Reich, direkt dahinter die Kühlung, hinten rechts die Toiletten und links daneben noch ein weiterer Raucherraum – aber was für einer! Wenn wir uns irgendwo in der Wüste von Nevada befänden, würde hier verbotenes Glücksspiel stattfinden – das Zimmer hat kein Fenster, den großen Tisch in der Mitte ziert ein Wachstischtuch mit Pasta-Motiv, darüber hängt eine Schirmlampe, an den Wänden hat Heiko seine Boxurkunden untergebracht. An der Stirnwand hängt ein 60-km-Verkehrsschild, darauf sind jede Menge Unterschriften zu erkennen. Heiko hat viele Freunde.

Als wir wieder vorne am Tresen sind, nimmt Heiko mich zur Seite. »Weißt du, der Peter ist früher immer in 'ner anderen Kneipe gewesen. Und da haben sie ihn …«, Heiko sucht nach Worten, »na ja, nicht so gut behandelt.«

»Wie meinst du das?«

Heiko druckst herum. »Na, sie haben ihn zum Beispiel beklaut. Peter ist mal hier in den Laden gekommen und war irgendwie durch den Wind. Ich frag ihn, was los ist, und er erzählt mir, dass seine Geburtstagsfeier neulich inner Kneipe so teuer gewesen ist. Und er sich das gar nicht erklären kann. Und er auch nicht mehr so genau weiß, wer da alles war und wie viel da so getrunken wurde. Und so weiter und so fort.« Heiko wirft einen Blick Richtung Hintertür und spricht noch leiser. »Und da hab ich zu Peter gesagt: Pass auf – deinen Geburtstag kannst du ab jetzt hier feiern.«

Ich verstehe nicht so richtig.

»Na ja, die haben ihm halt in die Tasche gelangt. Wenn er nicht mehr so ganz klar war. Immer wieder.« Heiko guckt grimmig. »Und dabei ist er so ein Gutmütiger.«

Seit diesem Tag kommt Peter zu Heiko. Sein nächster Geburtstag kostet ihn nur noch die Hälfte. Wenn vom Mittagsgericht eine Portion übrig bleibt, packt Margret ihm noch was für abends ein. Es gebe andere Stammgäste, sagt sie, die mit ihm manchmal ihren Schabernack trieben, aber »da ist nie was Böses dabei. Und Peter fühlt sich wohl hier.«

»Besteck drehen!«, ruft Carrie und stellt eine große Edelstahlschüssel voller Besteckteile auf den Tresen. Mein Bremer Arbeitstag beginnt. Carrie fischt Messer und Gabel heraus, wickelt eine weiße Papierserviette drum und legt das fertige Werkstück zur Ansicht vor meine Nase. Ich nehme ein Messer und eine Gabel –»Nee, nee«, unterbricht Carrie.»Du musst immer die schönen Bestecke nehmen.«

»Aha«, ich stutze.»Sind da auch hässliche drin?«

»Nee, Manno … Ich mein die, die zusammenpassen.«

Jetzt schaue ich genauer in die Schüssel und erkenne unterschiedliche Besteckmodelle. Zweiter Versuch. Das Einrollen ist nicht so einfach. Es dauert. Und das Ergebnis wirkt am Ende ziemlich verknittert. Carrie kichert. Margret klopft mir mitleidig auf die Schulter und verschwindet in den hinteren Bereich. Ich komme mir ein bisschen blöd vor. Heiko nimmt die Kette von der Eingangstür.»Heute ist Girostag«, ruft er mir zu,»müsste mittags eigentlich ganz gut voll werden.«

Ich wickele das nächste Pärchen ein. Es sieht ein bisschen so aus wie schlecht mumifiziert. Dass etwas so Simples so schwer sein kann! Hoffentlich kommen die ersten Kunden nicht schon jetzt.

»Mahlzeit.« Ein Pärchen betritt den Laden. Beide sehen kräftig aus, sie trägt Jogginganzug, er Blaumann. Sein Mund ist ein waagerechter Strich im Gesicht und sieht nicht so aus, als wenn er jemals auch nur ein einziges Wort durchgelassen hätte. Es wundert mich nicht, dass die Frau den kommunikativen Teil übernimmt.

»Na, Heiko? Hast du 'n schönen Kaffee da?«

»'n schönen nicht, aber 'n guten.«

Die beiden nehmen ganz vorn am Eingang Platz. Heiko fingert zwei Henkelbecher aus dem Regal. Ich versuche, ein weiteres Besteckpärchen zu vereinen. Hit-Radio Antenne versucht, seinen Hörern fünfzigtausend Euro zu schenken. Heiko jongliert mit drei Milchdöschen und tänzelt mit den Kaffeebechern zum Tisch.»So, ihr Lieben.«

»Und? Wie isses?«

»Ja…«, Heiko stemmt die Hände in die Hüften, »so
weit…« Er reicht dem Schweiger den Zucker. »Heute gibt's
Giros.«

»Ach.« Pause. »Na, denn.«

»Sagt ihr Bescheid?«

»Jo.«

Allmählich kommt meine Besteckpärchen-Produktion in
Schwung. Kurz bevor die Schüssel leer ist, habe ich den Dreh
einigermaßen raus. Carrie lobt mich. Heiko hat das Elektromesser in der Hand und metzelt einen ganzen Berg Grünzeug
klein. Das alles werde er gleich in seinen legendären Boss-Salat verwandeln. Chefsalat kann jeder, sagt Heiko. »Aber wie
heißt der Chef vom Chef?«

»Boss?«, rate ich.

Heiko grinst. »Genau.«

»Und wie viele Portionen werden das?«

»Eine«, sagt Heiko, der einen Stammgast erwartet. »Der
nimmt den immer.«

Wenig später werde ich mit ansehen, wie zu den üblichen
Blattsalaten Geschmacksträger aller Art in die riesige Schüssel
wandern: hartgekochte Eier, Mandarinenscheiben, Thunfisch,
Käse, Ananas, Kochschinken, Anchovis und Croutons.

Carrie teilt mich zum Zwiebelschneiden für den Girosteller ein und erklärt, wie sich das Gericht zusammensetzt, wie
viel Pommes aufs Porzellan gehören, wohin mit dem Zaziki,
wann die Zwiebeln dazukommen. Ich brauche noch eine
Schürze. Heiko deutet in die Ecke. Ich suche mir ein knallro-
tes Modell aus, muss aber erkennen, dass es höchstens Zwer-
genformat besitzt. »Was ist das denn? Habt ihr auch Lili-
putaner hier?«

Heiko lacht. »Nee, das ist Carries! Als sie noch klein war.«
Das Gesicht des Mädchens nimmt die Farbe der Schürze an.
»Oh, Manno, Heiko!«

Carrie wurde bereits als Säugling von ihrer Mutter mit in
den Imbiss genommen. Dieser Ort hat schon immer eine besondere Magie auf sie ausgeübt: Mit fünf Jahren verkündet die
Kleine, dass sie mitarbeiten möchte. Dieser Wunsch wird so
hartnäckig wiederholt, dass Margret ihr schließlich eine rote
Kinderschürze besorgt. Von da an verlangt Carrie bei jedem
Besuch nach ihrer Schürze und läuft voller Stolz darin hin und
her. Mit fünfzehn ist Carrie dann endlich alt genug, um wirklich mitarbeiten zu dürfen. Seit zwei Jahren ist sie inzwischen
mit dabei – und glücklich. Allein die Führerschein-Theorie-
prüfung bereitet ihr im Moment noch Kummer.

Heiko sägt mit dem Elektromesser an dem langsam kreisen-
den Girosspieß herum und demonstriert eine Standardportion
für den Mittagsteller. Ich darf auch mal, schaffe es mit den
Händen aber kaum auch nur in die Nähe des Fleischklopses.
Die Hitze ist brutal. Egal, denke ich, jetzt gibt es kein Zurück
mehr. Ich möchte hier nicht das Weichei sein, noch bevor auch
nur ein einziger Teller gefüllt ist. Und es geht. Unter Schmerzen.

»Das macht Spaß mit dem Gerät«, konstatiere ich und tue
ein bisschen beleidigt, als Heiko den Elektrohelfer kurzfristig
für die Fertigstellung seines Salatberges zurückfordert.

Die ersten Mittagsgäste trudeln ein.

»Ein Girosteller.«

»Ein Girosteller und 'ne Cola.«

»Zwei Girosteller, bitte.«

»Ich nehm 'n Girosteller.«

Der Preisvorteil scheint die Entscheidung für das Mittagsangebot deutlich zu erleichtern. Heiko drückt mir das Elektromesser in die Hand, ich darf – nein, ich muss – weiter Giros
runterschneiden. Nicht zu dünn und nicht zu dick. Während
ich noch versuche, erfreut auszusehen, ist der Laden mit einem Mal voll, jetzt muss alles schnell gehen. Carrie wird von
der Friteuse in Atem gehalten. Heiko tänzelt zwischen Zwiebeln und Zaziki hin und her. Margret steckt den Kopf aus
dem Durchgang und nimmt abgegessene Teller in Empfang.
Wir schnibbeln, servieren, öffnen Flaschen, streuen Zwiebeln
auf Quarkberge, räumen ab, kassieren, wünschen noch einen
schönen Tag. Jeder macht irgendwie alles, und erstaunlicherweise klappt das auch. Ich bin – ehe ich bis drei zählen kann –
Mitglied des Ensembles.

»So, einmal den Boss-Salat!«, höre ich Heiko von der Seite,
drehe mich um und sehe, wie er eine gläserne Schüssel über
den Tresen wuchtet. Darin sind geschätzte eineinhalb Kilo
klein geschnittene Lebensmittel versammelt. Der Mann, der
diesen Pokal jetzt zu seinem Tisch trägt, sieht aus wie eine
Scheibe Knäckebrot.

»Und das schafft der?«, flüstere ich Heiko zu.

Der Wirt nickt. »Jedes Mal«, flüstert er zurück. »Ich weiß
auch nicht, wie.«

Mir bleibt keine Zeit zum Wundern: Die nächsten Girosteller drängeln schon. Ein Polizist bestellt Currywurst-Pommes und schimpft dabei vor sich hin. Das Klo auf der Wache
sei verstopft und übergelaufen. Ein, zwei von Heikos Boxerfreunden schauen rein und möchten dem »Typ aus dem Fernsehen« die Hand schütteln. Ansonsten: Girosteller, Girosteller,
Girosteller. Eineinhalb Stunden später ist die Mittagsoffensive
vorbei. Völlig erledigt sitze ich mit Heiko in der Stammtisch-

ecke. Er ist grad erst warm geworden. Heiko sieht auf die Uhr.
»Ist gleich drei. Die nächsten zwei Stunden passiert nicht viel.«
Schlagartig bemerke ich meinen Hunger. Carrie macht mir
einen Hamburger mit Pommes. Margret bringt mir eine Cola.
Herrlich.

»Sag mal«, frage ich Heiko kauend, »wie war das jetzt – du
hast mit elf angefangen zu boxen?«

»Ja, genau.«

»Und wie kam das?«

»Och ... ich hatte – wie soll man das sagen? ...« Heikos Augen suchen einen Punkt irgendwo in der Luft. »Ich hatte keine
so dolle Kindheit.«

Als Kind wird Heiko von seinem Stiefvater geschlagen. Mit
sechzehn ist er so weit, dass er zurückschlagen kann. Er will
nicht mehr bei seiner Familie bleiben, geht zum Jugendamt
und lässt sich in ein Heim einweisen – möglichst weit weg von
zu Hause. Heiko kommt in ein Heim bei Karlsruhe. Die erste
Zeit ist schwer. Er ist der »Schnellsprecher«, der »Schwät-
zer«. Nach einem Jahr im Heim findet er eine Lehrstelle
beim Bäcker. Er zieht aus dem Heim und zu seinem Lehr-
herren – so war das üblich im Jahr 1963. Heiko lernt gerne.
Er mag den Bäckerberuf. Er hat ein eigenes kleines Zimmer
mit Bett, Tisch, Stuhl und einem Schrank, zwar keine Hei-
zung, aber im Winter dafür dicke Daunendecken. Auf dem
Dorfjahrmarkt wird er von einheimischen Jugendlichen ge-
piesackt. Der größte und stärkste der Gegend ist auch dabei.
Heiko ist zwar einen Kopf kleiner und zwanzig Kilo leichter, aber der »Schnellsprecher« schickt den Rüpel mit nur einer rechten Geraden ins Land der Träume. Ab da kennt man
Heiko. Und respektiert ihn. Mit einem Mal ist er total beliebt
im Dorf. Neben seiner Lehre geht er weiter zum Boxtraining.

Mit neunzehn hat er ausgelernt und geht zurück nach Bremen. Hier lernt er Margret, seine zukünftige Frau, in einer Disco kennen. »Damals war ja Disco am Wochenende schon ab mittags um zwölf. Und wir Bäcker rochen ja so gut. Immer nach frischem Brot.«

Heiko zwinkert Margret zu. Sie lächelt still. »Na ja, und da war Margret auch in der Disco. Und so kam das dann mit uns.«

Margret wird bald schwanger. Die beiden heiraten, Heiko muss zum Bund. Dort macht er seinen LKW-Führerschein und wird nach dem Wehrdienst Fahrer beim örtlichen Stahlriesen Klöckner. Neun Jahre steht er bei dem Bremer Konzern in Lohn und Brot. »Aber ein Imbiss – das war immer mein Traum. Das hab ich schon während der Lehre gedacht.«

Der Traum wird greifbar, als der Vater eines Freundes ihm einen Job anbietet: Der Mann besitzt eine Imbisskette. Heiko wird angelernt und bleibt vier Jahre. Bis er das Angebot bekommt, hier, in Bremen-Kattenturm einen Imbiss zu kaufen. Da schlägt er zu.

»Der größte Fehler meines Lebens.«

»Wieso denn das?«, frage ich. »Der Laden ist doch dein Leben?«

»Ja, schon … Aber was ich dafür bezahlt habe?« Heiko tippt sich an die Stirn. »Ich hätte mal beim Mathematikunterricht besser aufpassen sollen! Und dann die ganze Arbeit, die ganzen Jahre?«

Irgendwann, sagt Heiko, habe er mal ausgerechnet, dass ihm aus den letzten achtundzwanzig Jahren unter normalen Bedingungen noch drei Jahre Urlaub zustünden. Er komme locker auf siebzig Stunden die Woche.

»René sagt auch immer, ich hab 'n Vogel. Aber das kannst

du nur machen, wenn du da Spaß dran hast. Sonst wirste bekloppt.«

»Und wie hast du das mit dem Laden gemacht«, frage ich weiter, »als du für den Kampf mit René trainiert hast? Wer hat den denn in der Zeit übernommen?«

»Niemand. Ich hab immer nach Feierabend trainiert. Jeden Tag zwei, drei Stunden.« Das sei es ihm wert gewesen, sagt Heiko. »Als ich 2004 da noch mal rausgegangen bin – das war herrlich.« Der Ring sei seine Bühne, erklärt er, genau wie der Tresen. Margret nickt wissend. Heikos Augen fangen die Bewegung ein. Dann wendet er sich wieder mir zu. »Na, du kennst das ja. Jedenfalls, ich hätte heulen können, so schön war das.«

Freizeit gibt es bei den Försters nur am Samstag. Dann ist der Imbiss geschlossen. Nicht selten zieht Heiko sich an diesem Tag zweimal um, damit er auch mal andere Sachen trägt – nicht immer nur seine Arbeitskleidung. Irgendetwas unternehmen sie immer, Heikos unruhige Knochen müssen beschäftigt werden. Manchmal fahren sie zum Shoppen nach Hamburg, oder sie treffen sich mit René und seiner Frau, wenn die zufällig in der Nähe sind. Heiko lacht.

»Der René! Das ist ein Typ! Wenn wir unterwegs sind, muss ich immer seine Autogrammkarten dabeihaben. Der denkt da nicht dran, keine Chance.« Er schlägt die Hände überm Kopf zusammen. »Selbst bei seinem Schmuck weiß er oft nicht, wo der grade ist.«

Ich sehe ein Goldkettchen mit einem kleinen, goldenen Boxhandschuh um Heikos Hals baumeln.

»Der ist auch von René. Aus seiner Kollektion.«

»Und wie«, frage ich, »war das, als René im Knast war?«

»Finster.« Heiko wird kleinlaut. Sooft es ging, habe er ihn

besucht während dieser Zeit. Karlsruhe sei eben nicht um die Ecke, sagt er.

»Worum ging's da eigentlich damals? Kokainhandel?«

»Nee.« Heiko sieht aus, als hätte ihn das Wort erschreckt. Er guckt in seine Kaffeetasse. »Nur Vermittlung.«

Wir sitzen noch lange in der Stammtischecke. Peter ist aus seiner Höhle zu uns nach vorn gekommen. Carrie hat Feierabend gemacht. Sie muss für ihre Theorie lernen. Kunden kommen um diese Zeit kaum noch. Mal eine Currywurst oder ein Bier zum Mitnehmen. Die Jungen, sagt Heiko, gingen sowieso nur noch zu den großen Burger-Ketten. Oder in die Döner-Buden. Margret nickt und gähnt. Nachmittags komme manchmal überhaupt kein Gast. Aber nach dem Mittagsgeschäft zumachen – das könne man ja auch nicht.

Dies scheint der letzte Kampf des Leichtgewichtlers zu werden, gegen einen unsichtbaren Gegner: den Kunden, der nicht mehr kommt. Ein Kampf, der kaum zu gewinnen ist. Heiko kann die Zeit nicht zurückdrehen. Er nimmt einen Schluck Bier. Früher sei mehr los gewesen in Kattenturm. Vor ein paar Jahren habe er hier an der Schule noch kostenloses Boxtraining angeboten. Am Anfang sei das toll gelaufen, aber irgendwann sei es dann doch den Bach runtergegangen: Die blieben einfach nicht lange genug bei der Stange, diese Kinder.

Neulich hat Heiko Peter hier im Laden mit seinem Zahnarzt bekanntgemacht. Nach zwei Bier seien sie beim Du gewesen. Übermorgen, sagt Peter stolz, habe er einen Termin. Es ist der erste Satz, den ich von ihm höre, und ich merke, dass Peter stottert. Nicht stark, aber genügend, um lieber den Mund zu halten. Damit keiner lacht.

Ich lache nicht.

Danke, Volker

Dritte Station:
Pohly's Snack-Eck
Wagenfeld
Niedersachsen

Kennen Sie das flächenmäßig drittgrößte Dorf der Welt? Nein? Es ist gleichzeitig das flächenmäßig größte Dorf Deutschlands, aber diese kleine Sensation interessiert dort niemanden sonderlich. Spricht man den gemeinen Ortsansässigen darauf an, wird er maulfaul und mürrisch. »Tja«, murmelt er dann, »kann schon sein.« Oder: »Ja, das ist wohl so 'n Schnack, nich?« Ich habe anderes erwartet, als ich nach Wagenfeld komme. Wo bleiben Spruchbänder à la: »Das flächenmäßig größte Dorf Deutschlands grüßt den Rest der Welt«? Wo überdimensionierte Fan-Textilien, bedruckt mit »Deutschlands flächenmäßig größtes T-Shirt«? Vor meinem geistigen Auge sah ich bereits Autoaufkleber: »Wir sind nicht viele – aber dafür weit verstreut«. Oder: »Wagenfeld – die Fläche macht's!« Aber nichts dergleichen.

Überhaupt ist Wagenfeld ein Ort, an dem sich nur wenige meiner Erwartungen erfüllen. So rechnete ich unter anderem fest damit, von zwei schwergewichtigen Wagenfelder Mädchen begrüßt zu werden. Mein Freund Volker hatte mir diesen Floh ins Ohr gesetzt. Als er von meiner Reise erfuhr, erzählte er meiner Mailbox von »Pohly's Snack-Eck« und pries insbesondere »die wahrscheinlich dicksten Mädels hinterm

Tresen« an. Zudem sei er mit dem gesamten Dorf verwandt. Es ist eigenartig: Jeden anderen erfolgversprechenden Tipp hatte ich akribisch recherchiert, ich hatte nach jedem nur erdenklichen Informationsfetzen im Internet geforscht und meine Informanten gelöchert. Vielleicht wollte ich mich nun nur ein einziges Mal selbst von der Leine lassen. Ich hatte der Volker'schen Botschaft geglaubt und war ihr bei meinem Bewerbungstelefonat nicht weiter auf den Grund gegangen. Wie denn auch?»Hallo, Herr Pohl-Schäfer, ich rufe Sie wegen Ihrer beiden sehr dicken Verkäuferinnen an. Hätten Sie mal einen Moment Zeit für mich? Hallo?… Herr Pohl-Schäfer? Sind Sie noch dran?…«

»Komm mal ruhig schon gegen neun«, hatte Pohly, den ich bereits nach unserem zweiten Telefonat so nennen durfte, gesagt.»Da sitzt hier mein Rentnerclub rum, das is immer ganz witzig.«

Es ist tatsächlich neun Uhr, als ich am Tresen sitzend noch etwas dämmerig in einem großen Becher Kaffee rühre. Pohly braucht seinen Kaffee nicht zu rühren, er trinkt ihn schwarz. Er trägt eine ebenso schwarze Brille und ein schwarzes T-Shirt mit Aufdruck. Vorne steht »Pohly kommt« und hinten »Pohly geht«. Im Moment sitzt Pohly, und zwar direkt neben mir. Viel reden tun wir nicht. Pohly blinzelt durch seine Brille. Ab und an reibt er sich den ultrakurzen, graumelierten Vollbart oder schnaubt einen einzelnen Lacher durch die Nase.

Der Rentnerclub besteht an diesem Morgen aus genau zwei Exemplaren, von denen eines ausführlich die Geschichte einer in Anspruch genommenen Reiserücktrittsversicherung ausbreitet. Das zweite, ebenfalls männliche Exemplar rührt wie ich seinen Kaffee um und hört mehr oder weniger zu. Von den beiden dicken Mädels ist noch keines aufgetaucht. Ich sehe nach draußen. Der Imbiss liegt an einer typischen Dorfdurchgangsstraße. Gegenüber kann ich »Gardinen & Polstermöbel Geisler« und »Konditorei & Bäckerei Speckmann« entziffern. Für einen so kleinen Ort herrsche hier ziemlich viel Verkehr, bemerke ich, und Pohly pflichtet mir bei, vor allem vormittags müssten hier jede Menge LKWs durch. »Morgens kannst du da drüben eigentlich keine Brötchen mehr holen. Da kommst du gar nicht mehr über die Straße.«

Während der lebhafte Pensionär seinen Kollegen weiter in den Kokon seiner Gruppenreisengeschichte einspinnt, führt Pohly mich durch den Laden. Das »Snack-Eck« ist ein architektonisch wild gewachsenes Gebilde. In den sieben Jahren, die er den Imbiss betreibe, so der Gastronom, habe er bereits einiges an- und umbauen lassen. Im neuesten Teil, dem Vorderbereich, verbreitet moderne Dunkelholzbestuhlung und dezente Beleuchtung hochwertig-zeitgemäßes Bistro-Ambiente. Weinflaschen liegen dekorativ in schlanken Regalen, es gibt viel Glas, Licht und Luft. Selbst über der Biertheke erhebt sich ein verglastes Spitzdach, alles kann geöffnet werden. Die in der Mitte gelegene und von allen Seiten einzusehende Küche ist dagegen schon etwas betagter. Der Seitentresen, an dem wir gerade sitzen, ist der älteste Teil. »Hier hat Hodden-Herta schon vor sechsunddreißig Jahren Bratwurst rausgehauen«, erzählt Pohly. »Das war noch 'n ganz kleiner Laden damals, nur dieser Bereich hier.« Seine Hand beschreibt eine vage Kurve. »Sechsunddreißig Jahre nur Currywurst und Pommes. Und sonst nix. Kannst du dir das vorstellen?«

»Tja.« Ich zucke die Schultern. »Und wieso wurde die Hodden-Herta genannt?«

»Weil die Herta Hodden hieß.«

49

Eine südländisch aussehende Mittvierzigerin betritt den Laden. Pohly stellt sie mir als seine Schwägerin vor. »Und?«, fragt sie ihn. »Ist das dein berühmter Gast hier?« Instinktiv bemühe ich mich, gleichzeitig berühmt und ganz normal auszusehen, aber offenbar gelingt mir nur Letzteres. Die Schwägerin guckt ein wenig enttäuscht.

»Und wie findst du das hier?«, fragt sie mich.

»Och, ganz schön so weit.«

»Kommt Olli denn auch noch?«

»Leider nicht«, sage ich. Ich sei ja hier, weil ich ein Buch schreiben würde, und das tue man für gewöhnlich allein, und ... Damit scheint bei der Schwägerin der Bedarf an Detailinformationen zunächst gedeckt. Sie nickt, guckt skeptisch, trinkt ihren Espresso aus und schlurft wieder Richtung Ausgang. Derweil fliegt mir aus der Küche ein Lächeln zu. Es kommt von einer kleinen, kompakten Person mit dunklen Augen, die sich nicht so recht zu uns traut. Ich rufe ihr ein Hallo und meinen Namen zu.

»Nun komm mal rüber, Clarissa!«, meint Pohly. »Das ist meine Mitarbeiterin der ersten Stunde«, er legt Clarissa die Hand auf die Schulter, »mit ihr hab ich den Laden vor sieben Jahren hier aufgeschlossen.«

Clarissa ist mit Sicherheit kein »wahrscheinlich dickstes Mädel«. Das schmerzt mich ein wenig, aber die Hoffnung, hier doch noch auf stark beleibte Mitarbeiterinnen zu stoßen, hat mich eigentlich schon beim Anblick des ultramodernen Bistro-Bereichs verlassen. Irgendwo in meiner Fantasie hatte ich nach Volkers Beschreibung ein Bild gemalt: von herzhaften Frauen, die derbe scherzend und wenig zimperlich die Mayo in die Pappschale hauen und dem picklig-pubertierenden Jungvolk handfeste Lebensweisheiten mit auf den Weg geben. Dieses Bild, das ist jetzt klar, wird nicht Wirklichkeit werden. Nicht an diesem Ort. Nicht mehr. Vielleicht haben die beiden Dicken ja noch für Hodden-Herta gearbeitet. Volker, dieser Stoffel! Die wahrscheinlich dicksten Mädels? Von was denn? Von der Welt? Oder von 1972? Wie lang ist der Schlaumeier eigentlich nicht mehr hier gewesen – in seinem Heimatkaff? Höchstwahrscheinlich sind die beiden schon lange tot, eingeäschert und vergessen. Clarissas Lächeln holt mich wieder zurück auf den Boden. Ich sehe sie an und sehe das erste offene und fröhliche Gesicht des Tages. Sie hat pechschwarzes Haar, Sommersprossen auf den Wangen und der kleinen Nase und begrüßt mich herzlich. Rollende R-Laute tupfen südländischen Charme in ihre Stimme. Neben Clarissa gebe es noch Lotte, sagt Pohly. Die mache alle Mittagstische, Suppen, Eintöpfe und auch die Gerichte für den Partyservice. Dafür hätten sie noch eine Küche hinterm Haus – die ich natürlich sehen möchte. Pohly führt mich um das Gebäude herum, vorbei an einer IT-Firma durch einen kleinen Garten. Der ist mit Kinderspielzeug zugeschüttet und gehört zum Wohnhaus der Familie Pohl-Schäfer. In der Hinterküche treffen wir Lotte. Die resolute Rentnerin trägt eine Brille und das weiße Haar ordentlich frisiert. Sie hat schon immer gern gekocht, sagt sie, und als Rentnerin habe man ja Zeit. Ich staune über Kochutensilien, die ich in dieser Größe noch nie gesehen habe. Edelstahltöpfe in Babywannenformat. Eine Riesenbratpfanne mit hydraulischer Kippvorrichtung, Schaumlöffel, mit denen man sich als Schiffbrüchiger noch quer über den Atlantik löffeln könnte. Lotte hat alles im Griff. Selbst Pohly wird in ihrer Gegenwart ein Stückchen kleiner. Die gute, alte Welt, denke ich.

Weiter geht's ins Wohnhaus der Pohl-Schäfers. Es ist ähnlich labyrinthartig angelegt wie das Snack-Eck: Alles ist irgendwie noch im Bau befindlich und steuert auf einen finalen Zustand zu, der sich mir nicht so recht erschließt. Pohly selbst scheint ihn momentan auch nur zu erahnen. Er öffnet eine vom Flur abgehende Tür – und wir stehen mitten in einem Friseursalon. Eine Kundin unter der Trockenhaube macht: »Huch!« und dreht sich nach uns um. Etwas weiter hinten bringt Pohlys Schwägerin eine weitere Portion Haupthaar auf Vordermann. Sie winkt uns zu. Der Friseursalon Schäfer, erklärt Pohly, sei eines der Traditionsgeschäfte von Wagenfeld. Wir gehen durch eine weitere Tür, verlassen das Gebäude vorn an der Hauptstraße und betreten rund zwanzig Meter weiter erneut das Snack-Eck. Eine Rundreise durch Pohlynesien.

»Und deine Schwägerin arbeitet also im Salon?«

»Wie kommst du darauf?«

»Na, weil …« Ich zeige in Richtung Friseurladen.

»Ach, nein«, sagt Pohly. »Das war meine Frau. Die beiden sind Zwillinge.«

Es ist Viertel nach elf. Der Rentnerclub hat sich verzogen, der Laden ist leer. Was an diesem Stammtisch regelmäßig für Heiterkeit sorgen soll, finde ich nicht heraus. Clarissa stellt die ersten Edelstahlwannen mit dem Mittagsgericht unters Rotlicht. Heute gibt es Nackenbraten mit Erbsen, Möhren und Sahnekartoffeln. Pohly hat ein schwarzes T-Shirt mit pinkfarbenem Aufdruck für mich. Vorn prangt »Jon« und ein kleines Snack-Eck-Logo und hinten steht »Praktikant«. »Praktikant kommt« und »Praktikant geht« hat Pohly sich offenbar verkniffen.

»So, Jon, ich würd sagen, du machst den Vordertresen – Getränke und so, Clarissa ist hier in der Mitte in der Küche, und ich nehm den Seitentresen. Wegen dem Mittagsgericht – da müssen wir dann wohl alle 'n bisschen mit anpacken.«

Ich habe keine Einwände. Pohly zeigt mir die sechs Kühleinheiten unter dem Tresen: Hier Apfelschorle, daneben Cola und Cola Light – Malzbier, Wasser und Spezi sind auf der anderen Seite. Ich mache Bekanntschaft mit der Zapfanlage und dem Spülboy Premium und fühle mich schlagartig sehr gut: Die Aufgabe ist übersichtlich und irgendwie machtvollmännlich. Mein Tresen nimmt die Mitte des vollverglasten Vorderbereichs ein. Niemand mit Durst kommt an mir vorbei. Ich habe die Pole-Position. Den Spülboy habe ich zwar schon in vielen Kneipen gesehen, ihn allerdings selber benutzen zu dürfen, ist eine Offenbarung. Clarissa zeigt mir, wie es geht: Die Gläser werden zunächst über Kopf in einem mit Seifenwasser befüllten Zylinder mittels innen liegender Bürsten gereinigt und anschließend in einer Art Minidusche mit Frischwasser gespült. Hinstellen, trocknen lassen, fertig. Bereits nach wenigen Minuten ertappe ich mich dabei, wie ich nach Argumenten für die Anschaffung des Profigerätes suche, sehr wohl wissend, dass zu Hause bereits eine Spülmaschine vorhanden ist. Ich spüle ein paar Gläser zur Probe und bin gewappnet.

Eine Weile bleibt es ruhig. Der Verkehr rauscht am Snack-Eck vorbei. Nichts passiert. Ich spiele Flaschen-Memory mit mir selbst, um mir den Aufenthaltsort einer jeden Getränkesorte genau einzuprägen, als plötzlich Leben in die Bude kommt. Clarissa zeigt mir die Friteuse, ich mache Pommes, befülle die Spülmaschine, schaufele Mittagstischportionen auf Teller und serviere sie am Tisch. Gerade habe ich zweimal Pommes in die Friteuse geworfen, drehe mich Richtung Tresen – und halte inne. Irgendetwas ist seltsam in diesem Moment, irgendetwas passt nicht. Ich wende mich wieder der Friteuse zu und weiß, was es ist: Hier riecht es nicht nach Frittenfett. Noch nicht mal ein kleines bisschen. Ich stehe direkt vor den Pommes und rieche nichts. Clarissa klärt mich auf. »Alle swei Tage wird gereinigt alles komplett, von obe bis unte.«

Ich nicke.

»Dann wir immer nehmen die frische Fett, und das ist die mit sehr gute Qualität.«

»Wir haben hier eine Lüftungsanlage«, ergänzt Pohly, »wenn wir die richtig aufreißen, dann saugt sie uns die Schnitzel aus der Pfanne. Und hast du den Edelstahlschornstein gesehen, der vorn aus dem Dach kommt? Das sind mindestens sieben Meter, kein Witz, da geht richtig was.«

In der Disziplin Geruchsvermeidung wird Pohly's Snack-Eck auf meiner Reise ungeschlagen bleiben. Ein bisschen wehmütig macht mich das schon. Wenn selbst der Fettgestank aus dem Imbissleben verbannt wird, was bleibt dann noch? Aber an guter, alter Stinketradition ist Pohly ohnehin nicht so wahnsinnig interessiert. Er wird, wie er mir verrät, in Zukunft noch mehr in Richtung Schnellrestaurant gehen. »Das Imbisssortiment bleibt natürlich, das sind die Leute ja gewohnt, aber demnächst nehm ich auch kleine Gerichte mit auf die Karte: halbes Schnitzel, nur mit 'm Klacks Kartoffeln und 'm kleinen Salat. So was in der Richtung.« Er senkt die Stimme. »'ne normale Frau bestellt bei mir eigentlich kein Schnitzel. Das schafft die gar nicht.«

Das kann ich mir auch nicht vorstellen.

»Man darf nicht stehen bleiben. Die meisten Leute denken: Jetzt hab ich Erfolg, ich lass alles so, wie es ist. Und dann, nach ein paar Jahren, merken sie, dass der Umsatz weniger und weniger wird.« Pohlys Hand beschreibt eine leicht schiefe

Ebene. »Und dann fragen sie sich, wie das sein kann. Wo sie doch alles wie immer machen!« Pohly schiebt seine Brille hoch und blinzelt mich durch die dicken Gläser an. »Und das ist genau der Fehler!«

Die kleine, leichte Küche also. In Bälde wird sie auch die Mitte Niedersachsens erreicht haben. Pohly ist ein Visionär.

Ein sehr dicker Mann mit leicht angegrautem Bart setzt sich an meinen Tresen. Ob er vielleicht ein Bruder der beiden dicksten…? Schluss jetzt!, ermahne ich mich: keine Dicke- Frauen-Fantasien mehr. Der Mann bestellt das Mittagsgericht und eine große Apfelschorle. Auf seinem T-Shirt ist ein kleiner Heißluftballon aufgestickt. Ist er ein Ballonfahrer? Ja, sagt der Mann, das sei sein Hobby. Ich bin begeistert.

»Und, wie ist das denn so – Ballonfahren? Das würde ich ja auch gern mal machen.«

Mein Gegenüber druckst ein bisschen herum. Er selber sei noch nie so richtig gefahren.

»Wieso?«

»Ich bin beim Bodenpersonal.«

»Ach so.« Ich versuche, nicht zu enttäuscht zu klingen. »Bodenpersonal. Und wie meinst du – nie *so richtig* gefahren?«

Er sei nur beim allerersten Mal mitgefahren, sozusagen aus Versehen. Da habe er vor dem Start noch etwas in der Gondel zu tun gehabt – »Und plötzlich geht das Ding hoch!« Da hätten sie ihn total reingelegt. Wo er doch eigentlich Höhenangst habe.

»War aber total super! Und seitdem bin ich dabeigeblieben.«

»Ach? Toll!«, sage ich und versuche mir vorzustellen, was

55

in aller Welt das Bodenpersonal zu tun haben könnte, wenn der Ballon erst einmal entschwebt ist. Salutieren? Singen von Ballonfahrerliedern? Winken mit farblich codierten Taschentüchern bis »Identifikationsentfernung des Ballons überschritten« ist? Der Beleibte gibt bereitwillig Auskunft: Er sei »Verfolger« und müsse sich mit seinen Kollegen während des Ballonfluges mit dem Auto in die Richtung bewegen, die der Ballon nimmt, um bei seiner Landung vor Ort zu sein. Aber die Arbeit beinhalte natürlich einiges mehr: Ich werde über Größe und Form eines jeden verwendeten Aluminiumschekel aufgeklärt, erfahre, wie man die Ballonhülle ausbreitet, wie der Brenner justiert und der Korb schräg gestellt wird, dass ein Ballonführerschein mindestens fünftausend Euro kostet und dass man Personen nur befördern darf, bis man selbst das Rentenalter erreicht hat. Nach einer gefühlten Viertelstunde intensiver Informationsabgabe seitens meines Kunden habe ich für einen ganz kurzen Moment das Gefühl, ich könnte nun selbst jederzeit einen Ballon fliegen. Bleibt eigentlich nur noch eine Frage: Wieso heißt es eigentlich Ballonfahren und nicht -fliegen?

»Tja.« Das hat mein Gesprächspartner offenbar schon oft gehört. Er richtet sich etwas auf, und seine Stimme bekommt einen verschwörerischen Unterton: »Alles, was leichter ist als Luft, fährt.«

Ich runzele die Stirn. »Wer sagt das denn?«

»Die Physik.«

Ich stutze.

»Ist 'n Gesetz«, legt der Bodenballonfahrer nach. »Die haben das einfach so genannt. Genauso bei Rauch: Wenn der nach oben steigt, sagt der Physiker ›der Rauch fährt‹.«

»Der Rauch *fährt*?«

Ich überlege, ob es deswegen wohl auch »einen fahren lassen« heißt.

»Es heißt ja auch Luftfahrt. Oder Raumfahrt. Und nicht Raum-...«, der Bärtige sucht nach dem Wort, »...fliegerei.«

»Ich hab ja neulich gelesen«, versuche ich, dem Gespräch eine radikale inhaltliche Wendung zu geben, »dass Wagenfeld flächenmäßig das größte Dorf Deutschlands ist.«

»Tja«, murmelt mein Gegenüber und zieht die Stirn kraus, »kann schon sein.«

Und mit diesen Worten fällt der Ballonmann in tiefes Schweigen.

Mein Freund Volker hatte mich ja wissen lassen, dass er »mit dem ganzen Dorf verwandt« sei. Jetzt fallen mir zwei allein sitzende Personen auf, die beide Volkers typische Plattnase besitzen. Eine davon ist weiblich. Sie ist ungefähr sechzig und trägt nicht nur Volkers Riechorgan, sondern dazu auch noch eine schwarz-weiß karierte Strumpfhose, Gummistiefel und einen rosafarbenen Anorak. Der andere Plattnasenträger trinkt Kaffee und starrt vor sich hin. Ob im Wagenfelder Genpool vielleicht tatsächlich selten das Wasser erneuert wird?

»Jon? Kannst du swei Mittag mache?«, reißt mich Clarissa aus meinen Gedanken. Ein mittelalter Latzhosenträger kommt herein und setzt sich neben den Ballonfahrer. Der Mann heißt Johann und bestellt Schnitzel mit Kaffee. Er sei, wie er mir lachend verrät, der ortsansässige Elektrotechniker.

»Was steht da bei dir auf 'm Hemd? Praktikant?«

»Ja, genau. Ich mache ein Praktikum hier.«

»Ach, nee?« Johann grinst und ruft in Pohlys Richtung. »Schafft ihr das zu zweit nicht mehr? Das muss ja doll laufen hier!«

Pohly winkt ab. Ich stelle Johann seinen Becher hin.

»Also, Praktikant bin ich nie gewesen, aber Ministrant als Jugendlicher.«

»Ministrant? Das ist doch ein …«

»Messdiener, genau. Gibt's nur bei den Katholiken.«

»Mit Weihrauch und allem drum und dran?«

Johann nickt. Immer wenn der bronchialschwache Pfarrer damals Predigt gehabt hätte, habe er das brennende Fässchen extra stark geschwenkt. »Dann ist der vor Husten immer fast umgefallen! Hahaha!« Nein, das mit der Kirche sei in den jungen Jahren nicht so seine Sache gewesen. Vor allem: immer dieses Beichten! »Was hat man denn als Zwölf- oder Dreizehnjähriger denn schon zu beichten? Da sitzt man dann im Beichtstuhl und überlegt – was sagst du denn jetzt? Da hab ich dann gesagt, dass ich genascht hab – und dann hat der Pfarrer 'n Kreuz geschlagen. Und: Ich hab Schmöker gelesen – da hat der wieder schnell 'n Kreuz geschlagen und gefragt, was ich noch getan hab. Und ich hab überlegt. Und überlegt. Und dann war mir das zu blöd. Da hab ich dann gesagt: Ich hab mir einen runtergeholt!« Johann muss sich den Bauch halten. »Da hörte der überhaupt nicht mehr auf mit seinem Kreuze schlagen!«

Auch der Ballonmann lacht laut und herzlich. Johann kommen fast die Tränen.

»Ja, ist doch wahr! Was soll denn der Scheiß?«

Der Bürgermeister kommt. Der Mann hat schwere Knochen und ein fleischiges Gesicht. Im Schlepptau hat er den jugendlich wirkenden Chef der Auburg Quelle Getränkeabfüllung. Beide sind hochgewachsen und tragen Anzug. Pohly ist mit beiden per Du und macht uns bekannt. Der Bürgermeister heißt Wilhelm Falldorf und ist im Nebenberuf ebenfalls Gastronom. Der Getränkeabfüller heißt Dirk Lütvogt und ist einer der größten Arbeitgeber in der Region. Beide bestellen Wasser und Espresso. Ich stehe am Tresen und fülle Auburg Quelle in 0,2l-Gläser. Falldorf steckt sich erstmal in aller Seelenruhe eine Pfeife an. Pfeife? Hier drin? Ich schaue mich um und sehe jetzt erst die Aschenbecher auf den anderen Tischen. Hier gibt es kein Raucherzimmer – im ganzen Laden wird tüchtig gequalmt. Ich stoße Pohly leicht in die Seite und deute in Richtung Pfeife. Pohly zieht eine Schnute und nickt beschwichtigend. »Das machen wir hier so.« Das klingt ein ganz bisschen wie: »Wir haben hier unsere eigenen Gesetze, Fremder.«

»Na, und wie finden Sie Wagenfeld?«, möchte der schmauchende Herr Falldorf wissen.

»Och, ganz gut so weit.« Ich ergänze, dass ich ja bis jetzt noch nicht so viel gesehen hätte, erwähne die Schönheit der Landschaft auf der Fahrt hierher und lobe den Sonnenuntergang. Die Runde nickt. Der Bürgermeister erzählt, dass Wagenfeld im sechzehnten Jahrhundert sogar mal zu Hessen gehörte, weil die Burg Wagenfeld durch Erbschaft irgendwie an das hessische Fürstentum gefallen sei. Herr Lütvogt kann das bestätigen: Auf niedersächsischen Landkarten aus jener Zeit sei Wagenfeld tatsächlich der sprichwörtliche weiße Fleck, auf hessischen Karten hingegen eine kleine, zusätzliche Insel. Ein Kuriosum.

Nun kann ich nicht mehr an mich halten: »Wagenfeld soll ja das flächenmäßig größte Dorf Deutschlands sein …«

Herr Falldorf zieht zwei-, dreimal an seiner Pfeife. »Ja, das ist wohl so 'n Schnack, nich?«

Für einen Moment herrscht Ruhe am Tisch.

»Stimmt das denn nicht?«

Der Bürgermeister zuckt mit den Schultern, seine Pfeife ist ausgegangen. Ich bleibe hartnäckig. »Es soll ja sogar das drittgrößte Dorf der Welt sein...«

Keine nennenswerte Reaktion bei den Herren.

»...also auch flächenmäßig gesehen.«

»Tja«, meint der Getränkeabfüller schließlich. »Das kann schon sein.«

Er ist ein höflicher Mann.

»So. Und sonst?«, wendet sich der Bürgermeister wieder an Pohly.

»Och, muss ja.«

Das Gespräch nimmt langsam wieder Fahrt auf. Die Herren diskutieren die Situation der lokalen Gastronomie und das Wetter. Gestern war Schützenfest. Von daher ist man heute noch ein wenig langsam im Kopf. Überhaupt gebe es gleich drei Schützenvereine in Wagenfeld. Da brauche man eine gute Kondition. Pohly grinst wissend. Herr Falldorf empfiehlt mir, noch an den Dümmersee zu fahren. Der sei wunderschön.

»Mensch –« Pohly sieht auf die Uhr. »Gleich drei! Ich muss noch die Hirsche füttern. Hast du Lust mitzukommen?«

Pohly hat also Hirsche. Oder genauer gesagt: seine Schwiegereltern. Die sind gerade im Urlaub, und die Tiere haben trotzdem Hunger. Wir verabschieden uns aus der Herrenrunde und besteigen Pohlys glutheißen Nissan X-Trail. Clarissa wünscht uns viel Spaß und bleibt winkend zurück.

Die Hirsche sind in Wirklichkeit Rehe. Zumindest zum größten Teil. Die kleine Herde lebt auf einem Waldgrundstück mit angrenzender Wiese. Während Pohly versucht, ein ausgebüchstes Exemplar wieder auf seine Heimatwiese zurückzulocken, sehe ich mir die Rehe an. Nein, eigentlich sehen sie mich an. Ich stehe ungefähr zehn Meter entfernt, und etwa dreißig Augenpaare sind auf mich gerichtet. Ein eigenartiges Gefühl. Sechzig Augen sagen: »Tu uns bitte nichts.« Ich bewege mich nicht. Kann ich irgendetwas tun, um diese Tiere zu beruhigen? Nein, denke ich – sie würden wahrscheinlich jedes Lebewesen, das größer als ein Igel ist, mit diesem unendlich ängstlichen und zugleich hoffnungsvollen Blick belegen.

»Mensch, diese Spinner!«, keucht Pohly, »immer müssen sie durch diesen Zaun durch …«

Wir sitzen wieder im sengend heißen Auto und fahren Richtung Imbiss. Der Blick der Rehe geht mir nicht aus dem Kopf.

»Schon mal was vom ›Partytreff Dolce Vita‹ gehört?«, fragt Pohly.

»Partytreff was?«

»Dolce Vita. Da gibt's Flatrate-Poppen.«

»Flatrate-Poppen?«

Pohly lacht. »Ja, hier gibt's so 'n Puff, da zahlst du 'n Hunderter Eintritt, und dann kannst du so viel essen und trinken und …« Pohly sucht nach dem passenden Wort und macht stattdessen eine passende Handbewegung, »… wie du willst.«

»Das gibt's doch nicht.«

»Doch, das gibt's! Und der Laden läuft wie blöde.«

Pohly grinst mich an. Ich staune.

»Der Typ, der das macht, hat zusätzlich noch acht Pornostars unter Vertrag, und die müssen da regelmäßig auftauchen.«

»Ach nee …«

»Kennst du Sidney Love?«

Ich verneine.

»Jenna Jane? Oder die andere, wie hieß die noch …«

Ich versichere Pohly, dass ich die wahrscheinlich auch nicht kenne. Woher bezieht der Mann dieses Insiderwissen?

»Ich bin da einmal die Woche. Sonntags.«

Ich sehe Pohly an.

»Ich liefer denen das Buffet.«

»Ach so.« Ich bin wirklich ein bisschen erleichtert.

»Du, das ist direkt auf dem Weg. Da können wir ja noch mal vorbeifahren.«

»Ja, klar«, sage ich, um einen lockeren Ton bemüht.

Das Dolce Vita liegt unscheinbar in einer Reihenhaussiedlung am Waldrand. Pohly klingelt, und eine vollständig bekleidete Frau mit östlichem Akzent öffnet uns freundlich die Tür.

»Moin«, sagt Pohly, »ich hab 'n Freund hier aus Hamburg, dem wollt ich den Laden mal zeigen. Ist das in Ordnung?«

Die Türöffnerin lächelt einladend und weist uns mit der Handfläche den Weg ins schummrige Innere. Wir gehen durch einen kurzen Flur, die Dame verschwindet. Meine Augen brauchen einen Moment, um sich an das Dunkel zu gewöhnen. Das Erste, was ich wahrnehme, sind Fliesen. Sehr viele verschiedene Sorten. Der örtliche Fliesenleger hat sich wahrscheinlich schon während der Bauphase einen Feuchttraum verwirklichen können. Der Raum ist groß und verwinkelt – die Musik ist laut und macht duff-tz-duff-tz-duff-tz. Rechts um die Ecke sehe ich ein riesiges, rundes Bettpodest. Das Objekt ist mit einem LKW-planenartigen Material bezogen und mit drei darauf verteilten Zewarollen dekoriert.

»Ja«, meint Pohly, »das ist hier für Gang-Bang.«

Wir gehen am Gang-Bang-Bett vorbei ein paar Stufen nach unten Richtung Sauna. Es ist kein Mensch zu sehen. Pohly moderiert: hier das Dampfbad, da der Whirlpool. Ich versuche so zu gucken, als ob ich den Laden möglicherweise kaufen wollte. Ich bin verunsichert. Mit Mitte vierzig war ich noch nie in einem Puff. Schon gar nicht in einem Flatrate-Puff. Ich weiß nicht, wie man sich hier drin verhält. Ich will ja auch gar nichts. Außer gucken. Gleichzeitig habe ich das sichere Gefühl, dass angezogene Männer, die einfach nur mal gucken wollen, hier drin nicht so wahnsinnig gern gesehen sind. Wir gehen die drei Stufen wieder nach oben, am Fernsehraum vorbei. Hier läuft ein Porno. Auf der Couch sitzt jemand. Ich kann einen halben Frauenhintern auf einem männlichen Schoß erkennen. Pohly deutet nach links.

»Da drüben bauen wir sonntags immer das Buffet auf.«

Ich bin dankbar für diese Information. Wir schlendern durch den von Kunstpalmen gesäumten Flur, während zwei deutlich beleibte Herren aus den seitlichen Duschkabinen treten. Sie haben ein Handtuch um die Hüften geschlungen und tragen Badeschlappen. Wir schlängeln uns aneinander vorbei. Die Handtuchträger sehen auf den Boden. Man nickt sich zu und murmelt Begrüßungslaute – wahrscheinlich ähnlich wie im Wartezimmer eines Proktologen.

»So.« Pohly öffnet eine Glastür, und wir stehen im Freien. »Das ist der Außenbereich.«

Ich sehe keine Frauen. Nur ein paar Herren in Handtuch und Schlappen. Einer sitzt im Außen-Whirlpool. Drei lümmeln sich auf Liegen. Zwei sitzen an der Bar. Ein paar nicken uns zu, einer winkt. Man fühlt sich wohl. Man ruht sich aus.

»Siehste?«, sagt Pohly. »Das ist Wellness für Männer.«

Allein unter Frauen

Vierte Station:

Nordrhein-Westfalen

Glückauf-Grill
Dorsten

Ich sitze auf einem blauen Kunststoffstuhl auf dem Bürgersteig der Glück-Auf-Straße, Ecke Heinrich-Wienke-Straße. Mit mir am Tisch sitzen Marlies, Moni, Diana, Sabrina und Lea. Die Morgensonne lacht vom Himmel, und Kaffeeduft steigt aus den Bechern. Alle sind gut gelaunt. Autos fahren im Schritttempo durch die verkehrsberuhigte Zone, lassen die Scheibe herunter und winken. Marlies kennt jeden hier – und jeder kennt sie.

»Hömma, kommste am Freitach?«, ruft sie dem Mann in dem hellblauen Ascona zu.

»Ja, aber ich muss erst nacher Mutti. So gegen elf?«

»Ja, is gut.«

Der Ascona fährt weiter. Zwei Jungs auf Fahrrädern kommen vorbei und winken. Später werden sie Kratzeis zu fünfzig und Wassereis zu zehn Cent bei uns kaufen. Ich sage »uns«. Jetzt schon.

Die würfeligen Ein- und Mehrfamilienhäuser in Backstein haben rührend einfache Gesichter: links ein Sprossenfenster, rechts ein Sprossenfenster, in der Mitte eine Tür und darüber noch ein kleines Fenster. Oben drauf ein Spitzdach – fertig ist das ehemalige Bergmannshaus. Früher lag die Zeche nur zwei

Straßen weiter, jetzt ist sie schon lange geschlossen. Arbeitslosigkeit prägt das Viertel. Viele Arbeiter werden mit Mitte vierzig in den Vorruhestand geschickt, danach Frührente. Und dennoch: Es ist so unglaublich friedlich hier, geradezu idyllisch. Fast wie im Film.

Doch dies ist nicht Hollywood, sondern Dorsten, genauer gesagt Dorsten-Hervest in Nordrhein-Westfalen, Kreis Recklinghausen. Marlies heißt mit Nachnamen Rosin und ist die Chefin des Glückauf-Grills, der hier seit Jahrzehnten beheimatet ist. Die Einundsiebzigjährige legt Wert auf ihr Äußeres: weiße Sommerjeans und hellblaue Strickbluse, feine Brille mit Goldrand, das goldblonde Haar ist frisch frisiert. Erst am frühen Abend wird sie mir das Du anbieten. Moni, Diana und Sabrina sind als Verkäuferinnen bei Frau Rosin angestellt. Sie sagen »Chefin« zu ihr. Nur Lea sagt gar nichts – sie ist erst ein Jahr alt, Sabrina ist ihre Mutter.

Der Glückauf-Grill ist von außen eher unscheinbar. Eine schmutzig gelb gestrichene, flache Bude mit kleinen Fenstern. Tageslicht spielte in den ersten Jahren des Gebäudes ohnehin keine große Rolle: Damals diente es als Leichenhalle – erst später wurde ein Rundfunkladen und dann ein Milchgeschäft daraus. In den letzten dreiunddreißig Jahren – seit Frau Rosin den Laden betreibt – hat sich kaum etwas verändert. Die Bude steht unter Denkmalschutz.

»Wir dürfen hier noch nich mal eine andere Außenfarbe streichen«, erklärt die Chefin.

Schon lange steht sie nicht mehr selber hinterm Tresen, kommt aber regelmäßig, um die Salate zuzubereiten. Heute ist Kartoffelsalat dran. Ihr halbes Leben ist mit der Bude verknüpft, und sie kann sie immer noch nicht so ganz loslassen.

Die Damen brauchen nicht lange, um mit dem Fernsehwirt

warm zu werden. Nachdem ich ihnen mein Vor- und Nachnamensgestrüpp auseinandergepuzzelt habe, einigt man sich darauf, mich weiterhin Ingo zu nennen, und meint, es sei an der Zeit, Ingo in die Materie einzuweisen. Wir betreten den Glückauf-Grill. Das Allerheiligste misst innen ungefähr sechs Meter in der Breite und drei Meter in der Tiefe. Auf der linken Seite gibt es zusätzlich eine kleine Abseite für Getränkekisten und Putzzeug und eine winzige Klokabine. Das ist alles. Auf diesen vielleicht zwanzig Quadratmetern spielt sich der Arbeitstag ab, hier werden alle Speisen zubereitet, hier wird gebraten, verkauft und verzehrt – an den zwei winzigen Stehtischen rechts und einem schmalen Brettchen links vom Eingang. Die Theke ist ein Kinderparadies. Sie beherbergt Liebesperlen, Lakritzschnecken, saure Zungen, Chupa Chups, Lipsticks, Esspapier, Kaugummi, Kinderschokolade, Puffreis, Gummicolafläschchen, Haribo-Konfekt, Mentos, Wundertüten in zwei Versionen (für Jungen und Mädchen) und einiges mehr. Seit ich vor dreißig Jahren das letzte Mal im Freibad vom Dreier gesprungen bin, habe ich eine so beeindruckende Vielfalt an Süßigkeiten nicht mehr gesehen. An der Wand hinter der Theke hängt eine weiße Speisetafel. Die Gerichte sind in Schönschrift mit der Hand eingetragen, die Schrift steht auf ganz feinen Hilfslinien.

»Also, als Erstes kommen die Salate, dann machen wir Frikadellen, und alle anderen Arbeiten kommen mal so zwischendurch dran«, verklickert mir Moni. Sie macht an zwei Tagen in der Woche die Vormittagsschicht und nimmt mich heute unter ihre Fittiche. Moni ist ein Tönnchen. Sie trägt eine ermüdete Dauerwelle und hat ordentlich was in der Bluse. Ob sie vielleicht früher in Wagenfeld ...? Ich verwerfe den Gedan-

66

ken wieder. Moni blickt mich aus sehr treuen dunkelbraunen Augen an.

»So, Ingo. Als Erstes müssen wir die Salate probieren.«

»Aha. O.k.« Probieren? Wieso das denn?, denke ich.

»Um zu gucken, ob die noch gut sind.«

Kann Moni meine Gedanken lesen?

»Meistens kann ich dat schon vom Gucken erkennen, aber probieren ist natürlich am sichersten.« Sie macht eine kleine Pause. »Ich hab mir gedacht, dat machst du heute mal.«

Salate probieren, ob sie nicht schon sauer sind. O Gott, von allen Aufgaben, mit denen dieser Vormittag hätte anfangen können, ausgerechnet diese.

»Ach so. Ja klar.«

Moni holt den Gurkensalat und gibt mir einen kleinen Löffel. Mir ist ein bisschen elend. Normalerweise wird mir schon schlecht, wenn die Milch es eigentlich erst noch werden will. Todesmutig stippe ich den Löffel ein. Diana beobachtet mich von der Seite. Ich probiere. Alles gut. Ich mache ein entspanntes Gesicht und nicke.

»Fein«, sagt Moni, stellt den Gurkensalat in die Vitrine und legt einen »von den guten Löffeln« diagonal hinein. Jetzt kommt der Krautsalat.

»Der ist mit Essig. Muss also schon ein bisschen sauer sein. Aber…«, Moni zögert, »auch nicht zu sauer.«

Ich bin tapfer. Neuer Löffel, neues Glück. Auch dieser Salat besteht die Probe. Ich schiele in die Vitrine und zähle noch drei weitere Gebinde. Der Mut wächst – aber die Angst wächst mit.

»Bei dem hier«, sagt Moni, »kann ich es nur vom Gucken nich immer so richtich sagen…«

Ich weiß nicht, wie der Salat heißt, den ich mit zittriger Hand auf den kleinen Löffel fülle, ich weiß nur, dass ich durchhalten muss.

»M-hm.« Ich nicke.

Auch diese Schüssel erhält einen guten Löffel und wandert zurück in die Vitrine. Nächster Salat. Jetzt bin ich mir sicher, dass der Mut siegt. Nach zwei weiteren Kandidaten habe ich es geschafft. Moni ist zufrieden. Diana klopft mir auf die Schulter. Ihr kleines Nasenpiercing blitzt kurz auf. Die Mädels lachen. Ich lache auch.

Der erste Kunde des Tages kommt und bestellt Currywurst zum Mitnehmen. Moni zeigt mir, wie sie hier im Glückauf-Grill serviert wird: mit der Schere geschnitten. Das ist nicht so einfach. Schere in die linke Hand und Wurstzange in die rechte? Oder doch umgekehrt? Beides fühlt sich irgendwie falsch an. Diana und Moni gucken zu. Der Kunde auch. Jetzt noch die richtigen Mengen Ketchup und Currypulver drüber – fertig. Einpacken muss Moni. Der Kunde fragt nach einem Autogramm. Ich bin perplex. Hat er mich auch ohne Perücke erkannt? Der Kunde bejaht und fragt mich, ob ich wüsste, was das hier früher mal war? Ich spiele mit und verneine.

»'ne Leichenhalle!«, verrät er mir und will sich schier ausschütten vor Lachen. Ein paar von den ganz alten Kunden, sagt er, würden manchmal noch Scherze treiben. »Gucken die Wurst an und fragen, ob die Verkäuferin, ob sie vielleicht noch 'ne Leiche im Keller gefunden hat! Hahaha!«

Moni lächelt, ich schreibe »für Lars« auf eine Pommespappe. Diana hat etwas in der Hand, das aussieht wie ein billiger Kleinkindertennisschläger. Eine Fliege findet in der metallenen Bespannung ihr britzelndes Ende. Die elektrische

Fliegenklatsche sei ihr neuestes Lieblingsspielzeug, vertraut mir Diana an.

»Siehste!«, ruft der Kunde. »Leichenhalle! Sach ich doch!« Der nächste Kunde betritt die Bude und bestellt zwei halbe Hähnchen zum Mitnehmen. Moni flitzt. Ich wünsche Lars alles Gute. Diana stellt mir einen großen Topf Kartoffeln hin. »Hier, Ingo«, sagt sie, »zum Pellen. Für den Kartoffelsalat.«

Ein kleiner Junge kommt rein und guckt Moni mit großen Augen an.

»Na? Wat krichste denn?«

»Zweimal Kinder-Pommes.«

»Mach ich dir, woll!«

Ich pelle also Kartoffeln. Der Kartoffelsalat muss heute noch frisch gemacht werden. Ich bin langsam, aber das macht nichts. Diana erzählt von ihrem Kurzurlaub in Wien. Sie ist stolz auf das knallrote Vienna-T-Shirt, das sie sich mitgebracht hat. Sie bringe sich immer ein T-Shirt aus dem Urlaub mit, sagt sie. Sie trägt eine Menge Modeschmuck und eine peppige Kurzhaarfrisur.

»So. Zwei Kinder-Pommes.«

Der Kleine lächelt dankbar. Er hat das Geld schon abgezählt auf den Tresen gelegt.

»Möchtste noch 'n paar Gummibärchen?«

»Ja.«

Moni fischt ein Tütchen aus der Vitrine. Und weg ist der Kleine.

»Dat machen wir immer so«, erklärt sie mir. »Kinder kriegen immer noch 'ne kleine Tüte Gummibärchen dazu.«

Sabrina, Lea und Frau Rosin kommen rein und setzen sich an den kleinen Tisch rechts vom Eingang.

»Das ist ja süß mit den Gummibärchen«, sage ich zu Frau Rosin.

»Ja.« Frau Rosin lächelt. »Das haben wir von Anfang an so gemacht. Vor dreißig Jahren war es ja schwer, hier überhaupt jemand reinzukriegen.«

Ich runzele die Stirn.

»Zuerst kam niemand«, sagt Frau Rosin. »Dann kamen die Kinder. Und über die Kinder haben wir auch die Eltern gekriegt.«

Es war sehr schwer, hier akzeptiert zu werden, erzählt sie. Sie kommt nicht aus Dorsten – sondern aus Gelsenkirchen. Das sei zwar nur eine halbe Stunde mit dem Auto, aber Welten entfernt. Marlies Rosin ist Bürokauffrau, ihr Mann beliefert Imbisse im Großraum Gelsenkirchen. Den Laden eröffnet sie gemeinsam mit ihrer älteren Schwester, die die auch heute noch wie Staatsgeheimnisse gehüteten Rezepte für die Saucen und Salate beisteuert. Vom Tag seiner Eröffnung an wird der Glückauf-Grill natürlich von Herrn Rosin beliefert, seine Frau steht hinterm Tresen und brät. Und sorgt nach Feierabend mit spitzem Bleistift für korrekte Zahlen in den Büchern. So bleibt alles in der Familie. Zwei Jahre müssen sie sich durchbeißen, dann haben sie es geschafft.

»Aber ohne die Kinder«, sagt Frau Rosin, »wären wir nix geworden.«

Fritz kommt herein. Er ist Stammkunde, bekommt ein Herrengetränk und fängt aus dem Stand an zu erzählen. Ende vierzig, seit zwei Jahren im Vorruhestand. Die erste Zeit war schlimm. »Da hab ich dat noch nicht mal aushalten können, wenn meine Frau zu laut gekaut hat.« Jede Kleinigkeit hat ihn damals sofort auf die Palme gebracht. »Aber dann hab ich den

Garten gemacht, den kleinen Fischteich ... und so. Jetzt find ich dat ganz in Ordnung. Man hat immer wat zu tun.« Fritz hat den Blick eines Bernhardiners, er trägt Oberlippenbart und eine Art modernisierte Landsermütze. Zwischendurch, sagt er, erledige er kleine Jobs für die Chefin: Dachrinne saubermachen, Rasen mähen – was so anfällt. Seit zwanzig Jahren kommt er hierher. Man kennt sich, man hilft sich. Fritz kriegt Appetit.

»Hömma, Moni, mach mir doch mal zwei Schaschlik zum Mitnehmen.«

Die zwei Jungs von heute Morgen kommen rein und kaufen Kratzeis (»Aber das blaue!«) und Wassereis. Diana übernimmt die Bestellung. Moni hebt zwei Schaschliks aus der Edelstahlmulde und tauscht eine an der Lüftung klebende rote Fünf gegen eine blaue Drei. An der Edelstahlfläche kleben viele bunte Magnetzahlen. Da man die in der Sauce liegenden Spieße weder sehen noch zählen kann, markieren die Mädels den Schaschlik-Stand mit Lernspielzeug.

Ich bin mit den Kartoffeln fertig und übergebe mein Werk der Chefin. Die macht sich jetzt an den Kartoffelsalat und erzählt dabei von ihrem Sohn Frank. Der ist Koch und betreibt ein Sternrestaurant, gerade mal zehn Minuten von hier. Moni hat derweil einen großen Klumpen Schweinehack in eine Schüssel getan. Ich darf Frikadellen machen. Zuerst muss ich die bereits eingeweichten Brötchen im Sieb ausdrücken (»Aber schön trocken!«) und unter dem wachsamen Blick ihrer treuen Rehaugen auch die Zwiebeln, Eier, Salz und Pfeffer portionsgerecht in die Schüssel geben. Dann darf ich die Matsche kneten. Herrlich. Wenn die Masse zwischen den Fingern durchflutscht, fühlt sich das an wie im Watt spielen. Moni erzählt gerade, dass Frank sogar schon im Fernsehen gewesen sei – beim Kochduell.

»Ja«, ergänzt Diana, »da ham sie auch hier drin mal gefilmt.«

Die Mädels erinnern sich mit demonstrativem Schrecken an den Drehtag.

»Boah ey, wie lang dat allet gedauert hat!«, empört sich Sabrina.

Und wie umständlich und anstrengend die Arbeit mit den Fernsehleuten gewesen sei. Kollektives Kopfschütteln und Stöhnen. Furchtbar! Aber aufregend sei es schon gewesen.

Fritz ruft einen Abschiedsgruß in die Runde. Er guckt heute Abend noch mal rein. Die Matsche ist fertig, und Moni macht mir eine Frikadelle vor. Erst zum Ball rollen, dann abflachen, dann aufs Tablett. Auf die Menge kommt es an.

»Nicht zu groß und nicht zu klein. Gerade richtig.«

Ich nehme einen kleinen Klumpen Frikadellenmatsche, rolle, patsche und – halte eine fertige Frikadelle in meiner Hand. In der richtigen Größe. Eine kleine Geburt. Ich bin begeistert. Moni auch.

Stammgast Dieter schiebt seine riesige Wampe in den Laden. Er trägt Brille und einen verwirrt vom Kopf abstehenden Haarkranz, der im Gegenlicht wie elektrisiert leuchtet. Dieter bestellt ein Herrengetränk und erzählt von seiner vorzeitigen Entlassung. Er ist dreiundsechzig und hatte nach dreißig Jahren im Betrieb eigentlich sowieso keine Lust mehr. Jetzt kriegt er mit einem Mal eine dicke Abfindung und fühlt sich wie ein Lottogewinner. Diana sieht aus dem Fenster.

»Ach, guck ma, da steht Frau Kreuzung.«

Ich erspähe über Dianas Schulter hinweg eine sehr kleine,

weißhaarige Frau. Sie steht auf der Straße und scheint auf jemanden zu warten.

»Dat ist genau ihre Zeit jetz«, sagt Diana. »Dann hat die wohl die Hausarbeit fertich – und dann steht die hier anner Kreuzung.«

»Und was macht sie da?«

»Nix. Die guckt bloß. Auffe Kreuzung. Deswegen nennen wir die auch so: Frau Kreuzung.« Diana zeigt auf die andere Straßenseite. »Da wohnt sie. Gleich da drüben.«

Das Handy klingelt. Ihr Sohn Florian ist dran. Die Schule dauert heute eine Stunde länger. Dann muss Diana ihn abholen. Sie und Florians Vater haben sich vor zwei Jahren getrennt. »Da war der Kurze erst fünf. Und sein Vater hat ihn einfach mitgenommen. Einfach von jetz auf gleich.« Als Florian mit einem Mal weg war, sei sie fast verrückt geworden. Damals habe sie wahnsinnig viel Stress gehabt mit ihrem Ex. Mittlerweile geht's. Sie hätten sich zusammengerauft. Der Kleine hat eine Beinprothese und muss oft zum Sport oder zum Krankenhaus zur Untersuchung. Sie seien ein gutes Team, sagt Diana. »Ja, dat klappt jetzt ganz toll mit meinem Zwerch …«

»Wir sind auch fürnander da, hier im Laden«, meint Moni. »Stress gibt's natürlich immer mal, dat is klar. Aber wenn einer auffem Schlauch steht hier drin und irgendwat braucht – dann muss er nur anrufen, dann kommt einer vorbei und springt mit ein.«

»Dat stimmt«, bestätigt Sabrina.

Die Chefin schneidet Kartoffeln in die Schüssel und nickt. Währenddessen erzählt Dieter weiter von dem neuen Golf Plus, den er sich gerade bestellt hat.

Zwei Blondinen kommen herein und werden mit großem

Hallo begrüßt. Es sind Walli und Bianca, die beiden gehören auch zu Frau Rosins Verkäuferinnen. Walli ist eine blonde Ausgabe von Moni, Bianca dagegen ein Strich in der Landschaft. Sie hat ihre kleine Tochter Michelle mitgebracht. Die beiden schütteln mir die Hand. Bianca kichert: »Der sieht ja richtich schnuckelich aus.«

»Na, na!«, ruft Sabrina. »Denk dran – dein Mann kommt auch gleich!«

In mir keimt ein Verdacht auf. Ob die Tatsache, dass die Belegschaft des Glückauf-Grills jetzt vollständig hier versammelt ist, etwas mit mir zu tun haben könnte? Ich bin von Frauen umzingelt – und wenn ich ehrlich bin: Nirgendwo könnte es schöner sein. George Clooney ist Dreck gegen mich.

Ungefähr drei Stunden, zwanzig Currywürste, zwölf Frikadellen und fünfzehn Portionen Pommes später ist der Laden immer noch gerammelt voll. Es ist später Nachmittag, Fritz sitzt wieder in seiner Ecke, Ralf kommt vorbei, Biancas Mann hat Feierabend, Jörg holt »zwei Jäger« ab, Jupp hält sich am Brettchen rechts von der Tür fest, die Taxizentrale gibt telefonisch eine Großbestellung durch, die Herrengetränke gehen in beachtlicher Frequenz über den Tresen. Zwischendurch Kinder, die Esspapier und Wonderballs einkaufen. Ein kleiner, gut gebräunter Mann mit kugelrunder Glatze und Haselnussaugen kommt rein und wird von Sabrina stürmisch begrüßt.

»Muuuzzi!!!«

Der Haselnussmann kommt zu mir rüber und reicht mir die Hand. »Ich bin der Muzzi.«

»Mit einem langen U?«

»Emm-u-zett-zett-i.«

»Also doch ein kurzes?«

»Dat kannste halten, wie de willst.«

Muzzi ist in meinem Alter und gelernter Schlosser. Er hat umgeschult auf LKW-Fahrer. In den letzten drei Jahren hat er noch eine zweite Umschulung zum Speditionskaufmann gemacht. »Und dann hab ich hundertsechzich Bewerbungen geschrieben!« Muzzi sieht mich aus dunklen Kulleraugen an. »Nix! Kein Job!« Er hebt den Zeigefinger. »Ein Gespräch hatte ich, dat lief prima. Da sacht der Chef ›Wann können Sie denn anfangen?‹ Ich sach: ›Am liebsten gleich, wa?‹ Er sacht: ›Na, wie wär's denn mit nächsten Montach?‹ Ich sach: ›Ich bin Gewehr bei Fuß.‹ Da sacht er: ›Ja wunderbar, dann sind wir uns ja einig.‹ Und ich schon am feiern innerlich, da sacht er zu mir: ›Ich geh mal davon aus, dass Sie Französisch, Italienisch und Englisch verhandlungssicher in Wort und Schrift beherrschen?‹ Ich sach: ›Wissen Se wat? Wenn ich dat kann – dann bin ich kein Speditionskaufmann, dann bin ich Diplomat!‹ Der guckt mich an!«

»Und das war das einzige Bewerbungsgespräch, das du überhaupt hattest?«

»Dat war überall dasselbe.« Muzzi winkt ab. »Zu alt… zu dies… zu das… Die absolute Krönung hat sich die Stadt Dorsten erlaubt. Die hab ich angeschrieben: als Speditionskaufmann, als Schlosser oder als Fahrer. Hab ich im Februar abgeschickt. Und irgendwann im November lag meine Mappe dann mal mit so 'n Zettelchen im Briefkasten. Da war aber keine Briefmarke drauf, dat hatte mir einer da so reingesteckt. Und da stand dann: Aus Kostengründen könnte die Stadt Dorsten dat postalisch nich zurückschicken. Schriftliche Bewerbungen wären nicht erwünscht. Ja, ich sach, wat denn dann? Wat soll ich denn dann machen? Zu dem einen bin ich dann hin – ich sach, ich wollt mich mal beschweren. Ja, sacht er: Dann müssen Se dat schriftlich machen! Schriftlich!« Muzzi tippt sich an die Stirn. »Dat is doch der letzte Verein da, ehrlich! Da, wo ich jetzt bin, da bin ich ganz zufrieden. Geld stimmt. Bin nich immer weg. Meistenteils zu Hause abends. Fertich.«

»Aber du fährst auch noch, oder?«

»Klar. Hauptsächlich. Aber eben nicht so lange Strecken … Ich hab dat auch schon mal, dat ich nachem Westen fahr, nach Frankreich, Belgien, Holland, aber dann nur eine Übernachtung, und dann bin ich wieder hier. Klar: Wenn Krankheitsvertretung is oder so, dann macht man dat natürlich. Aber ich hab zu meinem Chef von vornherein gesacht, dat soll für mich kein Dauerzustand sein. Weil, ich sach, ich hab meine Lebensgefährtin, ich bin jetzt sieben Jahre mit der zusammen, ich möchte dat nich aufs Spiel setzen.«

»Ja, wenn man immer weg ist …«

»Dat merkste nich«, sagt Muzzi. »Dat is 'n schleichender Prozess und dann …«

Seine Hand zerteilt die Luft vor ihm. Das Radio spielt »Voyage, Voyage« dazu.

Muzzi schielt aus dem Fenster. Auf der anderen Straßenseite hält ein dunkelblauer Mercedes mit Heckspoiler. Plötzlich macht er sich gerade und meint, da müsse er »mal eben wat gucken« und geht raus. Moni und Sabrina tuscheln miteinander. Ich sehe, wie Muzzi sich zum heruntergekurbelten Fahrerfenster beugt.

»Da kann sein, wat will«, murmelt Moni kopfschüttelnd. »Wenn die auftaucht, muss er hin.«

Ich gehe vor die Tür. Es ist immer noch warm draußen, der stahlblaue Himmel färbt sich ganz langsam dunkler. Muzzi hat ein Bein übergeschlagen und stützt sich mit den Ellenbogen im Fenster auf. Die Haltung sieht irgendwie unbequem aus, gleich-

zeitig wirkt sie so, als wolle Muzzi sich dort am Fahrerfenster
für längere Zeit einrichten. Es scheint eine Menge zu bespre-
chen zu geben. Von der Person am Steuer kann ich nichts erkennen. Eine Weile stehe ich so da und gucke Muzzis Hintern
an. Dann steigt der Beifahrer aus und geht über die Straße auf
mich zu. Er trägt eine verbeulte, dunkelblaue Jogginghose und
ein T-Shirt, auf dem »Club America« steht. Ohne für mich er-
sichtlichen Grund stellt er sich neben mich und zündet sich eine
Zigarette an. Wortlos starren wir beide auf Muzzis Hintern.

»Mann, is dat heiß heute.«

»Ja, aber jetzt geht's schon wieder.«

»Hm.« Mein Stehnachbar nickt. Er hat die Hände tief in
den Taschen seiner beuligen Hose. Muzzi wechselt das Standbein.

»Ich kriech ja Kopfschmerzen von so 'n Wetter. Ich kann
dat nich ab.«

Ich murmele Verständnis mit einem leichten Unterton des
Bedauerns. Muzzi steht und quatscht weiter in das offene
Fenster.

»Aber weißte, wat dat Beste is, wenn de richtich Kopfschmerzen hast?«

»Nee«, sage ich. »Aspirin?«

Mein Nachbar schüttelt den Kopf.

»Nee. Ich nehm keine Pillen. Niemals. Keine Chance.
Krichste bei mir nich rein.«

Muzzi steht weiter unverändert mitten auf der Straße. Der
Gegenverkehr muss sehr knapp an seinem Po vorbeizirkeln.
Leises Lachen dringt aus dem Wageninneren.

»Na ja«, sage ich. »Manchmal gibt's schon Situationen…
wenn du zum Beispiel Antibiotika brauchst…«

»Nehm ich nich.«

»Auch nicht, wenn …«

»Nee. Niemals.«

Muzzi wechselt das Standbein. Ich überlege kurz, wie ich meinen Nachbarn davon überzeugen kann, dass nicht alle Tabletten auf der Welt Teufelszeug sind, gebe den Gedanken aber schnell wieder auf.

»Wenn de richtich Kopfschmerzen hast, is Sex dat Beste.«

»Ach ja?«

Mein Nachbar zieht die Mundwinkel nach unten und nickt. »Sex – dat hilft sofort.« Er zieht an seiner Zigarette. »Aber da musst du erstmal drauf kommen.«

Ich murmele Zustimmung mit einem leichten Unterton des Überraschtseins. Für eine Weile schweigen wir wieder und gucken auf Muzzis Hintern.

»Normalerweise haste dann ja gar kein 'n Bock«, nimmt der Nachbar das Gespräch schließlich wieder auf. »Aber über den Punkt musste rüber kommen. Da musste rüber.« Mein Nachbar schnippt die Zigarette weg und steckt die Hände wieder in die Taschen. »Dat is nich so einfach. Aber hinterher: Kopfschmerzen sind wech.« Er macht eine kurze Pause. »Wie wechgeblasen.«

»Aha.« Sollte ich meinem Nachbarn versichern, dass ich seine Heilmethode bei nächster Gelegenheit auszuprobieren gedenke? Nein, ich glaube nicht. Muzzi gibt seine Haltung kurzzeitig zugunsten eines vorbeifahrenden Linienbusses auf. Mein Nachbar zieht eine angetrunkene Halbliterflasche Bier aus der linken Hosentasche. »Hier. Ich mach nich mehr trinken.«

Diese Geste kann ich nicht deuten. Will mein Nachbar mir vielleicht den Rest seines Bieres anbieten? Ich sehe ihn etwas unschlüssig an.

78

»Könnt ihr die hier irgendwo … wechtun?«
»Ach so. Ja klar.«
Ich nehme ihm die Flasche ab. Muzzi steckt kurz den Kopf aus dem Fenster und sieht in Richtung Gegenverkehr. Wir schweigen und starren weiter seinen Po an.
»Na denn«, sagt mein Nachbar schließlich, spuckt auf den Boden zu seiner Linken und gibt mir die Hand.
»Mach's gut«, sage ich mit der angetrunkenen Flasche in der Hand.
Muzzi wendet sich wieder dem Imbiss zu und macht sich daran, die Straße zu überqueren. Ich gehe zurück in den Laden.
»Sach ma, Muzzi, kannste nich ma die Finger von der Ollen lassen?«, feixt Sabrina.
»Wat denn? Wat denn?« Muzzi hebt die Handflächen.
»Einfach mal Hallo sagen! Dat is doch wohl 'ne ganz normale Sache!«
Biancas Ehemann drückt Muzzi ein Getränk in die Hand und stößt mit ihm an.
»Wat ihr immer denkt!« Muzzi winkt ab und wendet sich mir zu. »Sach ma – is ja allet schön und gut, dat du jetzt hier in Dorsten bist – aber: Wenn du zum Kräusel sein Pommes gegangen wärst – da hättste dein Buch schon fertig!« Muzzi legt mir die Hand auf die Schulter. »Da hättste dat nach 'ner Viertelstunde fertig gehabt! Ehrlich.«
»Da hätt er aber schon vor zwanzich Jahren da sein müssen!«, wendet Sabrina ein.
»Ja, dat stimmt.« Muzzi klingt einen Moment lang ein bisschen sentimental.
»Wieso?«, möchte ich wissen. »Gibt es den Laden nicht mehr?«
»Nee, der olle Kräusel is schon lange unter der Erde.« Muzzi

nimmt einen Schluck und berappelt sich wieder. »Aber, wat da allet los war! Da ging's ab! Dat kannste dir nich vorstellen. Pillermann messen auf 'm Billardtisch und sonne Späße!«

Das kann ich nicht so ganz glauben.

»Aber, sicher! Mit Motorrad reinfahren und wat nich alles… Draußen bis nachts Gitarre spielen… U-Boot-Willi hättste da kennengelernt. Und dann die beste Geschichte: Da kommt einer mit 'ner Wehrmachtsgranate an: Guck mal, hab ich grad gefunden. Legt die da inner Bude aufn Tisch. Einfach so.« Muzzi drückt seine Hand auf meinen Unterarm. »Die Kollegen erstmal: Ey, zeich mal her! Und dann ham die sich dat Ding hin und her geworfen: Hier, Jürgen, guck dir dat mal an! Und so. Auf einem Mal: Polizei da, alle raus, alles abgesperrt, alles evakuiert, keiner kommt mehr rein, und dann ham die da dran rumgefummelt und waren dat Ding am Entschärfen, und der Kräusel guckt von draußen zu und drinnen ham sich die Hähnchen im Kasten gedreht, bis die kohlrabenschwarz waren.« Muzzi piekst mich mit dem Zeigefinger leicht in die Brust. »Da hättste dabei sein müssen.«

»Ja, mein Papa war schon einer«, sagt Sabrina kleinlaut.

In mein Gesicht steht ein Fragezeichen geschrieben.

»Na, der hat dat Teil da angeschleppt!«, ruft Muzzi. »Der hatte die Granate hinten auffen Gepäckträger gepackt. Und dann is er mit 'm Fahrrad da hingeeiert!«

Kann das sein? Ich schüttele den Kopf.

»Ja, sicher! Genial war dat.« Muzzi wischt sich die Augen. »… Kohlrabenschwarze Hähnchen…«

Es ist dunkel geworden. Gleich halb zehn. Ich schaue durchs Fenster und sehe Frau Kreuzung an der Ecke stehen. Sie macht zwei Schritte nach links, schaut, dreht sich um, macht einen Schritt nach rechts und schaut wieder. Wenn ich es nicht besser wüsste, würde ich denken, Frau Kreuzung wartet auf den Bus. Aber das kann nicht sein. Sie ist ja schon zu Hause. Hier, direkt an ihrer Kreuzung.

Als ich rausgehe, spüre ich sofort den leichten Wind, eine feine, restwarme Brise.

»Na? Ist das nicht herrlich, jetzt um die Zeit?«, sage ich zu Frau Kreuzung. »Wenn die Hitze weg ist, und der Abendwind kommt?«

»Ja, das stimmt«, entgegnet sie, »das ist schon schön.«

Ich stecke die Hände in die Taschen und schaukele leicht hin und her. »Mensch«, sage ich »wie ist das nur ruhig hier. So friedlich.«

»Ach«, seufzt Frau Kreuzung, »ruhig, ja. Jetzt, ja – aber nicht früher.«

»Früher war's nicht so ruhig?«

Frau Kreuzung winkt ab. »War doch alles anders. Als die Zeche noch auf war.« Sie schüttelt den Kopf. »Und noch früher, ha! Das war schlimm.« Ihr Finger zeigt quer über die Straße. »Da waren die Baracken. Da drüben. Da haben wir gewohnt nach der Flucht.«

»Sind Sie geflohen? Woher kamen sie denn?«

»Aus Holland.«

»Sie sind aus Holland geflohen?«

»Nein, nein.« Kopfschütteln. »Mein Vater war Holländer. Aber wir lebten in Posen.« Frau Kreuzung macht eine Pause. »Schrecklich war das, die Flucht.«

»Das glaub ich Ihnen.« Wie oft habe ich solche Sätze schon gehört? Und noch nie habe ich auf einen solchen Satz eine Erwiderung gefunden, die sich nicht billig anhörte. »Ja, das war eine ganz andere Zeit.«

Frau Kreuzung steckt die Hände in die Taschen ihrer Kittelschürze. Die ganze Zeit über hat sie beim Sprechen immer wieder den Kopf mal nach links und mal nach rechts gereckt, ist von einem Bein aufs andere getreten, so als ob sie vielleicht doch nach dem Bus Ausschau halten würde. Sie ist unruhig. Vielleicht ist es eine Unruhe, die sie immer begleitet.

»Dann später haben sie die Häuser gebaut. Mein Vater hatte zwei Schweine, und Gänse und Enten.« Frau Kreuzung lächelt ein bisschen schief und zeigt einen ihrer wenigen verbliebenen Zähne. »Gänselieschen«, sagt sie leise und streicht sich eine Haarsträhne aus dem Gesicht. »So hamse mich genannt damals.« Sie verstummt einen Moment, blickt nach rechts, dann wieder nach links. »Weil ich immer auf die Gänse aufpassen musste. Mein Nachbar – wenn der mich sieht, der ruft heute noch: Gänselieschen!« Sie lacht ein winziges Lachen. »Acht Kinder hab ich großgezogen. Acht. Das war was…«

»Oha. Da haben Sie aber ordentlich zu tun gehabt…«

»Ja«, murmelt Frau Kreuzung. »Es war 'ne schlimme Zeit… 'ne schlimme Zeit.«

Ihre Stimme ist klein und leise und ziemlich klar. Und irgendwie noch jung. Frau Kreuzung ist achtundsiebzig. Genau so alt wie meine Mutter.

»Das möchte ich nicht wieder erleben. Diese Zeit!«

»Ach«, sage ich »das müssen Sie ja auch nicht. Die Zeit kommt ja nicht zurück.«

»Sagen Sie das mal nicht.« Frau Kreuzung sieht mich kurz aus ihren sehr hellblauen Augen an.

»Nein, nein«, betone ich, »diese Zeit kommt nicht wieder.«

Schon während ich diese Worte ausspreche, weiß ich: Ihnen fehlt die Kraft. Sie werden Frau Kreuzung nicht überzeugen.

»Na ja.« Sie blickt nach unten auf ihre Füße. »Ich hab eigentlich sowieso die Schnauze voll.«

Ich sage nichts. Wir beide sagen eine ganze Weile nichts. Schweigend blicken wir mal nach links und mal nach rechts. Ich atme die Abendluft ein. Jetzt stehe ich hier, denke ich, mit Frau Kreuzung an dieser kleinen Ecke. Ein eigenartiges Gefühl ergreift mich. Fast ist es, als würde ich mich selbst und uns beide von oben hier stehen sehen. Ich drehe mich um. In dem hellen Fenster des Glückauf-Grills sehe ich, wie die anderen lachen und reden. Was sage ich jetzt zum Abschied? Ich weiß noch nicht mal Frau Kreuzungs richtigen Namen, es ist zu spät, um zu fragen. Ich kann sie nicht mal richtig anreden.

»Tja... Ich wünsch Ihnen... alles Gute.«

»Ja«, Frau Kreuzung lacht ihr kleines Lachen. »Das wünsch ich Ihnen auch.«

Ich merke, dass ich sie gerne mal drücken würde. Ein bisschen Trost und Mitgefühl und Zuneigung. Aber ich weiß genau, dass Frau Kreuzung keine ist, die sich gerne drücken lässt. Von mir nicht und vielleicht von niemandem. Dafür schaut sie zu viel nach links und rechts. Zu viel Unruhe in ihr. Wahrscheinlich, so denke ich, werde ich sie nie wiedersehen.

»Tja, also dann...« Ich grabe in meinen Taschen nach Worten. »... Ich geh dann mal wieder rein.«

»Alles Gute.«

»Ihnen auch.«

Frau Kreuzung bleibt stehen. Und der handwarme Abendhauch weht ihr um die Nase. Und sie steht und schaut. Auf die kleine Kreuzung. Ob da noch was kommt.

Hitzefrei

Fünfte Station:
Imbiss Kalsch, Gillenfeld
Rheinland-Pfalz

»Daach, Herr Olsen, hier is de Kalsch.«
»Wer ist da bitte?«
»Kalsch. Vom Machta seine Imbiss.«
»Ach so. Tag, Herr Kalsch. Was gibt's denn?«
»Isch hatte schon mal probiert, vor paar Daach.«
»Ach ja?«
»Ja. Awwer do waren Se wohl net do.«
»Nee, war ich wohl nicht...«
»Isch wollt nämlich frooren, ob Se dann vielleicht schon om Nachmittach kumme könnte. Dann könnte ma nämlich noch runter zem Bahnoof...«
»Zum Bahnhof?«
»Jo, do is Eröffnung, und do sind de Kinder all do.«
»Ja... Aha? Und was...«
»Vielleischt können Se doch noch die Perück mitbringen? Dat se doo noch 'n paar Autogramme...?«
»Ach so. Nee, Herr Kalsch, das geht leider nicht. Die Perücke ist ja nicht meine, die gehört der Produktion. Die hab ich zu Hause nicht so rumliegen.«
»Ach so. Awwer wenn Se trotzdem schon om Nachmittach...?«

Ich atme tief ein und stoße die Luft durch die Nase wieder heraus.

»Ja, das … Ich muss mal gucken. Ich meld mich noch mal.«

»Na, dann is gut.«

Ich treffe am frühen Nachmittag in Gillenfeld ein, brauche aber erstmal eine halbe Stunde im Hotel zum Ausruhen – der Zwölfstundentag in Dorsten sitzt mir noch in den Knochen, und außerdem ist es wahnsinnig heiß. Ich bin gerade am Einschlafen, als der Wecker klingelt. Es ist Viertel vor drei, und um Punkt fünfzehn Uhr bin ich mit Herrn Kalsch verabredet, die Kinder am Bahnhof müssen ja noch zu ihrem Recht kommen. Beim Schuhezubinden halte ich plötzlich inne: *Die Kinder müssen zu ihrem Recht kommen.* Und was ist mit meinem Recht auf Regeneration? Ich weiß immer noch nicht, um was für einen Bahnhof es da eigentlich geht. Und um was für Kinder. Sind es vielleicht die vom Bahnhof Zoo? Bin ich etwa die Mutter Teresa von Gillenfeld? Einen Moment befühle ich meine müden Knochen und starre meinen noch nicht angezogenen Schuh an. Auf dem Schreibtisch vor mir liegt der kleine Stapel Autogrammkarten. Der Imbiss ist gleich neben dem Hotel. Komm, sage ich mir: Gib dir einen Ruck.

Hermann-Josef Kalsch wartet auf mich im Außenbereich seiner Konditorei, die sich direkt neben dem Imbiss befindet. Der Mann ist klein und untersetzt, er trägt eine kurze Grauhaarfrisur und ein hellgelbes Polohemd. Seine Augenbrauen sind frisch getrimmt. Ich setze mich zu ihm an einen der weißen Kunststofftische und versuche, dabei möglichst viel Schatten abzubekommen. Herr Kalsch beobachtet mich aus kleinen, hellgrauen Augen und lächelt. Es ist ein wissendes

85

Lächeln. Das Lächeln eines Mannes, der einen sehr kompli-
zierten Plan gefasst hat, und nun das letzte, für seine Durch-
führung notwendige Mosaikstück betrachtet. Er ruft nach der
Bedienung und bestellt kaltes Mineralwasser für mich. Die
nicht mehr ganz junge Kellnerin deutet eine Verbeugung an
und beeilt sich. Die Konditorei ist groß und läuft offenbar gut,
alle Tische sind besetzt. Herr Kalsch erzählt von seiner Familie: Seine Frau sei gerade in Peking und Bangkok, auf einem
Zehntagekurztrip. Sein Sohn, sagt er, sei lange in Peking gewesen, und seine Frau hätte sich während mehrerer Besuche
in die Stadt verliebt. Überhaupt seien seine drei Söhne sehr erfolgreich, alle bei großen Unternehmen in führenden Positionen. Ich werde stutzig: Der Mann erzählt und erzählt – wollte
er nicht noch unbedingt mit mir zu diesem Bahnhof?

»Ach«, sagt Herr Kalsch und zupft an seinem Goldkettchen, »do war isch grad. Do is nix mehr los. Dat hat sisch
alleedischt.«

Na, wunderbar, denke ich. Dafür hast du dich also so beeilt. Jetzt wirst du in der nächsten knappen Stunde wohl über
sämtliche Großleistungen der Kalsch'schen Söhne aufgeklärt
werden. Martha kommt nämlich immer erst gegen vier. Vorher
passiert hier gar nichts.

Während Herr Kalsch weiterspricht, wandert mein Blick
zum Imbiss. Die winzige, etwas abgeranzte Bude steht ungefähr fünfzehn Meter von unserem Tisch entfernt. »Imbiss Kalsch« heißt sie offiziell – aber sagen tut das hier kein
Mensch: Dies ist »Marthas Imbiss« und nichts anderes. Vor
fünfunddreißig Jahren war die Bude noch ein Wagen, doch
über die Jahrzehnte ist sie fest mit dem Boden verwachsen. Ihr
aus Metallschienen und blinden Kunstglasflächen zusammen-
gezimmerter Vorbau sieht fast aus wie ein Gewächshaus. Über

dem Dach flimmert jetzt schon die Luft. Die vordere rechte Ecke steht mit wenigen Zentimetern auf öffentlichem Grund. Heutzutage, erfahre ich später, würde man so etwas gar nicht mehr genehmigt bekommen.

Als Herr Kalsch mir eine halbe Stunde später eine Führung durch seine unmittelbar hinter dem Imbiss gelegene Backstube anbietet, nehme ich dankbar an. Die »Stube« entpuppt sich als mehrere Backhallen, in denen monströses Backgerät und verschiedene, riesige Ofenmodelle stehen. Herr Kalsch erklärt mir jedes einzelne und preist dessen Vorzüge. »Der hier is auch schon älter, aber der is immer noch gut. Die neuen, die sin alle computergesteuert, wenn da mal was dran is, dann kann ich nix machen. Hier hab ich alles immer noch selbst in der Hand.«

An dieser Bemerkung bleibe ich hängen. Herr Kalsch, das merke ich, ist zwar Bäcker oder auch Imbissbesitzer, aber in allererster Linie ist er Unternehmer. Er hat die Dinge gern in der Hand. Und dort sollen sie nach Möglichkeit auch bleiben. Nach den Backhallen kommen wir zu den Kühlräumen. Hier lagern neben Kuchen und Torten auch Eimer mit Ketchup und Mayonnaise. Es riecht nach Hefe und kontrollierten Gärungsvorgängen, ein eigenartiger Geruch auf der Kippe zwischen Frische und Vergänglichkeit, der mir in dieser Konzentration noch nie begegnet ist.

Wieder im Freien gehen wir zurück an unseren Tisch.

»Do kommt et Machta!«, ruft Herr Kalsch, durch ihre Ankunft offenbar ebenso erleichtert wie ich, und dreht sich zu mir um: »Jetzt müssen Se ihr noch erkläre, wat Se hier vorham!«

Ich bin irritiert. »Haben Sie ihr denn nichts gesagt?«

»Doch, doch – awwer dass Se es ihr och noch mal sagen!«

Ich frage mich, ob Martha wohl begriffsstutzig ist. Vielleicht muss man ihr immer alles zweimal erklären? Oder hat Herr Kalsch ihr doch nichts gesagt? Der klopft mit seinen Fingern auf den Armlehnen seines Stuhls herum und hat wieder sein wissendes Lächeln angeknipst.

Martha setzt sich zu uns. Von ihrer Statur her passt sie gut zu ihrem Chef; sie ist klein und stämmig, halslos mit kräftigem Kopf. Während ich ihr mein Vorhaben erkläre, guckt Martha skeptisch. Diese ganze Schose ist ihr nicht geheuer. Behutsam erzähle ich von der kleinen Fernsehserie, in der ich mitspiele, von meiner Deutschlandreise und den Imbissen, in denen ich bisher gearbeitet habe. Ich erzähle, was aus dieser Reise, wieder zu Hause angekommen, werden soll und worum es mir überhaupt gehe. Ich versichere, dass hier natürlich niemand verscheißert werden soll. Und dass ich gerne tüchtig mithelfen würde heute Nachmittag, und sie möge doch bitte Flemming zu mir sagen.

»Dat mach isch!«, ruft Herr Kalsch freudig erregt. »Isch sag och eefach Flemming! Dat is jo viel eefacha!«

Martha bleibt schmallippig. Sie habe »von der ganzen Geschichte« erst aus der Zeitung erfahren, eine Nachbarin habe ihr gesagt, dass sie da drinstehen würde. Martha ist irritiert. Ich bin es auch. Herr Kalsch beeilt sich zu bekräftigen, dass er »dat Machtha« natürlich informiert habe. Er zeigt auf die Bude: Kopien des Artikels habe er da an die Wände gehängt. Medienpräsenz, das weiß der Unternehmer, ist gut fürs Geschäft. Marthas Sache ist sie nicht. Sie macht ihre Arbeit und gut is. Und das schon seit achtundzwanzig Jahren. Sie hat immer alleine hinter der Theke gestanden – nun ist da plötzlich dieser Mann aus dem Fernsehen, und mit dem soll sie ihre Arbeit mit einem Mal teilen? Ich sehe die Skepsis in ihren kleinen, hellblauen Augen. Was soll der ganze Quatsch bloß?, steht darin geschrieben. Martha streicht sich über die weiße Kittelschürze. Es wird schwer werden heute Nachmittag. Nicht nur wegen der Hitze.

Die Arbeit ruft. Die Bude muss eingerichtet und bestückt werden. Ich trage Lebensmittel aus den Vorratsräumen in den Imbiss: riesige Eimer mit Ketchup und Mayo, Würste, Tabletts mit Frikadellen und Nierenspießen, säckeweise Zwiebeln und Brötchenkörbe. Ich hege die stille Hoffnung, Martha durch meinen Fleiß zu erweichen. Ihr zu zeigen, dass ich kein spleeniger Fernsehpinsel bin, sondern richtig mit anpacken kann. Vertrauensarbeit quasi. Ich reiche ihr die Waren von draußen an, Martha knurrt ab und an einen Dankeslaut und verstaut die Vorräte auf, vor und unter dem Tresen. Die Enge erfordert millimetergenaues Raummanagement. Nachdem alles eingeräumt ist, betrete ich das Innere der Bude. Der Temperaturunterschied zwischen drinnen und draußen ist unfassbar – als hätte jemand einen überdimensionalen Fön auf mich gerichtet.

»Mensch, das ist aber ganz schön heiß hier …«, versuche ich eine weitere Brücke zu bauen. Martha knurrt und beginnt damit, die Friteusen und den Wurstbräter zu befeuern.

An der Bude hängen vergrößerte Kopien des Artikels aus der *Eifelzeitung*, die mein Kommen für heute ankündigen. Für Imbisswirt Ingo sei der Besuch bei Martha »ein Muss« gewesen, steht da. Man dürfe sicherlich gespannt sein, »was Martha mit dem Imbiss-Stargast auf den Tresen zaubern« würde. Ihr »Original Aufgemotzter« bliebe aber sicherlich »der Renner«. Wie lange diese Zettel hier wohl schon hängen, frage ich mich. Wahrscheinlich weiß das ganze Dorf schon seit Tagen, dass ich heute hier bin.

Wir sind kaum fertig, als der Betrieb auch schon losgeht.

Binnen weniger Minuten füllt sich die Bude vorwiegend mit Jugendlichen. Martha erklärt mir erstmal gar nichts. Ich versuche, mir ein paar Vorgänge abzugucken, und biete ihr an, Arbeiten zu übernehmen. Das klappt nicht so gut. Während ich in der Wurstbratecke stehe, wirbelt Martha herum und macht acht Aufgemotzte auf einmal fertig. Ein Aufgemotzter, das schaue ich mir zwischendurch ab, sind zwei ganze Hamburgerbrötchen, die jeweils mit einer dunkel frittierten Frikadellenhälfte belegt werden. Dazu kommen frisch geschnittene Zwiebeln, eine ordentliche Schippe Mayo und Ketchup und – wenn gewünscht – auch Gurkenscheiben. Der Frittendunst steht wie eine böse Drohung in der Bude und alle Wartenden glotzen mich an, während ich Martha anglotze und auf ihr Kommando warte. Martha ist eisern. Achtundzwanzig Jahre Budendienst haben sie gestählt. Stoisch zieht sie die Speisenzubereitung durch, sie ist nicht zimperlich, weder mit den Mayo- und Ketchupmengen, noch mit Krümeln, Flecken und Gemansche. Hier geht's nicht um Ästhetik, hier muss versorgt, nein, verarztet werden. Es ist Krieg. Martha ist ein helfender Engel, eine Krankenschwester ohne Rotkreuz-Häubchen – und der Strom der Bedürftigen reist nicht ab.

Der erste Lokalreporter erscheint. Er ist vom *Trierischen Volksfreund*. Ich verstehe erst »Volksfront« und kann mir keinen Reim darauf machen, denn der Mann sieht mit seinem kunstvoll frisierten, schneeweißen Grzimekscheitel, der kurzen Freizeithose und der Kamera im Anschlag so gar nicht nach linkem Untergrundkampf aus. Ob es mir denn nicht schwerfiele, mir ständig das Lachen zu verkeifen, wenn ich als Ingo hinterm Tresen stünde? Diese Frage ist ein guter, alter Bekannter.

»Nein, eigentlich nicht«, antworte ich höflich. »Ingo darf

das.« Nach ein paar weiteren Fragen und den obligatorischen Fotos will ich mich schon verabschieden, aber der Lokalreporter bleibt hartnäckig in der Seitentür kleben. Offenbar wittert er die große Story, und er will da sein, wenn es passiert. Er wartet. Auf irgendetwas Spannendes, Lustiges. Genau wie ich. Zwei kleine Mädchen haben lange in der Schlange gestanden und kommen endlich an die Reihe. Sie möchten ein Autogramm von Martha und mir. Martha ist das nicht geheuer – ein Autogramm? Von ihr? Nach kurzem Knurren macht sie dann aber doch mit: Es sind ja Kinder. Sie beschreibt die Pommespappe in ihrer schönsten Schreibschrift »Für Sophie und Jolene, von Martha«. Ich setze ein »& Flemming« dazu. Martha reicht die Pappe über den Tresen, nimmt sie dann aber noch einmal zurück, um das Datum zu ergänzen. Ordnung muss sein. Im Stillen hoffe ich, dass die gemeinsame Autogrammgabe uns einander etwas näherbringen wird.

Die Bude platzt aus allen Nähten. Ein Pärchen bestellt zwei von Martha und mir hergestellte Aufgemotzte. Ausnahmsweise bin ich schneller mit dem Messer im Eimer und kann so wenigstens die Brötchenhälften mit Mayonnaise beschmieren, bevor mir das Zepter wieder aus der Hand genommen wird. Der pfiffige Kunde hat eine Idee: Er würde uns gerne mit einem der Aufgemotzten in der Hand fotografieren und die Speise für einen guten Zweck bei eBay verkaufen. Der in der Tür verharrende Reporter frohlockt: Augenscheinlich bahnt sich hier eine kleine World-Wide-Web-Sensation an. Martha stöhnt und sieht mich an: Jetzt wird hier auch noch mit dem Essen gespielt!, lese ich in ihren Augen. Das Pärchen hingegen schüttet sich ob seines Einfalles schier aus vor Lachen. Von der Seite stößt Herr Kalsch zu uns und verlangt noch vor Übergabe der Frikadellenstulle ein Foto von ihm und mir gemeinsam mit dem Objekt der Begierde. Es wird jetzt sehr eng hinter dem Tresen. Das Publikum johlt, der Lokalreporter gibt Posing-Anweisungen. Selbst Martha muss lachen. Nachdem das Foto im Kasten ist, merke ich an, dass die Inhaltsstoffe des Aufgemotzten – insbesondere die Mayonnaise – wahrscheinlich weder die Auktionszeit noch den Versand in appetitlicher Form überstehen werden. Doch solch kleinliche Bedenken sind hier ganz offensichtlich fehl am Platze. Die Internetpioniere verlassen die Bude, den zukünftigen Star unter den Bulettenbrötchen wie eine Trophäe vor sich her tragend. Hier passiert Großes.

Ich mache gerade eine Pause von der Friteusenhölle, als Herr Kalsch mich mit dem gekrümmten Zeigefinger zu sich winkt. Während ich die wenigen Meter zwischen uns zurücklege, frage ich mich, wieso ich überhaupt auf eine solche Geste reagiere. Der Mann hat offenbar wirklich keine Kinderstube. Mein Arbeitgeber deutet auf einen klobigen Shortsträger neben ihm. »Hier, Flemming«, sagt Herr Kalsch während er mich am Ärmel zupft, »dat is der Herr Doeppes von der *Eifelzeitung*.«

Der Klobige nickt. Der Herr Doeppes, fährt Herr Kalsch fort, habe nämlich die allseits aushängende Presseankündigung verfasst. Dabei sieht er mich an, als hätte er mir gerade den Träger des Pulitzer-Preises vorgestellt. Ich murmele etwas Anerkennendes, und der Lokalreporter grinst ganz knapp an mir vorbei. Er sei wegen eines Fotos hier, sagt er und hält dabei wie zum Beweis eine winzige Ritschratschkamera hoch. Hoffentlich zerdrückt er sie nicht beim Auslösen, denke ich, während ich mich zu Martha hinter den Tresen stelle. Der Reporter erkämpft sich einen Platz in der Ecke des brutheißen

Vorbaus und späht durch den Sucher, als würde er den Box-
kampf zweier Fliegen im Inneren einer Streichholzschachtel
beobachten. Dann passiert eine ganze Weile gar nichts. Meine
Mundwinkel verkrampfen. Ich schiele zu Martha herüber. Sie
war schlauer und hat mit so etwas Blödem wie Lächeln gar
nicht erst angefangen. Endlich nimmt der Reporter die Kamera herunter, nickt grinsend in unsere Richtung und bildet
mit Daumen und Zeigefinger ein O.k. Sein Kollege hat das
Treiben von seinem Türposten aus beobachtet und möchte
nun wissen, wie denn meine ersten Eindrücke »von Martha und so« seien. Ich sage ihm, dass die Eindrücke noch ein
bisschen reifen müssten und ich daher noch gar nichts sagen
könne. Ein wenig enttäuscht schleicht er zurück auf seinen
Aussichtsposten an der Seitentür.

Am späten Nachmittag erscheint eine kleine Gruppe von
Mädchen. Nachdem sie im Glutofen des Vorbaus einige Aufgemotzte bestellt haben, stehen sie jetzt draußen und warten.
Ab und an lugt eine von ihnen herein, um zu sehen, wie weit
Martha mit der Zubreitung ist. Ich gehe zu ihnen nach draußen. Die Mädchen haben langes, dunkles Haar und tragen
schwarze Tops. Offenbar eine Art Partnerlook. Sie kichern
und schnattern und zwirbeln ihre nassen Haarspitzen. Auf
meine Frage, wo sie denn jetzt herkämen, ernte ich Entrüs-
tung. »Sieht man das denn nicht?«, ruft ihre Anführerin und
wirft ihr Haar zurück. Die anderen Mädchen kichern noch etwas lauter. Jetzt sehe ich, dass jedes von ihnen unter dem Top
noch ihren nassen Bikini trägt. Der schwarze Baumwollstoff
nimmt langsam die Feuchtigkeit auf. Ich glaube, dass ich einen Hauch mehr Farbe annehme, während ich wahrheitsgemäß zugebe, mir diesen Bereich bisher nicht so genau angese-

hen zu haben. Sehr lautes Kichern. Man war also schwimmen, das weiß ich jetzt – aber wo? Natürlich im Pulvermaar, rufen die Mädchen im Chor. Ein Maar, so erzählen sie, sei ein Vulkankratersee, davon gebe es hier eine ganze Menge in der Gegend. Einige seien ganz schön tief.

»Bis zu siebzig Meter und mehr!«, ruft ein pickliger Junge mit Ziegenbart aus der Bude heraus. Und hier um die Ecke habe man neulich sogar Reste von Steinzeitpferdchen ausgegraben, die seien nur so groß wie ein Hund gewesen. Die Mädchen sehen sich an und kichern. Ein unglaublich frischer Duft aus Seewasser und Sonnencreme umgibt sie. Es ist, als käme der Frittendunst gar nicht an sie heran. Ihre Sommer, denke ich, sind noch endlos und bestehen aus einer einzigen Kette von Freibadbesuchen, Pommes und Eis am Stiel.

»Und kommt ihr immer nach dem Baden hierher, zu Martha?«

»Ja, meistens schon.«

»Aber früher«, mischt sich der ziegenbärtige Jüngling noch einmal ein, »war's noch besser hier in Gillenfeld! Da, wo jetzt der Irish Pub ist, war vorher 'ne Disco, wo man sich echt gut einen ballern konnte!«

Der Jungspund schaut ein bisschen betrübt aus der Wäsche. Keine Frage: In so jungen Jahren bereits seine Stammkneipe zu verlieren, ist mit Sicherheit eine bittere Erfahrung. Lokalreporter Nummer eins mischt sich in das Gepräch ein. Toni's Disco habe der Laden geheißen – und sei sogar die zweitälteste Disko Deutschlands gewesen. Ich müsse es nur mal googeln, sagt er, da würde ich in null Komma nix auf die gesamte Geschichte des Etablissements stoßen. Die zweitälteste Disco Deutschlands – ausgerechnet in Gillenfeld? Nicht in Hamburg, Frankfurt, Berlin oder München, sondern hier, in der tiefsten Provinz? Das wundert mich. Die Mädchen hingegen scheint diese Story nicht so brennend zu interessieren. Sie haben ihre Aufgemotzten bekommen und ziehen kichernd weiter. Den Geruch nach Wasser und Sonne nehmen sie mit.

Gegen halb neun gebe ich auf. In den letzten Stunden habe ich erhebliche Mengen an Mayonnaise auf weiche Brötchen geschmiert, Würste zu Currywürsten zerhackt, Zwiebeln geschnitten, Pommes gesalzen und vor allen Dingen – dumm herumgestanden. Ich habe mich von ganz Gillenfeld begaffen lassen und alles gesehen und gerochen, was die acht Quadratmeter der Bude hergeben. Jetzt brauche ich sehr dringend eine Dusche. Doch diese Rechnung habe ich ohne meinen Chef gemacht. Herr Kalsch sitzt zusammen mit dem Lokalreporter auf der Terrasse der Konditorei und bietet mir einen Platz und ein kühles Bier an.

»Na, Flemming, wie hoddet dir do jetz jefallen?«

Ich seufze innerlich. Was soll ich auf so eine Frage wohl antworten? Martha sei schon ein sehr spezieller Mensch, sage ich. Und die Bude natürlich ohnehin einmalig. Herr Kalsch nickt und lächelt. Ja, die Martha sei eben Martha. »Obwoll«, fällt Herrn Kalsch ein, »manchmol könnt isch se awwer och an de Wand klatschen!«

Dieser kleine Ausbruch erstaunt mich. »Wann denn zum Beispiel?«

»Ach«, sagt der gewichtige Unternehmer und macht ein ärgerliches Gesicht, »wenn se zum Beispiel den Mayo-Eimer net rischtisch auskratzt. Dann sag isch immer: Nu guck doch mol, wie viel do noch drin is!«

Der Lokalreporter macht ein verständnisvolles Gesicht. Herr Kalsch sieht erst mich, dann ihn an. »Ja, von nix kommt nix.« Aber sonst, im Großen und Ganzen, sagt er und lächelt wieder, sei die Martha schon in Ordnung. Langsam zwar, aber eben in Ordnung.

Der Lokalreporter hat herausgefunden, dass ich meinen morgigen freien Tag noch vor Ort verbringen werde. Jetzt hat er noch eine letzte investigative Frage im Köcher.

»Wat haste denn vor morgen? Haste denn schon wat jesehen?«

Bevor ich antworten kann, hat Herr Kalsch eine tolle Idee: Er würde mir gern die Gegend näher bringen, die Maare zeigen – Pulvermaar, Holzmaar –, und alle lokalen Sehenswürdigkeiten. Vor allen Dingen könne man vom nahe gelegenen Daun aus die ganze Pracht bei einem Rundflug aus der Vogelperspektive betrachten.

»Wat meenste, Flemming?«, zwinkert Herr Kalsch mich an, »isch lad disch ein! Den Spass gönnen wir uns!«

Warum habe ich bloß erzählt, dass ich meinen einzigen freien Tag diese Woche in Gillenfeld verbringen werde? Ich weiß es nicht. Eine große Müdigkeit befällt mich. Ich danke Herrn Kalsch herzlich für das großzügige Angebot, melde aber Zweifel an, ob ich das alles morgen schaffen würde: Ich müsse mir noch Notizen machen, Fotos sichten und so weiter und so fort.

»Dann telefonieren wir morgen einfach«, sagt Herr Kalsch und lächelt.

Ich gehe noch einmal rüber zum Imbiss, um mich von Martha zu verabschieden. Im Moment ist es etwas ruhiger in der Bude. Ein bisschen fahnenflüchtig komme ich mir jetzt doch vor – so früh aufzubrechen. Ich bedanke mich bei Martha für den Tag mit ihr und frage, wie lang sie heute noch arbeiten müsse. »Ich meine, wie lang ist denn dein Arbeitstag so normalerweise?«

Martha stemmt die Hände in die Seite und überlegt kurz. Um vier Uhr würde sie anfangen, bis ein, zwei Uhr nachts würde es dann schon gehen, das käme ganz auf den Betrieb an. »Sonntagsabends eja net, awwer freitags und samstags bin isch vor zwei, halwa drei net droußen.«

Das kann ich nicht glauben. Wir sind hier doch nicht in Kreuzberg oder auf der Reeperbahn! Martha stößt ein kurzes, trockenes Lachen aus. Früher sei es sogar noch schlimmer gewesen. »Do ging dat bis in die Unendlischkeet«, sagt sie und trocknet sich die Hände ab. »Dann ham mer dat auf een Uhr begrenzt, awwer dat nützt alles nix. Also heut zum Beispiel bin isch um zwei Uhr heimgekommen … obwohl net viel los woa, awwer dat zieht sisch dann.« Martha schüttelt den Kopf und macht ein verkniffenes Gesicht. »…Dat is wie son Kaugummi, do jibt einer dem anderen de Tür in de Hand, und der eine hat do noch wat ze quaken, und der andere hat dort noch wat ze babbeln.«

Das sind am Wochenende also schon mal mindestens zehn Stunden Arbeit am Stück. In dieser Bude. Ob man danach wohl noch mit großer Begeisterung Mayonnaise-Eimer auskratzt? Einen Moment stehe ich schweigend in der Tür. Martha macht noch schnell einen Aufgemotzten fertig.

»Un morgen haste deine freie Daach?«

Ich nicke. Martha probiert ein kleines Lächeln. »Do könne ma jo noch 'n Kaffee trinken … Wenn de willst.«

Damit habe ich nun gar nicht gerechnet.

»Ja, gerne«, sage ich, und Martha nennt mir ihre Telefonnummer, die ich auf dem Weg zum Hotel wie ein Mantra vor mich her spreche.

Der Halbmond und der deutsche Michel

Sechste
Station:
Schnellimbiss
Frankfurt
am Main

Ich mag Frankfurt nicht. Zumindest den kleinen Teil, den ich kenne. Eigentlich, wenn ich es recht überlege, kenne ich überhaupt keinen Teil. Trotzdem mag ich die Stadt nicht. Ich spreche natürlich von Frankfurt am Main. Die längste Zeit meines Lebens habe ich gar kein anderes Frankfurt gekannt. Hessisch mag ich übrigens auch nicht. Als ich mich bei meinem letzten Besuch durch die Glasbetonhochhauswüste des Bankenviertels zum Bahnhofshotel durchgekämpft hatte, war natürlich kein Parkplatz aufzutreiben. Gehupe und Gekeife allerorten. Mindestens dreimal war ich um den Block gefahren, bevor ich den Nachtportier herausklingeln und mit meinem Rollköfferchen in ein sieben Quadratmeter großes Zimmer stolpern durfte. Hier war es heiß wie in einem Backofen, und es roch nach altem Vanille-Duftbaum. Dumpfe Viertelbassmusik und Geschrei quollen aus dem Nebenzimmer.

Der »Schnellimbiss« in der Melibocusstraße in Frankfurt-Niederrad befindet sich am linken Ende einer kleinen Ladenreihe mit flachem, leicht vorstehendem Teerdach. Zu seiner Rechten entdecke ich eine Zeitschriften- und Lottobude, einen kleinen Getränkemarkt und dann ein Geschäft, das offenbar schon länger geschlossen ist: Die zugenagelte Front ist über und über mit Graffiti bedeckt.

Als ich die Straße überquere, lächelt mir Fatma Michel schon aus dem Verkaufsfenster entgegen und öffnet die Glastür. Der Schnellimbiss ist klein, er besitzt noch nicht mal einen Gastraum. Auf dem Bürgersteig davor gibt es einen Biertisch mit zwei Bänken, direkt am Fenster noch ein schmales Verzehrbrettchen.

Fatma Michel ist ebenfalls klein. Und voller Energie: »Jon, ich grüße dich! Möchtest du einen Kaffee?«

»Mensch, das ist ja herrlich hier!«, entfährt es mir, als ich in den Innenraum spähe. Er besitzt nur die allernotwendigste Ausstattung. Seit Beginn der Sechziger kann sich hier nicht viel verändert haben. Die hellblau marmorierten Kacheln an den Wänden sehen aus wie die, die mein Großvater damals in seinem Badezimmer verbaute.

Fatmas dunkle Augen leuchten. »Ja? Gefällt es dir?«

Sie hat ein großes Messer in der Hand und einen Berg Brötchen vor sich. Für die Hamburger. Die sind nämlich, wie sie mir erklärt, das Herzstück der Speisekarte. »Aber wir haben natürlich auch Rindscurry, Bratcurry, Nierenspieß …«

Currywurst in zwei Varianten? Davon habe ich ja noch nie etwas gehört!

»Doch, natürlich«, sagt sie lächelnd, aber auch mit Nachdruck. »Kennst du das nicht?«

Wir beginnen den Arbeitstag mit Brötchenschneiden. Ich bekomme eine Schürze.

»Wenn es krumm und schief wird, macht nix – das ist bei uns Handarbeit«, sagt Fatma.

Ich schneide drauflos.

»Jon, du musst etwas höher schneiden, damit beide Hälften gleich hoch werden. Siehst du?« Fatma zeigt einen Schnitt. »So.«

Ich verstehe nicht sofort, was sie meint. Fatma erklärt, dass die untere Brötchenhälfte bei einem normalen Schnitt wesentlich flacher gerät als die obere. Dies gelte es zu vermeiden, um die untere Hälfte vor späterer Durchmatschung zu bewahren. Wir schneiden weiter. Die fertigen Brötchen kommen in einen Eimer und werden abgedeckt.

Es ist warm in der Bude. Achtundzwanzig Grad. Fatma wischt sich eine schwarze Haarsträhne aus der Stirn. Sie trägt ihr Haar streng in der Mitte gescheitelt und in einem kurzen Zopf nach hinten gebunden. In ihren Ohrläppchen stecken dezente Perlenohrringe.

Ob ich nachher auch hier essen möchte? – Ja, und ob!

»Das ist schön«, sagt Fatma. »Meine Mutter bringt auch Hausmannskost. Magst du Petersiliensalat? Und türkische Pizza?«

Ich mag beides. Am meisten mag ich, dass ich im Schnellimbiss richtig mitarbeiten darf. Nachdem wir mehrere Brötcheneimer gefüllt haben, müssen jetzt die Käsescheibletten für die Cheeseburger einseitig aus dem Zellophanpapier befreit und übereinandergestapelt werden. Fummelarbeit. Nachher, so gegen zwölf, sagt Fatma, werde Elly dazukommen, ihre Nachmittagshilfe.

»Hilft dein Mann denn auch mal mit?«

»Nein, der hat seinen eigenen Beruf. Er ist in der IT-Branche.« Fatma holt einen weiteren Brötcheneimer. »Er kann mir überhaupt nicht helfen. Und außerdem will ich ihn gar nicht in der Bude haben.«

»Nanu?« Ich muss lachen.

»Nee, hier macht er mir mehr Probleme, als dass er hilft.«

Als sie den Imbiss gerade erst übernommen hatte, sagt Fatma, habe sie jemanden aus ihrer Familie als Vertretung anlernen wollen, für den Notfall. Ihr Mann sei hinter dem Tresen eine einzige Katastrophe gewesen. »Er ist ein guter IT, aber er ist kein guter Verkäufer. Du kannst… bis ich böse werde, braucht es viel, das dauert, bis ich unfreundlich werde, aber er…«

Fatma zählt unsere Brötchen durch. Dreißig pro Eimer sollen es sein. Ich puhle weiter an den Käseverpackungen herum.

»Hast du kurze Fingernägel?« Sie sieht meine Hände an. »Gut.«

Mir fällt auf, dass Fatma überhaupt nicht hessisch klingt. Ihr Deutsch ist sehr korrekt, mit einer leichten türkischen Einfärbung. Sie hat viele kleine Lachfältchen um die Augen, aber auch zwei ausgeprägte Zornesfalten über der Nasenwurzel. Als sie mich nach meiner Reise fragt, erzähle ich, wo ich schon überall gewesen bin und was ich noch vorhabe.

»Aber du wohnst doch in Hamburg, oder?«

Ich sage, dass meine Frau und ich gerade dabei seien, von Hamburg nach Schleswig-Holstein aufs Land zu ziehen.

Ob wir denn Kinder hätten?

»Nein«, antworte ich, »aber es könnte noch was werden. So ganz knapp.«

Während wir miteinander sprechen, sehen wir uns nicht an. Wir stehen nebeneinander. Fatma schneidet weiter Brötchen, und ich entblättere den Schmelzkäse. Sie und ihr Mann Martin haben eine Tochter.

»Dilara ist grad im April achtzehn geworden. Sie ist jetzt in der zwölften Klasse – also ist nächstes Jahr Abi angesagt.«

Fatma hält einen Moment inne. »Ich wollte eigentlich nie Kinder haben. Ich hab ... Morgen, Hugo!«

Der ältere Herr zieht seinen Einkaufswagen am Fenster vorbei und winkt.

»... ich hab nämlich meine Geschwister großgezogen.« Und dann erzählt sie von ihrer Familie. Sie hat viele Geschwister, und sie ist die Älteste. Ihr Mann habe sie dann irgendwann vor die Wahl gestellt: Wenn sie keine eigenen Kinder wolle, habe er gesagt, könne sie gehen. Und dabei den Ehering vom Finger genommen. Fatma gibt widerwillig nach. Bald darauf hat Martin Michel einen Hörsturz und muss ins Krankenhaus. Fatma ist zu diesem Zeitpunkt bereits schwanger. Ein paar Tage später bekommt sie zu Hause starke Schmerzen. Sie ruft ihren Mann an, der eine Ambulanz schickt, und kurz darauf liegen sie beide im selben Krankenhaus – er im fünften, sie im zweiten Stock. »Das war unsere Versöhnung«, sagt Fatma. »Und ein Jahr später kam dann unsere Tochter auf die Welt.«

Ich finde das alles ziemlich dramatisch. Fatma schneidet ihre Brötchen. Das Leben geht weiter. Es ist schon lange weitergegangen.

Ich gehe nach draußen, um Fotos vom Laden zu machen. Eine verwitterte Markise. Die kleinteilig in hellgrau und rostrot gefliesten Wände links und rechts. Der altmodische Türgriff und die dünne, messingfarbene Einfassung der Fenster. Die Leuchtreklame mit der unvermeidlichen Cola-Flasche. Nur den Stacheldraht auf dem Dach hat es hier wohl bei der Gründung vor vierzig Jahren noch nicht gegeben. Ich stehe auf dem Bürgersteig und lasse das Bild wirken. Schnellimbiss. Ein Name von anrührender Schlichtheit. Damals, 1961, gab es noch keine Konkurrenten, von denen man sich durch einen ausgefallenen Namen abgrenzen musste. Im Gegenteil: Den Kunden musste überhaupt erstmal klargemacht werden, was das hier sein sollte: ein Schnellimbiss eben. Und genau so wurde er dann auch genannt. Von Berta Nowak, die sich später, mit zweiundsiebzig Jahren, aus dem Berufsleben zurückgezogen und den Laden an Fatma Michel abgegeben hat. Ich mache noch ein Foto von der Imbissfront. Ein Paar im besten Rentenalter kommt von links ins Bild.

»Hier is Hollywood, hier werden Sie gefilmt, he?« Der Herr grinst mich über den Rand seiner Brille an.

»Ganz genau!«, rufe ich zurück und gehe wieder in die Bude.

»Grüß dich, Uschi! Hallo, Wilfried!«, begrüßt Fatma die beiden. »Geht's euch gut?«

»Supä.«

Uschi und Wilfried kommen gerade aus dem Schwarzwald, dort haben sie an ihrem Wochenendhäuschen gewerkelt. Sie sind offenbar Stammgäste. Fatma fragt, wie es der Mama gehe. Bei dem Wetter nicht so gut, sagt Uschi, das mache sich bemerkbar, vor allem in dem Alter. Wilfried ist ein Bär mit herrlich knarrendem Bassbariton. Er nimmt eine Rindscurry mit Brötchen, sie dagegen zupft zögerlich an ihrer Perlenkette und wählt schließlich eine Bratcurry. Die beiden sind braungebrannt und ganz offensichtlich gut gelaunt. Als ich draußen mit den Fotos beschäftigt war, hat Fatma meinen Käsescheibenjob übernommen: Während ich an einer einzigen herumfingere, schafft sie zehn.

»Hast du 'ne neue Hilfe?«, fragt Uschi.

Fatma kichert, und es klingt auch ein bisschen Stolz mit: »Ja, das ist der Jon… Flemming… Olsen.« Zwischen den letzten Worten lässt sie winzige Pausen. Ich weiß nicht, ob die Äußerung dadurch an Bedeutung gewinnen soll oder ob Fatma die Zeit nur braucht, um meine drei Namen richtig zu sortieren. »Aber mit Künstlernamen heißt er Ingo – hinter der Theke.« Fatma wendet sich an mich. »Oder?«

Uschi und Wilfried können mit diesen Informationen nicht viel anfangen. Fatma hilft ihnen auf die Sprünge: WDR, Olli Dittrich, Imbiss-Serie. Da würde ich halt den »Ingo« spielen. »Was?«, ruft Wilfried. »Diesen halben Penner da, oder was?«

»Nein, nicht den – ich spiel den anderen!«

»Nä! Isch glaub's ja ned!« Uschi ist ganz aus dem Häuschen. »Un was mache Sie jetzt hier?«

»Praktikum«, sage ich und merke, dass sich die Scheiblette in meiner Hand gerade in einen Haufen Matsch verwandelt. »Fatma, ich schaff das hier nicht ...«

»Ja, man muss sisch auch ned so dusselisch anstelle!«, rät mir Uschi. »Des geht!«

Ach so! Bis jetzt hatte ich immer gedacht, ich müsste mich besonders dusselig anstellen. Na dann. Ich danke Uschi für den hilfreichen Hinweis und sorge so für Heiterkeit auf der anderen Seite der Verkaufsscheibe.

Wilfried rät mir umzudenken: »Des is ... des is ganz einfach: Da in Ihrä Sendung sitzen Sie den ganzen Tag nur auf 'm Stuhl ...«

»Nein«, korrigiere ich, »das ist der dritte.«

Wilfried guckt.

»Ich bin der hinterm Tresen. Ingo, der Wirt.«

Wilfried guckt. Uschi auch.

»Ich hab da nur 'ne Perücke auf.«

»Waren Sie da auch mit diesa Band unterwegs, oder was?«

»Ja, das ist meine Band.«

»Des is Ihre Band?« Wilfried ist begeistert. »Des war 'ne Riesenmusik, die Sie da gmacht habe.«

»So, jetzt ma wiedä 'n bisschen Konzentration uff de Käs!«, unterbricht uns Uschi neckisch. Das gefällt mir.

»Aber der Ingo macht des doch eigenlisch ganz clever in seim Imbiss, gell?«, meint Wilfried. »Also, Bierflaschen uffmache kanna zuminnest!«

Auf der anderen Straßenseite geht ein Mann im Arbeitsoverall vorbei.

»Ei, guck ma, wer da kommt, hier.« Wilfried zeigt in seine Richtung.

»Wo dann?« Uschi sieht nichts.

»Hier. Do drübbe.«

»Och, nä! Sach ma Hänschen, wassen los?«

»Es is immä das los, was nisch angebunde is, junge Dame!«, ruft der Mann zurück.

»Pass ma uff, noch son Spruch un du kehrst bei seschzisch Grad im Schatte barfuß die Strass!«

Beide Parteien rufen sich lachend Beschimpfungen zu. Währenddessen tritt ein knittriger Sechziger mit Schiebermütze an die Scheibe.

»Hallo, Heinz«, begrüßt ihn Fatma. Der Mann guckt unschlüssig.

»Möchtest du 'ne Pommes?«

»Hm…«

Uschi äußert den Verdacht, dass Heinz ständig essen würde. Heinz protestiert. Fast nichts würde er essen. Und überhaupt sei er ja auch den ganzen Tag in Bewegung, immer am Machen.

»Oder 'ne kleine Pommes?«, fragt Fatma nochmal nach.

»Vielleicht einen Kaffee?«, schlage ich vor. Es ist ja grad erst halb elf.

»Kleine Pommes«, sagt Heinz schüchtern.

»Hab isch doch gwusst – der Heinz isst immä!«, triumphiert Uschi.

»Und ihr beiden«, fragt Fatma Uschi und Wilfried, »nehmt ihr zum Mitnehmen?«

»Nä, heud esse wir mal hier.« Normalerweise, verrät mir Wilfried, würden sie ihre Bestellung immer mitnehmen. Er habe gar keine Zeit, lange herumzustehen. Früher sei er bei der Polizei gewesen, doch seit er »diese Frau hier« kenne – er deutet vielsagend auf Uschi –, fühle er sich wie bei der GEMA: »Geh ma hier hin ... geh ma dort hin ...« Wilfried lacht, Uschi boxt ihn in die Seite: »Des war jetzt fresch, gell?«

»Seid ihr eigentlich aus der Nachbarschaft?«, frage ich die beiden.

Sie sind. Alte Niederräder. Ihre ganze Jugend haben sie hier verbracht. Das interessiert mich.

»Wie ist denn Niederrad so? Wenn ich jetzt vom Mars käme, wie würdet ihr es mir beschreiben? Was würdet ihr sagen?«

Wilfried lacht. »Fahr wieder zurück zum Mars!«

»In Niederrad«, so Uschi, »weiß jeder alles, und alles besser. Und wenn's um disch geht, weißt du's noch gar ned – aber die annern wissen's schon!« Sie lacht. Aber früher, da hätte der Stadtteil noch etwas Gemütliches gehabt.

»Und nebenan war noch 'ne Tankstelle«, ruft Heinz von der Seite.

Ein kleines, altes Dörfchen sei Niederrad gewesen, bringt Wilfried es auf den Punkt. Mit Feldwegen, Gärten und wildem Wiesengelände. Und Arbeitgebern: die Firma Weinberg, der Geldschrankhersteller Garny, der alte Lacroix, der hier seine Schildkröten zu Suppe verarbeitete, und dort, wo einmal das Gestüt Neckermann war, befindet sich heute eine Wohnsiedlung, im Volksmund »Kopftuchsiedlung« genannt. Von den ursprünglichen Fachwerkhäuschen gibt es nur noch ganz wenige.

Fatma reicht Uschi und Wilfried ihre Würste aus dem Fenster. Noch haben die beiden zwei Wohnungen hier um die Ecke, aber im August wollen sie heiraten und zusammenziehen. Sie sind beide verwitwet, haben sich gesucht und gefunden. Sagt Wilfried.

»Ja, des gibt's auch noch«, lacht Uschi, »zwei Alte, die heiraten!«

Ein junger Mann mit Koteletten und Sonnenbrille tritt an das Verkaufsfenster. Er bestellt eine Bratcurry mit Pommes. Meine Gelegenheit, mich in die hohe Schule der Currywurst-Technik einzuarbeiten. Fatma macht es mir vor. Sie nimmt eine Wurst mit der Grillzange vom Bräter, legt sie auf die Pappe, hält sie mit der Hand fest und schneidet mit dem Messer Stückchen ab. Meinen deutlich langsameren Nachahmungsversuch muss ich schon nach wenigen Sekunden abbrechen: Die metallene Grillzange liegt seit zwei Stunden mit einem Ende auf der Bratfläche und ist glühend heiß. Die Wurst selbst ist natürlich auch nicht viel kühler. Mir ist schleierhaft, wie man diese Dinge jemals einfach so anfassen kann, ohne mittelschwere Brandverletzung davonzutragen. Fatma hat ihre Wurst bereits fertig und verkauft, als ich eine zweite Grillzange mit Normaltemperatur entdecke. Mit Blick auf meine langsam erkaltende Currywurst rät Wilfried mir, die nächsten Dittsche-Sendungen in Zeitlupe zu produzieren. Dann sind die beiden weg. Sie müssen der Mama noch neue Balkonpflanzen vorbeibringen.

Ein lächelndes Mondgesicht guckt zur Tür herein. Es gehört einer kleinen Frau im hellblau-weiß geringeltem T-Shirt.

»Hallo«, ruft Fatma – und zu mir: »Jon, das ist Elly.«

Elly reicht mir ihre kleine Hand. Sie trägt auch einen Zopf und hat, nicht ganz so erfolgreich wie ihre Chefin, versucht, ihr Haar dadurch zu bändigen.

»Hallo. Wie gehs Ihnen?«, sagt Elly schüchtern. Dass Fatmas Hilfskraft Türkin ist, ist nicht zu überhören.

»Ausgezeichnet«, versichere ich ihr und frage zurück.

»Ja, gut«, sagt sie leise und sieht dabei ein bisschen unglücklich aus. Auf ihrer Stirn stehen kleine Schweißperlen. Elly kämpft mit der Hitze. Die hat hier drinnen in den letzten zwei Stunden deutlich zugenommen. Letzte Nacht, sagt sie, sei es so heiß gewesen, da habe sie gar nicht geschlafen. Elly positioniert sich hinten links vor der warmen Fläche, auf der sich jetzt schon die halbierten Hamburgerbrötchen stapeln – offenbar ihr angestammter Arbeitsplatz. Sie ist ein ganzes Stück kleiner als Fatma, aber auch ein bisschen runder. Elly trägt roten Lippenstift und zartblauen Lidschatten.

Die beiden Frauen brauchen nicht viele Worte. Elly kennt die Arbeit. Die besteht gerade darin, einen Berg frischer Zwiebelringe in die Friteuse zu werfen und Salatblätter zu waschen. Fatma telefoniert mit ihrer Tochter. Sie wirkt sehr ruhig, und ihre Stimme klingt zärtlich. Kaum vorstellbar, dass diese Frau keine Kinder wollte.

»Zwei Cheeseburger, bitte.« Ein dürrer Rennradfahrer schaut durchs Verkaufsfenster.

»Mach isch gerne«, sagt Elly und legt los.

Ich schaue mir die Burgerzubereitung an: Die Fleischklopse landen in der Friteuse, der Burger bekommt zum üblichen

Salatblatt noch einen Batzen hellbraun gebratener Zwiebelringe. »Enschülligung – sum Mitnehmen?«

Elly macht die Burger fertig, packt ein, und fünf Euro achtzig wechseln den Besitzer.

Die Zwiebeln seien das Besondere an ihren Burgern, sagt
Fatma. Die liebten ihre Kunden so sehr, dass es sie auf Wunsch
auch einfach so aufs Brötchen gebe. Und die seien auch nicht
so lappig wie sonst üblich. Überhaupt: Industrieprodukte kämen ihr nicht ins Haus! An den Scheiblettenkäse denkt Fatma
wahrscheinlich gerade nicht.

Die nächsten Kunden trudeln ein. Ziemlich schnell und
ohne viel Worte ruckeln wir drei uns auf unseren Positionen zurecht. Elly verwaltet die Brötchen- und Zwiebelberge
und ist somit hauptsächlich für die Burger zuständig. Ich be-
diene Wurstbräter und Kühlschränke. Fatma ist die zentrale
Leitstelle am Verkaufsfenster, macht Pommes, kassiert – und
pflegt Kundenkontakte. Ein Schwätzchen hier, ein freundli-
cher Blick dort: nicht ein einziger Kunde, den Fatma nicht
kennt. Es kommen Rentner, junge Türken, Handwerker,
frischgebackene Eltern mit Kinderwagen, Verkäufer aus den
umliegenden Geschäften – nur Schlipsträger sind kaum dabei.

Mittlerweile ist es knüppelheiß in unserem winzigen Ka-
buff. Die Friteusen bullern, und die Luft ist zum Zerschnei-
den. Aber ich fühle mich wohl: Ich werde immer routinierter
in der Wurstverarbeitung und bin schnell am Kühlschrank-
griff. Jeder, der an der Bude vorbeigeht, winkt oder grüßt. Es
wirkt, als hätte Fatma ihr Leben lang nichts anderes getan, als
in diesem Laden zu stehen. Dabei hat sie den Imbiss erst vor
vier Jahren übernommen.

»Was hast du eigentlich davor gemacht, Fatma?«

»Ich war Dolmetscherin.«

Ich bin überrascht. Vom Dolmetschen zum Imbissgeschäft: ein ganz schöner Sprung.

»Ich habe für Gerichte gearbeitet, für die Polizei… Manchmal habe ich auch bei Observationen live übersetzt, versteckt, damit die Ermittler zugreifen konnten.« Das sei schon spannend gewesen, sagt Fatma. Aber Ende der Neunziger seien die Honorare massiv zurückgeschraubt worden. Damals hätte sie mit einem Mal nur noch die Hälfte verdient. Irgendetwas musste geschehen, damit sich Familie Michel weiter ihren Lebensunterhalt finanzieren konnte.

Und dann kommt Berta Nowak ins Spiel. Die trägt sich nämlich zur selben Zeit mit dem Gedanken, ihren Traditionsimbiss in der Melibocusstraße in Niederrad aufzugeben, aus Altersgründen. Achtundvierzig Jahre lang hat sie den Schnellimbiss geführt und dann vergeblich darauf gehofft, dass eine ihrer Töchter das Geschäft übernimmt. Nun sieht sie, dass dieser Zug endgültig abgefahren ist. Fatma erfährt von Frau Nowaks Plänen. Da die Bude augenscheinlich eine Goldgrube ist, möchte sie praktisch jeder Stammkunde am liebsten selbst übernehmen. Doch zwischen Reden und Handeln gibt es einen Unterschied: Fatma macht ein gutes Angebot und erhält den Zuschlag.

»Mein Mann war total dagegen. Total. Es kam fast so weit, dass ich gesagt hätte: Okay, hier ist die Tür, du kannst gehen…« Fatma wischt kurz über den Tresen vor ihr. »Aber dann lässt du mir das Haus, bis meine Bude so gut läuft, dass ich dich auszahlen kann.« Starker Tobak. Damals war wohl einiges los im Hause Michel, denke ich.

»Und dann wurde Martin arbeitslos.« Fatma legt den Lappen weg und wirft Pommes ins Fett. »Da hat er gesehen, dass von heute auf morgen alles vorbei sein kann. Auf einmal stand er auf der Straße. Und der Imbiss… der lief.«

Fatmas Mann bleibt nichts anderes übrig, als sich den Tatsachen zu fügen. Die Existenz der Familie hängt jetzt vollständig an der kleinen Bude.

»Und wie fand deine Tochter das mit dem Imbiss?«

»Es war grausam«, sagt Fatma. »Sie war gerade in der Pubertät. Und mit einem Mal hatte ich keine Zeit mehr für sie.« Das passt Dilara überhaupt nicht. Sie vermisst ihre Mutter schmerzlich. Aber auch das komfortable Leben, das sie ihr bis dahin bereitet hat. Nun arbeitet Fatma bis an den Rand des Zusammenbruchs, kocht am Wochenende für die Familie für mehrere Tage vor, steht den ganzen Tag im Imbiss, macht abends die Buchhaltung. »Und wenn ich dann nach Hause kam, sagte Martin: ›Du stinkst…‹« Fatma rollt die Augen. Im Imbiss läuft es nicht viel besser: Berta Nowak steht noch ein Jahr lang mit ihr gemeinsam im Imbiss, damit Fatma alles lernen kann, doch entpuppt sich die alte Dame als zickig, neidisch und wenig konstruktiv. Sie tut nichts dafür, die Stammkunden mit Fatma, der neuen Betreiberin, vertraut zu machen. Als Frau Nowak ihr endgültig das Feld überlässt, wollen viele der alten Kunden sie nicht akzeptieren: »Wo ist denn die Chefin?«, wird sie immer wieder gefragt. Viele kommen erstmal gar nicht mehr. Die Türken in der Nachbarschaft wiederum verstehen nicht, wieso Fatma den Laden nicht einfach in einen türkischen Imbiss umwandelt.

»Weißt du, Jon: Ich spreche nicht mal Türkisch hier drinnen. Wenn Türken kommen und sagen: Du bist doch Türkin, wieso sprichst du Deutsch mit uns? – dann sage ich denen, dass das ein deutsches Traditionsgeschäft ist und ich das auch so beibehalten möchte. Wir leben nun mal in Deutschland.«

»Seit wann bist du denn überhaupt hier, in Deutschland?«

»Seit ich elf bin.« Fatma sieht mich an. »Ich musste mich immer anpassen. Ich war Kurdin und musste Türkisch lernen – ich war Türkin und musste Deutsch lernen.«

Als Fatma sieben Jahre alt ist, verlassen ihre Eltern die Türkei. Fatma zieht zu ihrer Großmutter – in ein kleines Dorf im Südosten des Landes. Es ist ihre schönste Zeit, wie sie sagt: das Dorf, die Natur, sonst nichts. Dann soll sie auf eine weiterführende Schule. Weil es die im Dorf der Großmutter nicht gibt, holen ihre Eltern sie nach Frankfurt. Das ist eine enorme Umstellung: Fatma findet die Wohnung winzig, alle Menschen gucken nur Fernsehen, sie vermisst ihre Oma. In der Pubertät beginnt sie zu rebellieren. Gegen die männerdominierte, türkische Welt. Gegen ihre Eltern. Die haben sie zwar nicht religiös erzogen, in das orientalische Wertesystem aber soll sie sich schon fügen. In dieser Welt, das spürt sie, wird sie nichts zu sagen haben, nichts wert sein und nur den Männern zu dienen haben. Das kann sie nicht akzeptieren. Sie will ein anderes Leben führen.

Während wir reden, wird die ganze Zeit gearbeitet. Manche Dinge sagt Fatma so leise, dass man sie jenseits des Verkaufsfensters nicht mehr verstehen kann.

Später an diesem Nachmittag erscheint eine zarte Stimme am Fenster und bestellt einen Cheeseburger. Sie gehört einer jungen, verschleierten Frau mit Sonnenbrille. Von ihrem Gesicht kann ich kaum etwas erkennen und weiß trotzdem sofort: Sie ist wunderschön. Ein warmes Licht, das in unser Fenster scheint. Nähme sie jetzt den Schleier ab, denke ich, würde man wahrscheinlich erblinden. Geduldig wartet sie auf ihre Bestellung, lächelt unsichtbar, zahlt und weht davon. Wir drei sehen ihr noch einen Moment lang hinterher. Bis vor kurzem, sagt Fatma, sei das Mädchen noch unverschleiert gegangen.

»Ach – ist sie frisch verheiratet?«

»Nein.« Fatma seufzt. »Das macht sie freiwillig.« Junge Türkinnen würden sich inzwischen wieder öfter verschleiern. »Sie geben ihr Schicksal in Gottes Hand. Oder sehen keine Chance für sich in der islamischen Männerwelt. Sie resignieren – und bleiben lieber kleine, dumme Weiber, die beschützt werden wollen. Ich bin keine Muslimin, ich kann es mir nur so erklären.«

Fatma geht vor die Tür: schnell mal eine rauchen. Jetzt erst sehe ich die tiefen Falten in ihrem Gesicht. Es sind nur wenige, aber jede von ihnen ist die Narbe eines ausgefochtenen Kampfes. Ganz anders dagegen ihre Arme: Sie sehen weich und rund aus. Die Arme eines Kindes.

Martin Michel schaut vorbei. Fatma und er begrüßen sich liebevoll. Ich setze mich mit Martin nach draußen auf die Bierbank und esse einen Cheeseburger. Martin, so stellt sich heraus, ist auch Musiker: Er spielt Orgel, genauer gesagt Hammond. Er macht Jazz. Wir sprechen über Musik, Jazzgrößen, das Schleppen von Equipment – Musikerkram. Martin ist groß, dunkelhaarig, ein markanter Typ. In seinem hellgrauen Businessanzug mit der dezenten Krawatte sieht man ihm den Jazzer nicht unbedingt an. Fatma setzt sich zu uns, und Martin erzählt von ihrer Suche nach der perfekten Bratwurst für den Laden. Damals, kurz bevor sie beide den Schnellimbiss übernommen hätten. *Sie beide.* Habe ich das heute nicht schon ein bisschen anders gehört? Mit leuchtenden Augen berichtet Martin von der Bratwurst seiner Kindheit. Die habe es in der Imbissstube an der Endhaltestelle Eintracht gegeben. Da sei er immer mit seinem Großvater hingefahren.

»Das war eine Wurst. Herrlich!« Fatma sieht ihren Mann milde lächelnd von der Seite an. »Und dann hab ich zu Fatma gesagt: Die Wurst müssen wir haben! Das ist die beste Bratwurst der Welt.«

Und so krempelt Martin Michel die Ärmel hoch und zieht hinaus, um die beste Wurst der Welt wiederzufinden.

»Aber den Imbiss an der Endhaltestelle gab's inzwischen nicht mehr! Und dann bin ich von Pontius zu Pilatus, und die war nix, und die war auch nix ... Die eine zu salzig, die andere zu weich ...« Martin zieht die Mundwinkel nach unten und winkt ab. »Und dann komm ich hierher und ess zum allerersten Mal eine Bratwurst – und ...«, Martin stößt mich an, »das war sie! Das war genau die Wurst, die ich kannte!«

Sie hätten dann natürlich recherchiert, welcher Schlachter die Waren für den »Schnellimbiss« herstellen würde – und herausgefunden, dass derselbe Fabrikant auch damals schon den Endhaltestellenimbiss beliefert habe.

»Und da hatte ich doch tatsächlich die Wurst meiner Kindheit wiedergefunden!«

Martin strahlt mich an. Fatma lächelt von der Seite.

Zwei Menschen – zwei Geschichten. Und beide sind wahr. Wie schön, denke ich. So ist das Leben.

Ich mag Frankfurt. Zumindest den kleinen Teil, den ich kenne.

Im Reich der Weißrücken

Siebte Station:
Imbiss Adolf Müller
St. Wendel
Saarland

Was mache ich hier eigentlich? Seit zwei Stunden stehe ich neben einem mannshohen Kühlschrank, schaue alle fünf Minuten auf die Normaluhr an der Wand und erbringe ansonsten keine Leistung. Ich bin ein Zinnsoldat. Meine Uniform ist eine weiße Kochjacke mit schwarzen Knöpfen. Nein, das stimmt nicht: Ich bin ein Nichts, noch nicht einmal Dekoration. Drei Meter von mir entfernt warten links und rechts an den beiden Verkaufsfenstern Schlangen von Imbisskunden. Der Laden brummt – doch ich bin zur Untätigkeit verdammt.

Wenn ich gerade nicht zur Uhr sehe, betrachte ich die vier weißen Rücken vor mir. Sie bilden eine Art menschliche Fertigungsstraße für Imbisswaren. Sie besteht aus Marie, Frau Müller senior, Helga und Herrn Josef Müller – dem Chef der Truppe. Die Kette kennt keine Lücke, ihre Glieder sind perfekt aufeinander abgestimmt. Marie, stark bebrillt und leicht verschrumpelt, steht am linken Verkaufsfenster. Sie ist seit Jahrzehnten auf diesem Posten, und auch am Ende des Tages werde ich keine einzige ihrer Äußerungen verstehen können. Neben ihr, in der Burgerzubereitung, wirkt akribisch Frau Müller senior, die Mutter des Chefs. Die Arbeit sei ihr Leben, sagt sie, und es klingt fast wie: Also versuch ja nicht, sie mir wegzu-

115

nehmen. Auf der rechten Seite, vorwiegend mit Pommes und Schnitzel beschäftigt, steht Helga. Sie hat den Körperbau und das Gemüt einer Kegelrobbe. Mit ihren elf Jahren Betriebszugehörigkeit ist sie das Küken unter den Weißrücken. Und ganz rechts außen, am Wurstgrill und dem zweiten Verkaufsfenster, er: Josef Müller, Sohn des Firmengründers Adolf.

Die Damen haben weiße Kittelschürzen um, Herr Müller ist, wie ich, mit einer weißen Kochjacke bekleidet. Gesichtsform und Körpermitte weisen ihn als guten Esser aus. Er trägt Schnauzer und hat das lichter werdende Haupthaar mittels Frisiercreme akkurat nach hinten gekämmt.

Genau dreißig Sekunden lang hat mich Herr Müller heute Morgen einmal probehalber die Würste auf dem Rost umdrehen lassen. »Jo!«, hat er währenddessen gerufen. »Do muss ma e Gefiel defor entwiggele! Das iss ned so äänfach.« Und damit war der Beweis erbracht, dass ich die Würste nicht so schön und schnell umdrehen kann wie Herr Müller, der dies bereits seit neunundzwanzig Jahren tut. Also ab in die zweite Reihe – eine Reihe, die ich alleine mit mir selber bilde, neben dem Kühlschrank. Hier störe ich wenigstens nicht. Mein zweites Handicap ist die Verständigung: Der in St. Wendel gepflegte Saarländer Dialekt ist für meine untrainierten Ohren ein kaum entschlüsselbarer akustischer Brei. Hinzu kommt, dass der »Imbiss Adolf Müller« gewissermaßen ein Stereo-Betrieb ist. Die Kunden können sowohl von links von der Neumarktstraße als auch von rechts von der Straße »Am Zwinger« kommend bedient werden. Das verdoppelt den ohnehin schon sehr hohen Durchsatz, aber auch den allgemeinen Geräuschpegel. Nach einer gewissen Zeit verstehe ich zwar Fetzen wie »e Rohde mit em halwe Wegg«, ansonsten bleibt der Löwenanteil des Verkaufsgesprächs für mich reine Kakophonie.

116

Meine Position neben dem Kühlschrank sollte mich eigentlich dafür prädestinieren, die bestellten Erfrischungsgetränke nach links und rechts herauszureichen, doch die flinken Hände der Weißrücken sind jedes Mal eine entscheidende Sekunde schneller.

Ab und zu sehen wartende Kunden verstohlen in meine Richtung – und dann wieder weg. »Dieser Mann dort ohne Haare«, sagen mir ihre Blicke, »ist das ein Langzeitarbeitsloser mit Ein-Euro-Job? Ist der überhaupt von hier? … Oder kommt der vielleicht grade aus dem Knast?« Die Blicke sind mir peinlich. Die Peinlichkeit gerinnt zu Zweifeln, und aus den Zweifeln bastele ich mir die erste kleine Krise meiner Reise. Was mache ich hier eigentlich? Und: Was hatte ich mir erwartet?

Ich wollte herausfinden, wie sich die Arbeit in den Imbissen des Landes wirklich anfühlt. Ich wollte meine Rolle als Ingo mit mehr Hintergrundwissen unterfüttern. Ich wollte zukünftig mehr können, als nur Bierflaschen öffnen. Ich wollte mit den Menschen sprechen, vor und hinter dem Verkaufstresen, wollte ihre Geschichte, ihre Sorgen und ihr Glück einfangen. Und: Ich wollte etwas erfahren über Deutschland. Mein Land. Ein Land, in dem ich noch nicht *ein* Mal Urlaub gemacht habe. Ich stellte mir das alles ungeheuer interessant vor. Während ich nun neben dem Kühlschrank stehe und der Minutenzeiger der Normaluhr einen Hauch weiter nach rechts kriecht, frage ich mich, wie es mein Verlag wohl finden wird, wenn ich im Anschluss an meine Reise einen Haufen weißes Papier abgebe. Ich hab's ja nicht anders gewollt. Ohne Probleme hätte ich mir auch einen anderen Imbiss im Saarland aussuchen können. Die »Diskonto-Schenke« oder »Schleppi's Holzkohlengrill« zum Beispiel. Doch leider war ich dem Hinweis eines gewissen Herrn Ecker auf den Leim gegangen, der mir Folgendes schrieb:

Hallo, Jon,
ich habe gerade eben Deinen Aufruf in der NDR-Talk-show gesehen, wo Du Dich als Suchender in Sachen Imbissbuden-Flair geoutet hast.

Was das Saarland angeht, wirst Du die Nr. 1 sicherlich im beschaulichen nordsaarländischen Städtchen St. Wendel finden, wo der Imbiss Adolf Müller, mittlerweile in zweiter Generation geführt und im hiesigen Volksmund »McMüller« genannt, eine echte Institution darstellt. Die Servicemannschaft um den Sohn des Gründers ist seit Menschengedenken die Gleiche und geht immer noch hoch engagiert und mit Freude zur Sache – auch nach der wieviel-tausendsten Currywurst oder sonstigen Leckerei.

Ich spreche aus tiefer Überzeugung und als Kunde, der von Kindesbeinen an dort zu Gast war. Nach Jahren beruflich bedingter Abwesenheit kam ich letztes Jahr wieder nach St. Wendel zurück und wurde dort mit Namen und per Du angesprochen: Es war so, als wäre ich nie weg gewesen. Auch das ist Heimat!

Man hat sich in frühen Jahren sogar schon mit McDonald angelegt, die die Müllers angeblich gezwungen haben sollen, ihren Cheeseburger »Hacksteak mit Käse« zu nennen. Folglich steht seit 20 Jahren (oder länger) »Hacksteak mit Käse« auf der Karte, aber jeder Gast bestellt (in möglichst breitem Saarländisch) seinen »Schiessborjer«, der dann natürlich liebevoll in hauseigener Qualität hergestellt wird.

Ich würde mich für die Müllers freuen, wenn Du eine

*Stippvisite in St. Wendel machen und Dir im Rahmen
Deiner Imbissbuden-Tournee ein eigenes Bild von diesem
Kultimbiss machen würdest – glaub mir, es lohnt sich.
Herzliche Grüße aus dem Saarland in den hohen Nor-
den!*

Herrn Eckers Schreiben hatte meine Neugier geweckt. Klang
das nicht irgendwie kurios kämpferisch? Der kleine McMüller gegen den Riesen McDonalds? Klang das nicht nach einer
Story, nach Tradition und Herzblut? Nachdem mir zusätz-
liches Fotomaterial die zarte Tristesse des Gebäudes näher-
gebracht hatte, entschied ich mich, Herrn Müller anzuschrei-
ben und mich um ein eintägiges Praktikum zu bewerben. Eine
Woche später rief ich im Imbiss an, dort war Herr Müller gerade nicht zugegen. Als ich ihn schließlich zu Hause erreichte,
zeigte er sich von meinem Anliegen durchaus angetan. Ob ich
denn auch ein Gesundheitszeugnis besäße? Denn ein solches
Dokument, so Herr Müller, müsse ich in jedem Falle vorwei-
sen können. Nun kam mir dieses Stichwort hier nicht zum
ersten Mal unter. Schon vor Monaten hatte ich vom Bundes-
verband Schnellgastronomie und Imbissbetriebe e.V. die Auskunft erhalten, dass ich ein Gesundheitszeugnis und einen
Praktikumsvertrag benötigen würde. Dies wiederum berich-
tete ich Herrn Müller am Telefon – und versicherte, dass ich
diese Papiere zum gegebenen Zeitpunkt selbstverständlich
auch vorlegen würde.

Darauf Herr Müller:

»Jo, das iss äänfach das Problem, wo mir saan müsse:
Ohne die Babiere geht's ned. Es iss halt das Sisdeem, wo mir
uns drin befinne dun und dodorsch jo aach quasi gebunn sin.
Mir stelle uns als Betrieb jo hin und saan prakdisch: Jo – do

119

sin die Unnerlaache, so dass do alles in sei Rischdischkeit verlaafe dud.«

»Natürlich, Herr Müller. Wie gesagt: Das ist auch überhaupt kein…«

»Denn ma muss es ja deidlisch saan: Ohne dass Sie uns es Gesundheidszeischnis zeije dun, kenne mer Sie im Grund jo gar ned enlasse. Do wäre uns äänfach die Hänn…«

»Selbstverständlich. Ich hab ja auch schon gesagt, dass…«

»…gebunn. Wenn ma des dääde – ma werd sich jo in e Bereisch begewwe, wo ma äänfach saat: So geht's ned. Des iss der Punkt, wo ma sich jo von der Sachlaache her gar ned annersch enscheide kann, wenn ma de Grundsatz befolge dud. Um deens jo geht.«

»Klar, ich…«

»Selbscht wenn ma es annersch wollde…«

Herr Müller tat mir den Gefallen, mich am Telefon noch eine ganze Weile von der Notwendigkeit des Gesundheitszeugnisses zu überzeugen, und ich versicherte noch viele Male, dass ich ihn in diesem Punkt verstanden hätte und mich selbstredend vorschriftskonform verhalten würde. Am Ende des Telefonats war ich etwas erschöpft. Das konnte ja intercssant werden.

Einen Tag nach dem Telefongespräch mit Herrn Müller saß ich mit der Nummer 134 in der Hand im dritten Stock des Einwohnermeldeamts Hamburg Eimsbüttel vor dem Raum 362/369. Nach dem Erwerb einer Gebührenmarke im Wert von 23 Euro wartete ich nun gemeinsam mit einem Haufen weiterer Belehrungswilliger auf die Vorführung des zwanzigminütigen Lehrvideos »Hygieneverhalten in Lebensmittelbetrieben«. Ich sage »Belehrungswillige«, weil es, wie mir die Gebührenbeamtin aus Zimmer 58 verriet, das Gesundheitszeugnis inzwischen gar nicht mehr gibt, sondern lediglich ein Dokument, das sich amtsintern »Hygienische Belehrung« nennt und schlicht die Tatsache belegt, dass der Belehrungswillige »mündlich und schriftlich über die in § 43 Abs. 1 Infektionsschutzgesetz genannten Tätigkeitsverbote nach § 43 Absätze 2, 4 und 5 belehrt« worden sei.

Der Vorführraum war voll besetzt, und bis die Beamtin die ausgeleierte VHS-Kassette in den Recorder geschoben hatte, hörte ich sehr viele verschiedene Sprachen und erblickte sehr viele verschiedene Hauttöne. Migrationshintergrund: Nirgendwo hätte dieses Unwort passender sein können als hier. Man hätte es auch groß an die Wand malen können. Das Video sah aus, als wäre es 1986 in Rumänien produziert worden. Es pries die Vorzüge des Händewaschens und riet eindringlich, bei Durchfall und ähnlichen Erkrankungen nicht zur Arbeit zu gehen. Nach der Vorführung fragte die Beamtin, ob jemand eine Frage zu den gesehenen Inhalten habe. Niemand hatte eine Frage. Daraufhin nickte die Beamtin freundlich, las die Nachnamen der zukünftigen Spülhilfen und Gemüseschneider vor und verteilte die behördlich unterschriebenen und gestempelten Dokumente. Das war's. Die nächsten zwei Dutzend Aspiranten saßen bereits auf dem Flur.

Derart gerüstet fahre ich also wenige Wochen später nach St. Wendel – eine Kleinstadt rund fünfunddreißig Kilometer nordöstlich von Saarbrücken, herrlich gelegen inmitten von Hügeln und Wäldern. Herr Müller und seine Mitarbeiterinnen begrüßen mich, den Weitergereisten, ausgesprochen freundlich und rühmen meine Heimatstadt Hamburg. Helga war sogar schon einmal dort: auf Musicalbesuch. Aber es wär ja alles so flach da oben im Norden. »Wenn de Schwiejermutter kommt«, kichert sie, »kannscht de se schon zwee Taje vorher siehn.«

Marie sagt auch etwas: »Eschteweyletschegga.« Zumindest klingt es so. Ich nicke freundlich in ihre Richtung.

»So.« Herr Müller macht eine Geste in Richtung Verkaufsraum. »Und Sie gugge sisch erscht emol e bissje um, dass man ma saan tud: So siehts äänfach mo …«, er sucht nach dem richtigen Wort, »… aus.«

Dieser Aufforderung komme ich gern nach. Der Raum ist, das sieht man auf den ersten Blick, unglaublich sauber. Auf dem blankgeputzten Boden könnte man wahrscheinlich auch bei laufendem Betrieb Operationen am offenen Herzen vornehmen. Von links nach rechts reihen sich an der Stirnwand die Einbaugeräte und Arbeitsstationen aneinander. Edelstahlfronten und Marmorarbeitsplatten, alles makellos, die Wände sind mit schneeweiß beschichteten Platten verkleidet.

Wenig später werden sich die Weißrücken genau hier zu der bereits erwähnten Kette formieren und die gesamte Stadt inklusive aller umliegenden Randgemeinden mit Speis und Trank versorgen. Herr Müller hat bereits einige Würste aufliegen und kündigt die unmittelbar bevorstehende Fertigstellung einer für mich bestimmten Testwurst an. Währenddessen versuchen die Damen vergeblich, eine Kochjacke zu finden, in der ich nicht verlorengehe. Ich mache deutlich, dass ich selbstverständlich auch mit einem etwas großzügiger bemessenen Modell einverstanden sei.

»Sie haben ja wirklich eine wunderschöne Kirche hier …«, versuche ich ein Gespräch über Stadtgeschichte und Architektur einzuleiten.

»So«, sagt Herr Müller mit einem Wurstteller in der Hand.

»Das erschte Weschtje esse ma immer selwa. Das iss wie – man muss äänfach saan – das kommt jo vom Herze, man muss jo probiere…«

»Ach, die sieht ja herrlich aus! Ist das jetzt die Bratwurst?«

»Das iss die saarlännisch weißi Worscht. Kann ma saan die saarlännisch Brotworscht.«

Die Wurst schmeckt in der Tat köstlich. Frisch geschlachtet, würzig und gut gebräunt. Herr Müller hat indessen Großes mit mir vor: Er will mich mit auf den Markt nehmen.

»Heit han Sie noch das Gligg, wo ma aach saan muss, es iss äänfach Pfingschdmaard. Mir hann do in St. Wennel noch acht bis zehn Märkte, wo – also Traditionsmärkte wie Weihnachtsmaard, Pfingschdmaard, Oschdermaard, Annekerb, Wennelskerb… Unn dann iss die Stadt aach…«

»Voll, oder?«

»Jo, voll?« Herr Müller weiß nicht so recht. »Ma muss saan…«

»Voller vielleicht?«

»Voller.«

Herr Müller und ich gehen in unseren weißen Kochjacken auf den Markt. So ähnlich muss es vor hundert oder zweihundert Jahren gewesen sein: Der Dienstherr zeigt seinem neuen Lehrbub die Stadt und erklärt ihm, mit welchen Händlern er Geschäfte macht und mit welchen nicht. Bereits nach wenigen Metern weiß ich, dass mich an diesem Ort heute niemand mit »Ingo« ansprechen wird, und diese Gewissheit beschert mir ein kleines, geheimes Hochgefühl. Wir schlendern übers Kopfsteinpflaster, Herr Müller grüßt und winkt alle paar Meter nach links oder rechts. Ich, der Lehrbub, grüße mit. Ab und an treffen wir auf Bekannte, Herr Müller hält ein

Schwätzchen, stellt mich als »Tester von Deutschland« vor, sagt, ich würde »äänfach mal rinschnubbere, was mir im Saarland guddes hann«, die Bekannten nicken freundlich, wir gehen weiter.

Herr Müller hat viel zu erzählen: von der Bahnhofstraße – der St. Wendler Flaniermeile –, dem herrlichen Schlossplatz mit Rathaus und Kirche, dem heiligen Wendalinus, der sprichwörtlichen saarländischen Freundlichkeit, dem nahezu einmaligen Kugelbrunnen, der Bäckerei Gillen, die als größte Bäckerei des Saarlandes auch seinen Betrieb beliefert, und schließlich von seinem Tischtennisverein, aber auch von der steigenden Arbeitslosigkeit, die jeden hier drückt. Bis vor zehn Jahren, so Müller, seien noch sechzehnhundert französische Soldaten in der Stadt stationiert gewesen. Und in Baumholder, nicht weit von hier, habe es sogar zwanzigtausend US-Soldaten gegeben. Die seien inzwischen alle weg: Iran, Irak – so genau mag er sich da nicht festlegen, das Wort Krieg nimmt Josef Müller nicht in den Mund. Aber merken täte man das schon, diese Leute seien – man müsse es wohl so sagen – einfach nicht mehr da.

»Da waren Sie ja quasi durchdrungen von Amerikanern und Franzosen …«

»Hei jo«, sagt Herr Müller kichernd, »vom Mischgemies saan isch immer.«

Er bleibt stehen und holt Luft. Dieser Moment ist offenbar genau der richtige, um mir die Müller'sche Firmenphilosophie näherzubringen. »Desweje saan isch jo: Mir do … Isch machs ja äänfach, dass mir äänfach nur saarlännischer Imbiss – äänfach gudd gess! Mir wolle ned … diese …«, Herr Müller windet sich, »also isch will ned saan, dass isch jetzt … das iss jo ned schlescht, wenn ma was anneres macht, awwer es drähd sisch dorum: Ma muss das mache, was die Leit mache mit de Johre.«

»Natürlich.« Ich nicke.

»Die Leit komme bei uns for äänfach die Rohschdwurscht zu esse. For äänfach das Schnitzel Spezial zu esse. Dann muss ich saan: Desweje mache mir kee Nuddelgerischde, desweje mache mir kee Pizza, desweje mache mir kee Kebap. Der Kebap-Stand kommt ma aach hin! Des is jo aach kee Problem!«

Ich kann Herrn Müller nur beipflichten.

»Desweje will ich jo äänfach saan: äänfach nur saarlännisch. Diese Grillspezialidäde, oder alles, was mir so brote, sin jo – die gib's in Berlin ned, also die komme scho ... aber ned so wie isch mir das wünsche!«

Herrn Müller liegt das Thema am Herzen. Seine Stimme tremoliert leicht.

»Desweje is jo äänfach das Problem ... oder das Gudde: Die Saarlänner sin äänfach treue Kunde, wo saan: Mir wohne dort, mir kenne den, mir komme nomo dorthin.«

Mit den letzten Worten ist der Erklärungsdruck offenbar komplett aus Herrn Müller entwichen. Von jetzt auf gleich klingt er wieder völlig entspannt und friedlich.

»Mir saan jo do im Saarland: Man muss immer noch ääner kenne, der ääner kennt.«

Und dann erhalte ich Einblick in fünfzig Jahre Firmengeschichte: Anfang der Sechzigerjahre fangen die Müllers mit einem frei stehenden Wurstgrill an. Wenig später kommt ein Imbisswagen dazu, 1963 sind es schon drei. Seit 1978 gibt es den Imbiss Adolf Müller. Als Vater Adolf zwei Jahre danach von einer Leiter fällt und dabei einen vierfachen Beckenbruch erleidet, springt Sohn Josef, der eigentlich Schreiner gelernt hat, ein und übernimmt den elterlichen Betrieb. Heute arbeiten seine beiden Töchter als Bankangestellte und Krankenschwester – ob sie den Imbiss einmal weiterführen werden, sei fraglich, aber nicht unmöglich, sagt Herr Müller. Hoffentlich muss er dafür nicht extra von der Leiter fallen, denke ich.

Wir erreichen den unteren Imbisseingang. Unsere Marktrunde ist beendet. Während ich draußen Fotos mache, holt Herr Müller ein paar eigenartige Holztafeln aus dem Lagerraum. Sie sind wie überdimensionale Toastscheiben geformt und weisen an der oberen Seite ein kleines Loch auf. Herr Müller legt die Holztafeln auf die Kirchenmauer direkt vor dem Imbiss: Die gerade Kante nach vorne, die leicht gerundete nach hinten. Es sind, wie mir nun klar wird, Sitzflächen, beste deutsche Schreinerarbeit und Herrn Müllers eigene Erfindung. So können sich die Kunden auf dieser Imbissseite auch einmal kurz hinsetzen, ohne einen schmutzigen oder kalten Hintern zu bekommen. An der Wand im Lagerraum ist ein Metalldorn angebracht. Am späten Abend wird Josef Müller die Sitzflächen hier wieder an die Wand hängen. Ich bin verblüfft: An diesem Punkt tut sich vollkommen unerwartet eine tiefe Wesensverwandtschaft auf zwischen meinem Chef und mir. Die Idee mit den Sitzflächen hätte von mir stammen können. Wahrscheinlich hätte ich sogar die gleiche Form gewählt, die Tafeln ebenso mit einem Loch zum Aufhängen versehen und ihre Kanten genauso fein abgerundet und geschmirgelt. Sofort und auf der Stelle muss ich die Sitzeigenschaften testen: Mein Hintern fühlt sich wohl – Herr Müller freut sich.

Ich sitze einen Moment auf der Mauer und betrachte das Treiben am Verkaufsfenster. Direkt darüber prangt das riesige Müller'sche Firmenlogo mit dem wirklich geradezu provo-

kant großen »M« in rot und gelb, darunter der Slogan »Essen
mit Freude«. Das muss dem nordamerikanischen Weltkon-
zern doch ein Dorn im Auge gewesen sein?

»Herr Müller, wie war das denn nun mit McDonalds?«

Herr Müller möchte sich zu diesem Thema nicht so gern
äußern. Man habe sich damals geeinigt, sagt er, mehr erfahre
ich nicht. Die Sache mit dem »Hacksteak« und dem »Cheeseburger« habe allerdings einen ganz anderen Hintergrund:
Laut deutscher Lebensmittelverordnung dürfe sich ein solches
Objekt nur dann »Burger« nennen, wenn der Fleischanteil zu
hundert Prozent aus Rindfleisch bestehe. Bei den Müllers wird
für den saftigeren Geschmack seit je Schweinefleisch mitverar-
beitet. Und deshalb steht auch ordnungsgemäß »Hacksteak«
auf der Speisekarte.

Wir gehen wieder in den Imbiss. Hier herrscht inzwischen
Hochbetrieb.

»So. Jetzt wie gesaat: Äänfach mo jetzt emol rinschnubbere!«,
sagt Herr Müller »Mir schmeiße jo kääner ins Wasser, wo ned
schwimme kann.«

Mit diesen markigen Worten wirft sich der Chef ins Geschirr. Ich stehe etwas unschlüssig in der Mitte des Raumes
und schaue. Von den Damen kann ich im Moment ganz offensichtlich auch keine Anleitung erwarten, die Kunden drängen
auf beiden Seiten zu den Verkaufsfenstern. Und so verharre
ich untätig neben besagtem Kühlschrank. Bei der nächsten
sich bietenden Gelegenheit, so denke ich, wird sich schon jemand um mich kümmern. Aber das ist ein Irrtum: Die Kette
der Weißrücken schließt sich wie eine Tür, die vor meinen
Augen unweigerlich ins Schloss fällt.

Herr Müller wirft die Würste beim Umdrehen durch die

Luft, er spricht – nein, er singt die von den Kunden abgegebenen Bestellungen nach und rechnet derweil Gesamtsummen aus.

»So, bitte sehr, zwei Hamburjer: vier verzisch – wers ned glaabt, der errt sisch!«

Die Minuten verstreichen. Im Sekundentakt höre ich kleine, peitschende Geräusche von links und rechts: das Abreißen der Alufolie zum Einpacken der Gerichte. Ich nehme meine Kamera und fotografiere jeden Winkel des Ladens, den ich bis dahin noch nicht auf die Speicherkarte gebannt habe. Dann kehre ich auf meinen Platz neben dem Kühlschrank zurück. Ich sehe auf die Normaluhr. Ich sehe die vier weißen Rücken. Mal sehe ich zum linken Verkaufsfenster, mal zum rechten. Ich atme. Weitere Minuten verstreichen. Ich gehe zur Toilette und wasche mir anschließend lange und gründlich die Hände. Dann gehe ich wieder zu meinem Platz neben dem Kühlschrank. Ich sehe auf die Normaluhr. Immer noch peitscht es von links und rechts.

Doch was ist das? Als ich erneut zum linken Verkaufsfenster blicke, mache ich eine erstaunliche Entdeckung: Kunden, die ihre Speisen vor Ort verzehren, erhalten sie auf kleinen, ovalen Kunstholztabletts. Manchmal reichen die Kunden diese Tabletts durchs Fenster wieder herein und eine der Damen trägt sie dann rasch an mir vorbei in den hinter mir gelegenen Vorbereitungsraum. Und nicht nur das: Ab und an geht eine der Damen nach hinten, säubert die abgegessenen Teller oberflächlich, spült sie vor und stellt sie in den riesigen Gastrogeschirrspüler.

Ich wittere meine Chance. Als der nächste Kunde sein Tablett Richtung Fenster hält und darauf wartet, dass es ihm abgenommen wird, springe ich herbei. Der Kunde lächelt, übergibt mir das Tablett und geht. Für ihn eine Selbstverständlichkeit – für mich ein kleiner Triumph: Ich habe mir selbst eine Aufgabe geschaffen! Flugs eile ich mit meiner Beute nach hinten – und verharre für einen Moment: Der benutzte Teller ist über und über mit Ketchup- und Mayoresten beschmiert, ein paar übrig gebliebene Pommes sind gerade dabei, sich darin aufzulösen. Mit der unbenutzten Serviette streiche ich den Glibber vom Teller und lasse ihn in den dafür bereit stehenden Abfalleimer klatschen. Dann entferne ich in der Seifenlauge die übrigen Reste und stelle den Teller in den Spülautomaten. Etliche Male habe ich zu Hause Ähnliches getan und dabei nie etwas Besonderes empfunden. Diese Arbeit hingegen finde ich eklig. Denn die Sauerei, die ich hier wegwische, hat jemand fabriziert, den ich überhaupt nicht kenne. Und noch niemals in meinem Leben, noch kein einziges Mal, habe ich für irgendjemanden, den ich nicht kenne, Essensreste entfernt. Wie anders sich das anfühlen würde, habe ich mir nicht vorstellen können.

Ich gehe wieder nach vorn zu meinem Kühlschrankplatz, der nun ein Arbeitsplatz geworden ist. Ich spähe nach links und rechts und halte Ausschau nach Tabletts. Da kommt wieder eins – diesmal auf der rechten Seite. Herr Müller will zugreifen, doch ich bin schneller. Ich stelle das Tablett nach hinten und gehe gleich wieder nach vorn, um mehr Beute zu machen. Ich habe eine Aufgabe. Ich habe einen Plan. Ich bin – ja, tatsächlich – stolz auf mich. Die Weißrücken gucken zunächst etwas irritiert, als sie erkennen, dass ich mich freiwillig um die abgegessenen Sachen bemühe. Dann aber, schon nach kurzer Zeit, machen sie mit und reichen die Tabletts automatisch an mich weiter.

Die nächsten Stunden bin ich damit beschäftigt, Berge von

dreckigem Geschirr – zumindest oberflächlich – zu säubern. Ich überlege, wie oft ich wohl schon ähnlich abgegessene Teller produziert habe – Teller, die anschließend in der Hand eines freundlichen Kellners durch den Raum segeln, durch eine Schwingtür gleiten und neben einem Becken landen, in dem sie irgendein Mensch vorspülen wird. Irgendjemand, den ich niemals zu Gesicht bekommen werde. Weil diese Person niemals den Raum betreten wird, in dem ich mich befinde. Wenn ich jetzt diese abgegessenen Teller in der Hand halte, staune ich über die Massen an Ketchup, die, kaum dass sie zum Verzehr auf Teller gefüllt wurden, bereits Minuten später als Abfall in der Tonne landen. Ich staune darüber, wie schnell der Ekel schwindet. Und einen kurzen Moment staune ich darüber, dass ich das, was ich hier tue, überhaupt tue. Offenbar ist es besser, als nur neben dem Kühlschrank zu stehen, denke ich. Es fühlt sich besser an. Es ist besser, als nichts zu tun zu haben. Keine Aufgabe zu haben. Ein Nichts zu sein.

Heilige Knochen

Achte Station:
Hakim's Imbiss & Steakhouse
Heidelberg
Baden-Württemberg

Heidelberg im Frühsommer. Kamerabehängte Touristen aus aller Welt durchpflügen die kleinen Gassen der Altstadt, knipsen die pittoresken Fachwerkhäuschen tot und vertilgen die Landesreserven an *German beer* und Sauerkraut. Deutschland, wie es einmal war und am liebsten immer noch sein sollte, auf ewig konserviert und in Kunstharz gegossen.

Ich fahre nicht in die Altstadt, sondern nach Heidelberg-Rohrbach. Hier sieht es anders aus. Die letzten paar hundert Meter geht es an langgestreckten Häuserblocks vorbei. Vor den Eingängen stehen uniformierte Wachmänner. Auf den kleinen Mauern, die die Grundstücke zum Bürgersteig begrenzen, liegt Stacheldraht – Nato-Stacheldraht, die harte Sorte. Es sind Kasernen, an denen ich hier vorbeifahre, und das Szenario ist ein bisschen beklemmend.

Hakims Laden liegt am Ende einer Sackgasse. Ich parke auf der Sandfläche, steige aus und schaue mich um. Das Wort Laden trifft es nicht wirklich, es ist eher ein Reich, eine von der Zivilisation verschonte, versteckte Nische von vielleicht zwanzig mal dreißig Metern Ausmaß. An den Seiten wuchert wildes Grün, mittendrin steht ein riesiger alter Campingbus.

Später wird Hakim behaupten, dass dieses Gefährt von heute auf morgen wieder fahrbereit wäre. Wenn er nur wolle. Ich bin mir da allerdings nicht so sicher. Ob es überhaupt noch Räder hat? Die weiße Seitenverkleidung reicht bis auf den Boden und verweigert jede Auskunft. Über der orangenen Fahrerkabine hängt eine bunte Lichterkette, der einige Birnen fehlen, die Fenster sind mit Alumatten verhängt. Das Monstrum erinnert eher an einen gestrandeten Wal als an ein Fahrzeug. Zudem ist es fest mit einer riesigen Dachkonstruktion aus rohen Balken und Wellblech verbunden, die einem bunt zusammengewürfelten Gemenge aus Sitzmöbeln und Tischen Schutz vor Sonne und Regen gewährt. Eine gastronomische Villa Kunterbunt. Momentan ist sie lediglich menschenleer. Keine Spur von Hakim.

Warum ich jetzt nicht so etwas wie »Hallo« rufe, weiß ich nicht. Stattdessen trete ich leise an den Bus heran. Mit seinem fast über die ganze Breite reichenden Verkaufsfenster sieht er so aus, als wäre er mal ein Marktwagen gewesen. Jetzt ist sein Inneres komplett mit Alu und Edelstahl verkleidet, die Oberflächen sind leicht verbeult, matt und abgescheuert. Hinten sehe ich einen Gasherd und gusseiserne Bratflächen. Die Verkaufsfläche vorn ist vollgestellt mit allem möglichen Zeug: eine uralte Haushaltswaage, verschiedene Tabletts, Notizzettel, diverse Zahnstocherdöschen, Zwölferpacks Kondensmilch, ein Reisewecker, große Ketchup-Eimer, Papiertüten, Stifte, ein Korkenzieher, eine knallrote Henkelschale mit Würfelzucker, eine Haushaltsrolle, zwei Teekannen, bunte Pommespiekser, ein Sparschwein, diverse Gewürzdosen, eine Tasse mit Teelöffeln, ein paar Plastiktüten, ein Serviettenhalter und ein in Speckstein gearbeitetes Hundeporträt.

Links neben dem Bus rumpelt es.

»Chicco!«, ruft eine Stimme, dann flitzt ein schwarzes Etwas auf mich zu.

Es ist Gott sei Dank nicht der Hund von Blackwood Castle, sondern nur ein leicht übergewichtiger Schäferhundmischling, der sich über Besuch freut.

»Chicco!«, ruft die Stimme noch mal, während der dazugehörige Mann nun auch aus dem Halbdunkel tritt: schwarze Stoffhosen, zart kariertes Hemd und sandfarbene Weste.

»Hallo«, sagt der kleine Mann und stellt einen Eimer ab, um mir die Hand zu geben.

»Hallo, Hakim«, sage ich. »Ich bin Jon Flemming, dein Praktikant für heute.«

Hakim lächelt leise. »Isch weiß.«

Hakim ist, wie er mir erzählt, heute etwas neben der Spur. Er habe die halbe Nacht mit Zahnschmerzen wach gelegen, zudem sei seine Putzfrau im Urlaub und sein »guter Mitarbeiter« momentan auch nicht da. Ich versichere ihm, dass seine Rettung für heute direkt vor ihm stehe: Ich hätte auf meiner Reise ja schon einiges gelernt und geleistet – und mir sei keine Arbeit fremd, noch nicht einmal Teller spülen. Hakim schmunzelt. Sein Alter ist, wie das der meisten orientalischen Männer, schwer zu schätzen. Er hat schwarzes, kurzes Haar, in das sich an den Schläfen wenige weiße Haare eingeschlichen haben, dazu kräftige Augenbrauen und einen kurzen Schnauzer. Wir betreten den Bus. Hakim sucht nach Nelkenöl für seinen Zahn, gibt die Suche aber bald wieder auf.

Auf dem Gasherd brodelt ein riesiger Topf. Hakim lüpft den Deckel und zeigt mir den Inhalt: jede Menge Hochrippe vom Schwein. Die wird erst gekocht und dann auf der schweren, gusseisernen Platte gebraten. Natürlich mit Hakims eigener Würzmischung und serviert mit seiner eigenen Barbecue-Sauce. Normalerweise, sagt er, könnte man in diesem fast völlig abgeschotteten Winkel gar nicht überleben. Werbung mache er trotzdem nicht. Die Kunden kämen durch Mundpropaganda.

»Deine Salz redet für dich«, sagt Hakim. »Deine Küche redet für dich.«

»Was kann ich denn jetzt für dich tun?«

Mein Chef sieht sich um. Diese Frage ist offenbar nicht so einfach für ihn. Vielleicht traut er sich auch nicht so richtig. Ich müsse nichts machen, meint er, dabei siezt er mich auch noch. Ich sage Hakim, dass er mich unbedingt duzen solle und ich ja hier sei, um ihn bei der Arbeit zu unterstützen. Schließlich einigen wir uns auf Zwiebel schneiden.

»Ringe oder Stücke? Groß oder klein?«

Ich will Anweisungen. Ich will arbeiten. Hakim ringt sich dazu durch, um relativ große, längliche Zwiebelstücke zu bitten, Halbmonde im Grunde genommen. Innerlich bin ich bereit, sämtliche Zwiebeln der westlichen Hemisphäre zu schneiden, aber erst einmal muss ich mir ein Arbeitsplätzchen freischaufeln und die nötigen Utensilien suchen. Hakim bereitet derweil Schweinesteaks vor. Chicco sieht neugierig durch die Seitentür zu.

»Müssen Sie nicht falsch verstehen, hab isch auch einen Hund«, sagt Hakim. »Die sind in mein Gelände schon so groß geworden.« Mit dem Beil trennt er die Steaks aus dem Strang. »Die sind Kumpel.«

»Die? Sind es denn mehrere Hunde?«

»Ja, zwei. Chicco und sein Sohn.« Hakim lächelt. »Hat der Chicco dreimal Hochzeit gemacht. Hatte isch dreißig verrückte Hunde. Hab isch alle in gute Hände gegebe – nur ihn nicht.«

Für ihn, sagt Hakim, seien die Hunde kein Eigentum. Sie seien nur tagsüber hier, wegen des Schattens und der Unterhaltung. Nachts würden sie sich woanders ein Plätzchen zum Schlafen suchen. Früher habe er einen ganzen Zoo gehabt, an die zweihundert Tiere, sagt Hakim. In Kirchheim sei das gewesen, vor ein paar Jahren.

»So viele?«

Hakim zählt mit den Fingern: »Katzen, Enten, Hühner, Gänse – super Gänse hatte isch, achtzehn Stück. Und die Ziegen: Isch hab drei Stück gebracht – dreiundsiebzisch sin geworde.«

»Und wie hast du die gehalten?«

»Isch hatte eine riesige Garte wie von hier bis zum Hochhaus«, Hakim zeigt auf das große Gebäude schräg gegenüber, »und isch hab so riesige Scheune gebaut für den, und hab isch super studiert sechs Jahre lang mit Tieren.«

Fast alle seine Zoobewohner seien in seinen Händen zur Welt gekommen, sagt Hakim. Deswegen habe er auch keins seiner Tiere essen können. Aber dann schneidet jemand irgendwann ein Loch in seinen Zaun und lässt Hunde hinein, genau da, wo Hakim seine Gänse hält. Am nächsten Tag erwartet ihn ein Horrorbild.

»Da hab isch andere Sprache von Menschen gesehen. Leider, manchmal Menschen können nisch selbst leisten, aber können schaden, weißt?« Danach, sagt Hakim, habe er seinen Zoo lieber aufgegeben. Sein Urteil klingt auf wundersame Weise mild, fast so, als hätten Kinder ihm einen Streich gespielt. »Das macht man nischt«, sagt er. »Das ist nischt korrekt.«

Die nächste halbe Stunde verbringen wir arbeitend. Hakim
mariniert seine Schweinesteaks, ich schneide alles an Zwiebeln,
was mir unter die Finger kommt. Das Ergebnis meiner Arbeit, verrät mir Hakim, wird ähnlich wie seine Rippchen erst
gedämpft und dann gebraten. Da die »gute Kochplatte« aber
von seinem babywannengroßen Rippchentopf belegt wird,
muss ich mir für diesen nächsten Arbeitsschritt im Tresen-
bereich einen Platz für eine kleine Elektroplatte freimachen.
Hakims Arbeitstaktik wird sich mir heute nur bruchstück-
haft erschließen. Vielleicht liegt es an seiner durchwachten
Nacht, der fehlenden Putzfrau oder einfach nur daran, dass
heute Freitag ist, aber ich entwickle das starke Bedürfnis, das
hier vorherrschende Chaos ein wenig zu lichten und Ordnung
zu schaffen. Hinten links entdecke ich ein kleines Spülbecken
und beschließe, erstmal alle schmutzigen Töpfe, Bestecke und
sonstigen Utensilien abzuwaschen.

Hakim fragt nach meiner Familie. Ich erzähle von meinen beiden Schwestern, die in Nord- und Südamerika leben.
Hakim ist Afghane, auch er hat Geschwister.

»Sage mal so: Es is bisschen orientale, andere Mentalität...«,
sagt er schmunzelnd, »mein Papa is eine fleißige Mensch gewesen, was so Dinge... is drei Frauen verheiratet, und so natürlich... wir sin achtzehn Geschwister.« Nur fünf von ihnen lebten noch in der Heimat, sieben habe es nach Kanada
verschlagen, zwei seien im Iran. Er selbst sei jetzt seit dreißig
Jahren in Deutschland. Eigentlich wollte er nur ein halbes Jahr
bleiben.

Unsere Unterhaltung wird unterbrochen, als fünf Männer vor dem Verkaufsfenster ein mehrstimmiges *hello* hören
lassen. Offenbar Amerikaner. Mit ihren bunten Shorts und
T-Shirts sehen sie wie eine Anglergruppe aus.

»*Hey, how are you?*«, begrüßt Hakim seine Kunden.

»*Good.*«

»*Quite early!*«

»*Yeah …*« Intensiv studieren die Männer die Karte links neben dem Fenster. Sie sind unsicher und murmeln mögliche Bestellungen vor sich hin. Schließlich rafft sich einer von ihnen auf. »Ah, ein Chicken… Baguette und Sswiebel…«, er muss überlegen, »und Champana.«

»Champagner?«, fragt Hakim nach. Schaumwein hat noch nie jemand bei ihm bestellt.

»*Champagne?*«, frage ich auf Englisch.

»No. Ah… Champa… Cham… *Mushrooms.*«

Die ganze Truppe lacht. Der Pilz-Besteller lacht mit, möchte aber auch wissen, wie die Mushrooms denn nun wirklich auf Deutsch genannt werden.

»Champignons«, klärt Hakim ihn auf.

»*Like in* ›*We Are The Champions*‹«, gebe ich als Tipp dazu.

Die Männer lachen und nicken. Die restlichen Bestellungen werden vorsichtshalber im Ein-Wort-Modus geäußert.

»Ribs.«

»Steak-Sandwich.«

»Chili con Carne?«

Das hat Hakim momentan leider nicht.

»*If I tell you I am poor a little bit today for Chili… Possible to make some other stuff?… Normally I have.*« Hakim ringt weder die Hände, noch beschwört er den Unwillen der Götter, der die Chiliherstellung verhindert hat. Was er nicht hat, das hat er eben nicht. Der Kunde versteht und vertieft sich wieder in die Karte. Hakim raunt mir zu, dass er zwar gerade gestern erst einen großen Topf gekocht, ihn aber versehentlich komplett eingefroren habe.

Der Chili-Freund probiert vorsichtig eine neue Bestellung: »*The Chicken with the ›assorted extras‹*? – *Whatever that is*...«

Die »*assorted extras*« sind *cheese, onions* und *mushrooms*. Jemand ruft noch »*And* Pomm Frizz *for me*!«, dann lassen sich die Männer an einem großen Tisch mit Sesseln und einem alten Ledersofa nieder.

Hakim ist kein Freund von Hektik. Er legt das Fleisch auf die Bratfläche, gibt Zwiebeln dazu, hält inne, blickt sich um, kratzt sich am Kopf, sucht offenbar etwas, geht zum Kühlschrank, murmelt vor sich hin – und kommt schließlich mit einem Sack Pommes zurück. Derweil werden die Zwiebeln verdächtig braun. Ich beschließe, mir mein Diktiergerät zu schnappen und die Männerrunde zu interviewen. Ich erzähle ihnen, dass ich ein Buch über deutsche Imbisse schreibe und zu diesem Zweck das ganze Land bereisen würde. Ob ich ihnen wohl ein paar Fragen stellen dürfte? Ja, ich darf, *certainly*. Sie sind nett – aber offenbar nicht gewohnt, lange Sätze zu bilden. Ich frage die Runde, weshalb sie gerade hierherkommt.

»*It's open.*«

»*Food's good.*«

»*Big portions.*«

»*Good prices.*«

»*Hakim's a nice guy.*«

Damit ist diese Frage erschöpfend beantwortet. Ich erkundige mich, woher die Männer kommen, und höre ebenso stakkatoartig die Worte *Texas, California, Arizona* und *New Jersey*. Der Texaner zu meiner Rechten will im Gegenzug wissen, ob ich auch Imbiss-Ketten besuchen würde, in Karlsruhe habe gerade eine brandneue... Ich schüttele den Kopf. Keine Ketten.

»*Ah, only Mum-and-Pop's, right?*«

Genau. Essen wie bei Muttern.

Der zweite Texaner fragt, ob ich denn auch online etwas veröffentlichen werde. »*So when we go places, we can say: Hey, this is a nice place ...*«

Ich bedanke mich herzlich, aber meine Reiseroute sei bereits komplett, und ich brauche daher keine Empfehlungen mehr. Aber da habe ich den Mann im *Lake Tahoe*-Shirt falsch verstanden: Er wollte gern Empfehlungen von mir haben – nicht umgekehrt. Ich erkläre ihm, dass ich in meinem Buch leider überhaupt keine Empfehlungen gäbe, es gehe darin mehr um Menschen und Imbisse und ihre Geschichten. Kurzes Schweigen am Tisch. Das kann man sich offenbar nicht so richtig vorstellen. Ich hingegen frage mich, warum sich diese Männer für ein deutsches Buch interessieren. Können die das überhaupt lesen? Aber die Kollegen sind hartnäckig: Wann erscheint das Werk? Wo kann man es kaufen? Wie heißt der Verlag?

»Goldmann.«

Stille.

»Äh, *Goldman.*«

»Ah, *Goldman Publishing*. O. k.«

Der Texaner zu meiner Linken fragt nach dem Titel des Buches. Wer interviewt hier eigentlich gerade wen, denke ich und antworte, dass diese Frage noch nicht ganz geklärt sei. Momentan gebe es zwei Favoriten: *The Fritten-Humboldt* oder *Around The Sausage In Sixteen Days*. Ratlosigkeit. Die Männer wollen wissen, was diese Formulierungen bedeuten.

»*You know* Alexander von Humboldt?«

»*Alexander who?*«

Der Name scheint nicht geläufig. Der Mann aus Arizona

fragt, ob das der mit den Elefanten sei. Ich verneine und breche den Erklärungsversuch ab. Vielleicht, so denke ich, sollte man den *Fritten-Humboldt* lieber vergessen. Zu kompliziert. Von Jules Vernes Roman *Around The World In 80 Days* hat immerhin der Kalifornier schon mal gehört, und die Texaner glauben, den Film gesehen zu haben. Mein Buchtitel, sage ich, sei eben eine Variation des Klassikers, nur dass es sich bei Verne um die ganze Welt drehe. »*While in my case the world is... a sausage.*«

Diese Aussage sorgt für Heiterkeit in New Jersey. Arizona und Texas runzeln die Stirn. Ich sage, dass die Wurst natürlich nur ein Bild sei. Für die Welt. Langsames Kopfnicken geht durch die Runde.

»Interesting topic for a book«, meint Kalifornien.

Wir reden noch eine Weile über Countrymusik, und mit einem Mal merke ich, dass sich »Hakim's Imbiss & Steakhouse« in der Zwischenzeit erheblich gefüllt hat. Acht Männer und Frauen stehen vor dem Verkaufsfenster, zwei weitere große Sitzgruppen sind von Wartenden belegt. Alle tragen Uniform, die meisten in Tarnfarben, ein paar sind Dunkelblau. Ich bedanke mich bei den Männern für das nette Gespräch und steige wieder in den Bus.

Hakim hat diverse Hähnchenteile, Schweinesteaks und Rippchen auf den Bratflächen liegen und rührt seelenruhig in einem großen Topf auf dem Gasherd. Er macht Chili. Ich räume weiter auf. Hakim ist das ein bisschen peinlich, er möchte wohl nicht, dass ich für ihn saubermache, aber ich entgegne, dass ich heute eben dafür da sei. Immer mehr Kunden in Tarnanzügen nähern sich dem Bus, aber Hakim bleibt die Ruhe selbst. Mich erfüllt der Blick ins wartende Publikum aus dieser erhöhten Perspektive mit leichtem Unwohlsein: Mindestens fünfundzwanzig Soldaten stehen oder sitzen vor uns. Die meisten von ihnen sehen uns an, sie warten – auf ihr Essen. Und das dauert. Hakim bleibt ruhig. Eigenartig: Es ist noch nicht einmal acht Jahre her, da haben Soldaten genau dieser Armee Afghanistan bombardiert. Hakims Heimat. Gut, diese Menschen hier tragen keine Waffen. Und sie sehen noch nicht einmal besonders unfreundlich aus. Und trotzdem werde ich das Gefühl nicht los, dass sie, wenn sie nicht bald ein paar Rippchen bekommen, in der Zwischenzeit vielleicht noch woanders einen Krieg anfangen könnten.

Hakim ist berühmt für seine Spareribs. Die GIs sind verrückt danach. Da können alle »Mandy's« und »Ziegler's«, die sich um die Ecke angesiedelt haben, so amerikanisch aussehen wie sie wollen – die *holy bones* gibt es nur hier, beim Meister. Und der bleibt ruhig. Ganz langsam geht es voran, Fleischstück um Fleischstück wandert über die Theke. Nirgendwo habe ich jemals so viele Menschen gesehen, die so lange auf ihr Essen warten. Ohne zu murren. An einem Imbiss. Ein kleines Kunststück. Hakim kann zaubern.

Später, am Nachmittag, als sich die großen Schlangen aufgelöst haben, reden wir viel. Hakims Geschichte ist kompliziert, und seine Art, sie zu erzählen, macht sie nicht einfacher. Trotz Diktiergerät werde ich heute Nacht im Hotel viele Stunden brauchen, um alle Puzzleteile zu einem ganzen Bild zusammenzufügen.

Hakim stammt aus Herat. In der Schule lernt er Englisch – daneben lernt er Kürschner. In den Siebzigerjahren sind Pelze in der westlichen Welt hochmodern und Afghanistan noch ein Reiseziel. Dadurch lernt Hakim nicht nur viele Touristen, sondern auch einige deutsche Kürschner kennen. 1977 ist er zum ersten Mal in Deutschland. Er besucht einen Cousin, der mit seiner amerikanischen Ehefrau in Heidelberg lebt. Zwei Jahre später marschiert die Armee der UdSSR in Afghanistan ein. Hakims Familie ist befreundet mit der Familie eines italienischen Architekten, der in Herat alte Moscheen und Baudenkmäler restauriert. Er schlägt vor, Hakim mit nach Italien zu nehmen. Vielleicht für ein halbes Jahr, länger werde der Krieg kaum dauern.

»Der verrückte Krieg«, sagt Hakim kopfschüttelnd.

Achtzehn Jahre ist er zu jenem Zeitpunkt alt, und er hat bereits sein eigenes Kürschnergeschäft in Herat. Nun muss er es zurücklassen. Eine Reise nach Italien ist kein einfaches Unterfangen. Da Hakim in Afghanistan kein Visum für dieses Land bekommt, beschließt er, über Pakistan nach Indien zu reisen. Von Herat fährt er in den Süden nach Kandahar. Die dortigen Botschaftsmitarbeiter wissen zu diesem Zeitpunkt noch gar nicht, was in Herat los ist. Hakim erzählt – und sie haben Mitleid. Die Pakistaner geben ihm Tipps, wo er sich am besten über die Grenze schleichen kann. Die Inder geben ihm ein Visum. Von der pakistanischen Grenzstadt Chaman reist Hakim mit Überlandbussen und per Bahn nach Peschawar und schließlich nach Neu-Delhi. Dort angekommen lassen ihn die Behörden aber nicht nach Italien weiterreisen. Hakim muss seine Pläne ändern, Deutschland wird sein Ausweichziel: Er hat einige deutsche Bekannte und seinen in Heidelberg lebenden Cousin. Von dort aus, so denkt er, gibt es vielleicht eine Möglichkeit, nach Italien zu kommen. Als Hakim in Heidelberg ankommt, braucht er erstmal Arbeit. Aber wie soll er welche finden? Fünf Deutsche hat er in Afghanistan kennengelernt. Nur: Adressen hat er keine. »Und dann isch lauf in diese Straße da hinten«, Hakim streckt den Arm nach links, »plötzlich seh isch diese Mann kommt! Diese Mann war ein Jahr vorher in mein Geschäft gewesen in Herat. Isch laufe so – der kommt gegenüber. Der guckt misch – isch gucke ihn.« Hakim schmunzelt. »Zwei Berge kommen nicht zusammen, aber zwei Menschen kommen zusammen«, sagt er.

Plötzlich merke ich, dass ich einen Bärenhunger habe. Hakim hat gerade ein paar Spareribs fertig. Sie sind wirklich eine Offenbarung: nicht nur wahrhaft üppig portioniert und sehr lecker – sondern einfach sensationell. Ich bin nie ein begeisterter Rippchen-Esser gewesen: Das Fleisch bleibt einem dauernd zwischen den Zähnen hängen, schmeckt eigentlich nur nach Knorpel, und hinterher sieht man aus, als hätte man mit bloßen Händen eine Kuh geschlachtet. Doch hier ist alles anders. Das Fleisch ist herrlich zart und köstlich gewürzt. Dies sind wahrhaftig *holy bones*. Ich winke Hakim zu, um ihm mein Glück zeichensprachlich mitzuteilen, doch er sieht mich nicht. Er versucht gerade, dem vor dem Bus sitzenden Chicco Kommandos zu geben. Auf Italienisch. Ob das funktioniert, kann ich nicht genau erkennen. Aber lustig scheint es zu sein.

Zurück im Bus nehmen wir den Faden von Hakims Geschichte wieder auf: Der deutsche Bekannte, den er in Heidelberg zufällig auf der Straße trifft, kann ihm tatsächlich einen Job vermitteln: in der Küche des Hardrock-Cafés in der Altstadt. Hakim spricht Englisch, und er arbeitet für zwei: Morgens um neun ist er der Erste im Laden, und um ein Uhr nachts schließt er wieder zu. Die Arbeit ist in Ordnung, das Einzige, was Hakim stört, sind die häufigen Schlägereien in der Kneipe. Oft fließt Blut, und nicht selten wird er als einziger Mann im Team von den Kellnerinnen zu Hilfe gerufen. Nach

143

ein paar Vorfällen, in denen er nur um Haaresbreite schweren Verletzungen entgeht, hat Hakim die Nase voll.

»Dann hab isch aufgehört. Und hab isch eine andere Job besorgt. Nicht Gastronomie, weil isch hab in Altestadt auch gelebt und in Hardrock gearbeitet. Das war bisschen zu viel.«

Hakim findet neue Arbeit in einer Chemiefabrik, dreißig Kilometer von Heidelberg entfernt. Achteinhalb Jahre bleibt er Fabrikarbeiter. Er arbeitet täglich drei Schichten und ist zufrieden: Das Geld stimmt, und die Kollegen sind nett. Nur ein Detail trübt das Bild: Die Krankheitsfälle unter den Mitarbeitern nehmen zu. Hautausschläge, Allergien – sein Meister stirbt mit nur zweiundvierzig Jahren.

»Das war neunundachtzisch, wo die Mauer runtergefallen. Da hab isch gesagt: Geld is schön, aber mein Leben is schöner. Isch hatte bisschen Interesse an Kocherei, weißt?« Hakim sieht mich an. »Da hab isch mir gesagt, mach isch lieber mein eigene Welt.«

So wird aus Hakim ein Imbisswirt. Er übernimmt einen Laden in Neustadt an der Weinstraße, dann in Walldorf. Aber beide Betriebe entwickeln sich nicht so, wie Hakim es sich erhofft hat. Er spielt mit dem Gedanken, Deutschland den Rücken zu kehren und woanders einen Imbiss aufzumachen: Vielleicht auf Teneriffa, Gran Canaria, Elba oder sogar Stromboli. Doch Hakim verwirft diese Idee wieder und landet schließlich, im Jahr 1994 wieder hier – in Heidelberg.

»Isch hab mein Herz in Heidelberg verloren!«, lacht er.

»Ja«, sage ich »aber das musst du mir noch verraten: Wie bist du auf diesen Ort hier gestoßen? Was war hier, bevor du kamst?«

»Gar nichts. Hier nackte Gelände.«

»Freie Fläche?«

Hakim nickt schmunzelnd.

»Wilde Wiese?«

»Genau.«

»Hast du eigentlich Familie?«

Hakim zögert ein bisschen. Ja, er sei mal mit einer Amerikanerin zusammen gewesen. Und mit ihr habe er auch ein Kind. Beide lebten schon lange wieder in Amerika.

»Und jetzt im Moment?«, frage ich ihn.

Ja, es gebe schon eine Beziehung, aber die sei »frei«.

»Will isch doch meine eigene Taube bleiben«, sagt Hakim.

Es ist kurz nach fünf und immer noch warm. Der Imbiss ist zum ersten Mal leer an diesem Tag. Der große Abendansturm steht noch bevor. Hakim und ich steigen aus dem Bus und setzen uns an einen der Tische. Er steckt sich die erste Zigarette des Tages an. Er raucht nur zwei oder drei am Tag, wie er sagt. Dazu genehmigt er sich ein Radler. Ich trinke ein Bier. Und ich frage ihn, wann er zuletzt in Afghanistan war.

»Vor dreißig Jahren«, sagt er, zieht an seiner Zigarette und macht eine lange Pause. »Isch kenne mein Land nischt mehr.«

Später, auf der Autobahn nach München, kommt mir ein seltsamer Gedanke. Ich fände es schön, wenn Hakim irgendwann einmal – frühestens in hundert Jahren – auf seinem Gelände begraben würde. Hier in Heidelberg. In diesem versteckten Winkel. Er und seine heiligen Knochen.

Familienbande

Neunte Station:
Alles Wurscht
München

Es war einmal ein kleiner Garten am Nikolaiplatz mitten in München-Schwabing, der war ein richtiges Paradies. Dort räkelten sich Pflanzen in Terrakottakübeln, Blumentöpfchen zierten Cafétische, und bunte Klappstühle luden zum Verweilen ein. Bei Sonnenschein zeichneten die Blätter zweier Bäumchen ein Muster aus Licht und Schatten auf den Kiesboden, und eine efeubewachsene Mauer trennte die mediterrane Oase von der Straße. Neben mir stand lächelnd eine Frau und strich ihr schulterlanges, blondes Haar zurück. Ihr Pullover leuchtete wiesengrün. Irgendwo über uns sangen die Vögel.

»Fassen Sie mit an?«, reißt mich Frau Ott aus meinen Gedanken. »Ich wollte grad die Kissen für den Garten herausholen.«

Am Telefon hatte die sportliche Mittfünfzigerin noch einen fast biederen Eindruck gemacht. Die Auflagen, erklärt sie, seien feucht vom gestrigen Regen und trockneten in einem kleinen Nebenraum. Wir gehen nach drinnen. Frau Ott hat sehr klare Vorstellungen davon, wie Kissen und Sitzgelegenheit zu kombinieren sind: Ein blaues Kissen, eins von den

»guten«, kommt selbstverständlich nur auf den naturfarbenen Korbstuhl, die kleineren gestreiften sind für die Klappstühle bestimmt.

»Männer schmeißen die Dinger natürlich nur irgendwohin«, sagt sie lachend.

Ich versuche, das weibliche Platzierungsmuster nachzuempfinden und erreiche eine Trefferquote von geschätzten sechzig Prozent.

Herr Ott sieht uns vom Tresen aus zu. Er hat seine Zeitung vor sich ausgebreitet und hält einen Kaffeebecher in der Hand. Mit seinem silbernen Haar und dem Sommerjackett ist er eine stattliche Erscheinung. Vor dem Haus, ruft er herüber, scherzhaft den Antreiber gebend, würden ebenfalls Kissen benötigt. Seine Frau drückt mir ein paar in die Hand und ist mit zwei Sätzen durch die Tür. Auf dem braunem Schild über dem Fenster steht, handgemalt, »Imbiss – Alles Wurscht«. Daneben wuchern riesige, dunkelrote Kletterrosen in die Höhe.

»Wissen Sie eigentlich, was das hier ist?«, fragt Frau Ott und zeigt lachend auf die Stühle. »Das ist eine Sitzbagatelle. Ist das nicht ein herrliches Wort?«

Jeder gastronomische Betrieb, erklärt sie, dürfe selbst ohne genehmigten Außensitzbereich ein paar Tische und Stühle vor den Laden stellen. Diese bilden sozusagen eine Bagatelle – eine Kleinigkeit zum Sitzen. Frau Ott spannt den Sonnenschirm auf. Mit weiblicher Erfindungsgabe und Hartnäckigkeit hat sie sich ihren Weg durch den behördlichen Papierdschungel geschlagen. Das currygelb gestrichene Häuschen mit den dunkelgrünen Fensterläden ist nämlich über hundert Jahre alt. Es gehört zur rückwärtig gelegenen Seidlvilla und steht unter Denkmalschutz. Als die Otts das Häuschen übernahmen, hatte es zwei Jahre lang leer gestanden und war vollkommen zugemüllt. Kurz gesagt: Alles war kaputt, aber nichts durfte verändert werden.

»Das war schon witzig, als wir die Genehmigung für den Alkoholausschank beantragt haben, da ging es um ein zweites Klo, das es nicht gab – nur das Bad im Keller. Und da hab ich gesagt: Das ist doch nur eine Reaktivierung. Wir stellen da jetzt einfach wieder ein Klo hin, bauen ein Waschbecken ein und so, und dann läuft's wieder.« Frau Ott macht eine kleine Pause und spielt das Erstaunen auf Behördenseite nach. »Ja, Frau Ott, da haben Sie eigentlich Recht.« Sie lacht. »Das Wort Reaktivierung – das war's.«

Ich sehe mich um. Dies ist kein klassischer Imbiss, der Raum sieht eher so aus, als hätte sich jemand spontan entschlossen, seine Küche öffentlich zugänglich zu machen. Wände und Decken sind dunkelrostrot und cremefarben gestrichen. Zwischen den Ölen, Essigen und Gewürzen über dem Gasherd stehen Spielzeugautos. Lediglich der unvermeidbare, mannshohe Getränkekühlschrank und die riesige Lüftung über der Friteuse machen deutlich, dass hier nicht für die Familie, sondern für zahlende Gäste gekocht wird.

»Gestern war Schaschliktag«, verrät Frau Ott. »Das kommt gut an. Gibt's ja in Bayern so gut wie gar nicht.« Dienstag, fährt sie fort, sei »Fleischpflanzerltag« – natürlich hausgemacht mit einem Hauch Curcuma. Mittwochs lockt der Schweinebraten. Zusätzlich gibt es jeden Tag noch eine Suppe, heute ein Broccoli-Ingwer-Karottensüppchen. Manchmal macht Frau Ott aber auch Pizza, Salate oder asiatisches Gemüse.

»Dann kommen die Kunden rein und haben diesen erwartungsvollen Blick: Und was gibt's heute? Sie wissen's halt nie. Ich weiß es ja selber oft nicht!«

Jenseits des kulinarischen Freistils ist hier natürlich alles

Wurscht: Es gibt Thüringer, rote und weiße Bratwurst und tatsächlich Nürnberger Rostbratwürstchen. Mit Sauerkraut – wie es sich gehört. Ich bin schwer begeistert. Die Nürnberger, erkläre ich, ist doch meine Lieblingswurst! Herr Ott legt die Zeitung weg und freut sich mit mir. Er ist ein bisschen stolz auf seine Rostbratwurst:

»Des is ja die vom Uli Hoeneß. Der hat vor ein paar Jahren auch mal bei uns gebraten.«

Für Peter Maffays Tabaluga-Stiftung. Nicht hier, sondern auf der Leopoldstraße. Dort hätten sie damals einen Imbisswagen gehabt.

»Der hieß auch schon ›Alles Wurscht‹«, sagt Frau Ott. »Damit haben wir angefangen.«

»Und wie lange haben Sie den Wagen gehabt?«

Frau Ott legt den Zeigefinger an den Mund und rechnet.

»Meine große Tochter hat 98 Abitur gemacht… Ein Jahr früher haben wir angefangen, also 97 – ja: über zehn Jahre.«

Eine ernstzunehmende Imbisskultur, meint Frau Ott, habe es in München ja nie gegeben. Da seien sie schon Exoten gewesen mit ihrem Wagen auf der Schwabinger Prachtstraße. Und in der ganzen Stadt praktisch ohne Konkurrenz. An ein Ereignis aus dieser Zeit erinnert sich Frau Ott besonders gern: die Fußballweltmeisterschaft 2006.

»Das war ein tolles Erlebnis! Da ist das ganze Oscar-von-Miller-Gymnasium bei uns gewesen, ein Klassenkamerad meines Sohnes hat super Fotos gemacht: Man sieht das Entsetzen in den Gesichtern – man sieht diese Freude und…« Frau Ott guckt weit weg und schüttelt wie ungläubig den Kopf. »Ich gehör ja noch zur 68er-Generation, wo man nicht stolz auf Deutschland sein darf, überhaupt niemals, und man natürlich auch niemals die Nationalhymne singt…« Sie lacht. »Und

149

dann hab ich mittendrin gestanden und aus voller Kehle mitgesungen.«

Im Oktober vorletzten Jahres mussten die Otts ihren Standplatz aufgeben. Die Vermieterin war gestorben, und die neuen Besitzer hatten anderes im Sinn mit dem Gelände: Abriss und Neubebauung. Gott sei Dank habe es noch sehr lange gedauert, bis der Antrag durch war, sagt Frau Ott. Eine Gnadenfrist für die Otts und ihren Imbisswagen.

»Es ging alles wirklich bis zum letzten Tag. Ich hab gesagt, am Montag wird abgerissen, wenn der Wagen dann nicht weg ist, wird er zerkleinert. Am Samstag haben wir noch Abschied gefeiert – da war ich wirklich nicht mehr nüchtern, weil das alles so traurig war –, am Sonntag kam der Türke, der den Wagen für tausend Euro gekauft hat, und am Montag dann die Abrissbirne.«

Herr Ott schiebt seinen leeren Kaffeebecher beiseite und erzählt weiter.

»Danach haben wir uns daran geklammert, in der Nähe der Leopoldstraße etwas Neues zu finden – wo wir schon eingeführt waren. Wenn man nur einen Kilometer weiter weg ist, ist man sofort vergessen. Wir mussten also was kriegen, was so in zweihundert Meter Umkreis liegt ... Eigentlich war des unmöglich. Aber in solchen Dingen hab ich in meinem Leben immer Glück gehabt.«

Frau Ott schreitet zur Tat und stellt mir zwei Wurstboxen hin, Messer sind in der Schublade, Bretter da hinten – Schürze an, und los. Die Bratwurst muss ganz leicht eingeschnitten werden, bevor sie auf den Gasgrill kommt: meine erste Aufgabe.

»Und Sie haben zwei Kinder, sagte Ihre Frau?«, frage ich über die Schulter blickend Herrn Ott.

»Nein«, sagt Herr Ott. »Vier. Und alle wohlgeraten.«

Er lacht herzlich. Ernst meinen tut er das natürlich trotzdem.

Carina ist neunundzwanzig und die Älteste, es folgen Nicklas und Bastian, und mit seinen achtzehn Jahren ist Manuel der jüngste Ott. Er hat sogar eine feste Schicht im Imbiss. Aber wenn es sein muss, würden die anderen auch schon mal mit anpacken, sagt Frau Ott – wenn sie denn grad in der Heimat seien. Und ganz wichtig: Alle Kinder sind begeisterte Fußballfans. Aber nicht für Bayern München schlägt das Herz, sondern für Unterhaching. Gerade letzte Woche hat sich Vater Ott mit dem Jüngsten insgesamt acht Stunden ins Auto geklemmt, um in Jena einem leider nur sehr bescheidenen Spiel seines Vereins beizuwohnen.

»Und wo spielt Unterhaching? In der zweiten Liga?«

»Mittlerweile dritte«, sagt Herr Ott zerknirscht. »Aber wir wären ja jetzt aufgestiegen…«

»Ja, wären wir jetzt!«, ereifert sich auch seine Frau.

»…wenn wir nicht in der letzten Minute noch 4:3 verloren hätten«, übernimmt der Ehemann wieder. »Und das gegen einen Abstiegskandidaten! Sonst hätten wir jetzt gegen St. Pauli und die ganzen… die wären alle gekommen.«

Ich sehe es Herrn Ott an: Es ist zum Verzweifeln.

Bei Familie Ott wird schon morgens beim Frühstück kontrovers über Fußball diskutiert. Um da überhaupt noch etwas zu sagen zu haben, meint Frau Ott, müsse sie den Sportteil der Zeitung gelesen haben. Und ihr Mann ergänzt:

»Sie müssen wissen, dass wir diese Bude nur gekriegt haben, weil ich einmal – wirklich nur einmal in zehn Jahren – den Lokalteil vor meiner Gemahlin gelesen habe. Denn sie hätte es überlesen.«

Das prustende Protestgeräusch seiner Frau lässt Herrn Ott unbeeindruckt.

»…und ich hab den Teil überhaupt nur gelesen, weil sie mir den Sportteil weggeschnappt hatte.«

Dass die Stadt München nicht weiß, was sie mit den beiden Handwerkerhäuschen am Nikolaiplatz anfangen soll, stand damals in der Zeitung. Herr Ott schwang sich aufs Rad, nahm den Ort in Augenschein und rief direkt danach bei der Behörde an.

Ein sehr großer, junger Kerl kommt an den Tresen. Er trägt ein »Sportfreunde Stiller«-T-Shirt und kurze, verstrubbelte Haare.

»Hi, ich bin Jon Flemming«, sage ich.

»Das ist mein jüngster Sohn«, sagt Frau Ott.

»Manu, hallo.«

Manus Körpergröße muss ich erstmal verarbeiten. Mir kommt es so vor, als wäre der jüngste Ott mindestens einen halben Meter größer als ich. Womit muss man als Baby gefüttert werden, um so groß zu werden? Gelee Royal und Austern? Manu schnappt sich eine Basecap aus einer der Schubladen und äugt mit kritischem Blick durch die Glastür des Kühlschranks. Der müsse dringend wieder aufgefüllt werden, stellt er fest, und seine Stimme steht seinem Körperbau in nichts nach. Ihr Sohn, erklärt mir Frau Ott, habe irgendwo gelesen, dass Menschen lieber Getränke aus randvollen Kühlschränken kaufen.

»Käppis sind übrigens hier«, sagt sie und zeigt auf die Schublade. Dann sieht sie mich an und kommt ins Stocken. »Weil, man muss ja hier…«

»Auch als Kurzhaarträger?«, frage ich und streiche mir über die Glatze.

»Ja. Äh, nein – eigentlich nicht. Stimmt!« Frau Ott wird ein bisschen rot und macht das Radio an.

Nachdem Manu den Kühlschrank befüllt hat, zeigt er mir, wie die Ott'sche Currywurst hergestellt wird. Er fachsimpelt über Schnitttechnik und das richtige Mengenverhältnis von Ketchup, Currypulver, Paprika und Worcestersauce, aber ich kann mich nicht so recht konzentrieren. Seine Stimme ist so beeindruckend voluminös.

Frau Ott zeigt mir einen schon leicht angefetteten, großen Notizblock – ihre sogenannte Strichliste. Ein Strich für jedes verkaufte Essen – in der jeweiligen Tageszeitspalte. Das sei einfach ihre kleine Statistik, um sich ein bisschen zu motivieren. Dabei sei es egal, was verzehrt worden sei – nur für Getränke würde es keinen Strich geben. Diese Art der Buchführung leuchtet mir nicht wirklich ein. Sympathisch ist sie aber allemal. Herr Ott schmunzelt.

»Ja, meine Frau ist jetzt ehrgeizig geworden – sie will neue Rekorde aufstellen. Sie ist ja auch Filmschauspielerin mittlerweile …«

»Is gar nicht wahr«, wehrt sich Frau Ott geschmeichelt.

»Filmschauspielerin?«, frage ich nach.

»Das ZDF war da. Vorgestern.«

»Ah, ehrlich? Und was haben die gemacht?« – Und wieso pfuschen die mir in mein Buch, will ich eigentlich fragen. Schließlich bin ich es doch gewesen, der die Otts und ihren Laden entdeckt hat.

»Die machen eine Langzeit-Dokumentation … Aber das ist reiner Zufall«, versichert Frau Ott. »Das war nicht so geplant.«

»Und worum geht's da?«

»Frauen um die achtzig«, wirft Herr Ott schelmisch grinsend ein.

Seine Frau kichert und gibt ihm einen Klaps auf die Hand.

»Es geht um das Lebensgefühl der Generationen – mit 20, 40 und 60.«

Die erste Kundin des Tages betritt den Laden und möchte eine rote Currywurst mit Pommes, eine weiße Bratwurst mit Pommes und eine Suppe mit Pommes. Suppe mit Pommes?

»Also eine Suppe und dann noch extra Pommes dazu.«

Rote Curry. Wie sehen die Würste auf dem Grill aus? Schon dunkel genug? Nicht schlecht, aber die weiße kann noch. Sollte die weiße jetzt auch eine Curry werden? Nein, die weiße nur als Bratwurst. Okay. Manu wirft Pommes in die Friteuse. Das ging zu schnell für mich – wie viel hat er jetzt genommen für die drei Portionen? Dies sind die Schalen für die normale Pommesportion, die anderen sind für die große Version. Manu erklärt mir, wie die Würste und Pommes am besten zum gleichen Zeitpunkt fertig werden. Das weiß ich natürlich schon, ist ja nicht mein erster Imbiss. Ich mache die Currywurst fertig, Frau Ott rührt in dem großen Suppentopf, Manu schaut mir über die Schulter. Jetzt sieht die weiße Bratwurst auch gut aus. Wie viel Salz tun die wohl hier auf die Pommes?

»Schau mal«, sagt Frau Ott, »ich sag am besten du – du kennst das ja als Praktikant. Ich bin die Claudia.«

»Hallo, Claudia. Ich bin Flemming.«

Wir lächeln uns schüchtern an. Den Hauch von Peinlichkeit, der diesem Moment innewohnt, kichern wir schnell weg.

»Also, Flemming«, Claudia nimmt den großen Salzstreuer in die Hand, »ich mach immer so zwei, drei Schwünge drauf … so ungefähr.«

Jetzt muss die rote Bratwurst vom Rost. Dann schneiden, Ketchup drüber, Chilipulver, nicht zu viel, Currypulver, zum Schluss die Worcestersauce. Ein Akt höchster Konzentration. Als ich mit meinen Würsten fertig bin, sehe ich auf: Herr Ott ist mit einem Mal verschwunden. Claudia sagt, er habe noch etwas zu erledigen und komme später wieder. Dafür sind unserer ersten Kundin zwei Freundinnen nachgefolgt. Lachend und schwatzend tragen die Frauen ihre Bestellungen in den Garten.

Die nächsten Kunden sind ebenfalls weiblich und bestellen zwei Latte Macchiato. Manu hantiert an der Kaffeemaschine herum. Claudia gibt ihm die Bestellung weiter, und ich stelle fest, dass die Maschine erstaunlich mickrig aussieht. Die hätten sie gerade neu, sagt Claudia. Was Simples von Tchibo, aber eigentlich würde sie ganz guten Kaffee machen, also, schlecht würde er jedenfalls nicht schmecken. Ich finde es erstaunlich mutig, einer Kaffeemaschine zu vertrauen, die wirkt, als würde sie mit viel Glück gerade mal einen Kindergeburtstag überstehen. Manu hat die Bestellung nicht verstanden.

»Ma, was brauchst du – zwei Lappen?«

»Nein, zwei Latten.«

»Zwei Lappen?«

»Ganz genau«, sage ich und klopfe Manu auf die Schulter. »Zwei Lappen Macchiato.«

Manu nimmt zwei Gläser aus der nigelnagelneuen Spülmaschine. Bis vor kurzem hätten sie noch alles von Hand abgewaschen, erzählt Claudia. Handabwasch? In einem Imbiss? Ich muss an St. Wendel denken. Einen Goldesel haben die Otts offenbar nicht im Schrank stehen. Manu frotzelt, dass »seine Ma« ihn sonst nie an die Kaffeemaschine lassen würde, obwohl er es eigentlich auch ganz gut könne. Das lässt seine Mutter nicht auf sich sitzen.

»Doch, doch, doch!«, protestiert sie. »Du darfst. Du bist doch grad dabei!«

Ob ich wohl mit achtzehn große Lust gehabt hätte, im Imbiss meiner Mutter mitzuarbeiten? Ich glaube nicht. Eher hätte ich mir wohl ein Bein abgesägt. Bei den Otts dagegen scheint das Mutter-Sohn-Verhältnis außergewöhnlich entspannt zu sein. Es ist schon erstaunlich: Mit fast sechzig Jahren stehen Manus Eltern vor dem wirtschaftlichen Aus, fangen noch mal ganz von vorne an und wirken dabei weder verbittert noch verängstigt, im Gegenteil: Die Unbekümmertheit, mit der Claudia durch den Laden wirbelt, ist die einer Dreißigjährigen. Sie macht einfach, sie probiert aus, sie hat Selbstvertrauen. Ihre Neugier auf das Leben scheint ungebrochen. Ich vermute, Manu arbeitet hier, weil er den Laden ganz schön cool findet. Und »seine Ma« natürlich. Ist sie aber auch.

Jede Menge Würste, Pommes, Apfelschorlen, Kaffees und Suppen gehen heute Mittag über den Tresen. Viele Kunden sind weiblich und zum ersten Mal hier, fast alle fragen nach Öffnungszeiten. Ein sonderbar granteliger Gast, der sich vor dem Laden lange an einem Kaffee festgehalten hat, schnauzt Manu an, wieso er so komisch hochdeutsch reden würde – man sei hier schließlich nicht in Hannover. Und überhaupt: Er müsse auch nicht so schreien, er sei ja nicht taub. Manu bleibt locker. Er würde eben immer so laut reden, und in München geboren sei er auch. Die Antwort fällt um kein Dezibel leiser aus als sonst. Der magensaure Kaffeetrinker bleibt mit seiner schlechten Laune allein. Manu, das dämmert mir jetzt, ist mit sich im Reinen. Er ist nun mal groß und laut – er ist, wie er ist.

Außerdem sind die nächsten Currywürste zu machen. Manu späht aus dem Fenster in den Himmel.

»Ich glaub, heute kommt noch die Sonne raus.«

Nachmittags flaut der Kundenstrom ab. Dafür findet eine Art spontanes Familientreffen statt. Als Erstes kommt Frau Mitterer und bestellt ein Augustiner. Sie ist die Nachbarin, um die siebzig und betrachtet den Imbiss ganz offensichtlich als ihr erweitertes Wohnzimmer.

»So lang ich hier bin, schaut mein Hund zum Fenster naus. Das liebt der.«

Frau Mitterer ist in verschiedenen Rosatönen gekleidet, sie trägt viele, lange Perlenketten und knallroten Lippenstift. Bis vor ein paar Jahren hat sie direkt um die Ecke ein kleines Hotel geführt. Sie ist eine Lebedame, trotzdem handfest – und offenbar gern in Gesellschaft. Sie erzählt mir, dass die Seidlvilla und ihre Nebengebäude in den Siebzigerjahren fast abgerissen worden wären. Da hätten sie ein Bürgerkomitee gegründet und jedes Wochenende Aktionen gemacht.

»Immer auf der Straße«, erzählt Frau Mitterer. »Flohmärkte und Konzerte und was nicht alles. Und immer mit den Leuten geredet, sie informiert, Unterschriften gesammelt…«

Viele Jahre lang hätten sie, die Anwohner, auf diese Weise protestiert. Und am Ende gewonnen. Heute sei die Seidlvilla ein Stadtteilzentrum. So viel soziales Miteinander, sage ich Frau Mitterer, hätte ich hier im ach so schicken Schwabing gar nicht erwartet.

»Doch, gerade hier«, bestätigt Claudia, die dazugetreten ist. »Schwabing war schon immer der bunte, der unkonventionelle Teil der Stadt.«

Manus Freundin Julia kommt und bringt ihren Vater mit.

Der hat wiederum seine Freundin im Schlepptau. Mit einem Mal steht auch Herr Ott wieder in der Tür – er hat sich seitlich durch den Garten angeschlichen. Ganz offensichtlich lernen sich Manus Eltern und Julias Vater in diesem Moment kennen; jeder schüttelt viele Hände, und alle murmeln mehrfach ihren Namen. Die Freundin von Julias Vater kommt aus Spanien und ist nicht viel älter als Julia selbst. Nachdem jeder kapiert hat, dass sie nicht seine zweite Tochter ist, geht das kleine Begrüßungskuddelmuddel nahtlos in ein zwangloses Gesprächswirrwarr über. Und die Sonne kommt tatsächlich noch heraus. Ich mache ein Foto von der gesamten Großfamilie vor dem Laden und taufe Manu auf den Namen »Manu, die Wetterwurst«. Mit leuchtenden Augen erzählt Claudia von den Partys, die hier schon stattgefunden haben: Silvester, Geburtstag und sogar eine Hochzeitsfeier. Der nächste »nicht verwandte« Gast verspeist eine Currywurst und bleibt danach auffällig lange auf seinem Platz sitzen. Beim Bezahlen fragt er schließlich, ob wir »immer so lustig« seien.

Herr Ott hat mir inzwischen auch das Du angeboten. Er heißt Volker. Ich frage ihn, was sie eigentlich gemacht hätten, bevor sie vor elf Jahren mit dem Imbisswagen angefangen hätten. Lammfell und Leder aus Südamerika verkauft, sagt Volker. Auf diese Idee sei er Ende der Siebziger in New York gekommen.

»Da war ich bei Macy's, die hatten gerade Winterschlussverkauf, und da hab ich eine Lammfelljacke gesehen – zwar in einer unmöglichen Riesengröße, aber so soft, da konnt man sich reinlegen. Und innen drin – hab ich natürlich nachgeschaut – stand ›Made in Montevideo‹.«

Volker sieht erstmal auf der Landkarte nach, wo Montevideo liegt und findet es eingeklemmt zwischen Argentinien und Brasilien. Zwei Wochen später ist er dort. Und sucht Schneidereien.

»Vierzig Firmen hab ich mir dort angesehen, aber natürlich die verkehrteste erwischt. Dieser erste Ausflug hat mich dann 60 000 Mark gekostet.«

Denn in der ersten Auflage wird aus dem Model der Riesenjacke auf wundersame Weise eine Zwergenversion. Sobald man auch nur den Ellenbogen hebt, reißen die Ärmel unter den Achseln. Ein kleiner Teil der Ware kann umgearbeitet werden, der Rest ist einfach Schrott.

»Und was hast du mit den Jacken gemacht?«, frage ich ihn.

»Verkauft. Genau da, wo später auch der Imbisswagen stand – auf der Leopoldstraße, da hatten wir ein Verkaufszelt.«

Gegen sechs hat sich der Imbiss wieder komplett geleert. Manus Schicht ist zu Ende, Frau Mitterer bekommt Besuch und will drüben noch putzen, Volker ist wieder zu Hause und Julias Familie im Kino. Zeit, zwischendurch aufzuräumen. Ich fülle Getränkekisten mit leeren Flaschen, Claudia bestückt den Geschirrspüler. Ich frage sie, wie das denn nun gewesen sei mit ihrem Standplatz. Seit Anfang der Siebzigerjahre, sagt sie, habe Volker den Mietvertrag für den Platz gehabt. Das sei noch vor den Lammfelljacken gewesen.

»Los ging's mit diesen Afghanen, mit den gekalkten Jacken, Knöpfchenblusen und solchen Sachen.«

Die Otts entwerfen eigene Modelle und stellen diese in Deutschland auch den Redaktionen von *Brigitte* und anderen Modezeitschriften vor. Zusätzlich zum Straßenverkauf nimmt der Versandhandel langsam Formen an. Das Geschäft floriert. Volker Ott verkauft nur im Winter (»Was will man im Sommer mit 'ner Felljacke?«), erweitert das Sortiment allerdings auch schon mal um Eier, Antiquitäten oder Softeis. Volker sei ein geborener Verkäufer, ein Macher und Abenteurer, schwärmt Claudia – ein Mann des »kalkulierten Risikos«. Sie selbst arbeitet während dieser Zeit als Hauptschullehrerin.

Über zwanzig Jahre währt die Ära des Lederjackenverkaufs. Dann gehen die goldenen Zeiten langsam zu Ende – die großen Textilhändler lassen nun selbst in Südamerika produzieren, da können die Otts nicht mehr mithalten. Ihr Mann, sagt Claudia, sei schon immer ein Freund der guten Bratwurst gewesen. Die beiden beschließen kurzerhand, am selben Ort einen Imbisswagen aufzustellen. Eine Wurstbude scheint den Stadtvorderen tatsächlich das kleinere Übel zu sein: immer noch besser, als der Textilverkauf aus einem Zelt mit »nach oben offenen Umkleidekabinen, in die es auch schon mal reingeregnet hat«. Man lässt die Otts gewähren.

»Und so kamen wir auf die Wurst«, sagt Claudia und lächelt. »Unser Leben war eigentlich immer sehr bunt. Dafür, dass wir kein Geld hatten, haben wir's ganz gut gemacht.«

Eine Zeit lang arbeiten wir still nebeneinander her. Claudia bereitet die Suppe für morgen vor.

»Ich hoff ja nur, dass wir hier drin bleiben können.«

Ich verstehe nicht sofort. Wieso »drin«?

»Wir haben nur einen begrenzten Mietvertrag bekommen.« Claudia taucht einen kleinen Löffel in die Suppe und pustet.

»Am 15. Juni entscheidet sich, ob wir uns wieder eine neue Bleibe suchen müssen.«

»Wie bitte? Aber ihr seid doch grad erst ein Jahr hier?«

»Natürlich«, seufzt Claudia und lächelt bitter. Und enorm

investiert hätten sie ja auch. Wenn es nach ihr ginge, bräuchten sie noch nicht mal einen Zehnjahresvertrag.

»Ich weiß ja gar nicht, ob ich dann noch einen Imbiss schmeißen will. Oder kann. Mit siebzig.« Claudia streicht sich eine Haarsträhne aus der Stirn. »Fünf Jahre wären schon gut.«

Das wäre auch alles nicht so schlimm, wenn Volker noch richtig mithelfen könnte. Aber ihr Mann sei – sie ringt mit den Worten – körperlich gerade nicht so richtig einsatzfähig. Und deswegen ... Claudia verstummt. Sie sieht sehr tief in den großen Topf. Vorsichtig räume ich die letzten Augustiner in die Kisten.

»Wann musst du denn gehen?«, fragt sie nach einer Weile.

Im Radio singen die Eagles ganz leise »One Of These Nights«.

»Wann machst du denn Schluss?«, frage ich zurück.

Wirtschaftswunderkind

Zehnte Station:

Fritz Mitte
Jena

Im Südpazifik, irgendwo zwischen Indonesien und Papua-Neuginea gibt es ein Gebiet, das man die Kinderstube der Meere nennt. Ein Großteil der in den Weltmeeren vorkommenden Fischarten wächst hier auf und wandert dann weiter in den Indischen Ozean, den Atlantik oder das Mittelmeer. Daran muss ich denken, während ich in der Wagnergasse vor dem Absolut-Café sitze und in das bunte Treiben blicke. Ich bin in Jena. Die Welt, so scheint es, besteht aus Menschen zwischen achtzehn und fünfundzwanzig. Sie schieben ihre Fahrräder neben sich her, essen Eis, rühren in Cappuccinotassen, lachen, verabreden sich für den Nachmittag oder stöhnen über ihre nächste Hausarbeit. Die Sonne scheint auf die kleinen Altbauten und bringt die Crèmetöne zum Leuchten. Café reiht sich an Café, Kneipe an Kneipe, das Kopfsteinpflaster ist vollgestellt mit Tischen und Stühlen. Für Autos ist die schmale Straße gesperrt. Mein heutiger Arbeitsplatz befindet sich direkt gegenüber. Es ist ein pistaziengrün und dunkelgrau gestrichenes, quadratisches Häuschen mit Spitzdach. Auf der davor gelegenen Terrasse stehen Palmen und riesige Sonnenschirme. »Fritz Mitte« heißt der Imbiss.

Neben mir sitzt Stefan Herrmann. Ständig streicht er sich

162

über die strahlend weiße Sommerhose und klappert mit seinen Flip-Flops. Seine sehr große Sonnenbrille wird er auch während der nächsten halben Stunde nicht abnehmen. Ein bisschen zu viel Überholspur für meinen Geschmack. Während ich noch die Getränkekarte studiere, erzählt mein Arbeitgeber von seinen gastronomischen Anfängen. Das Café, auf dessen Terrasse wir gerade sitzen, ist sein erster eigener Laden gewesen. Den betreibe er seit ungefähr acht Jahren. Vor vier Jahren sei mit dem Kolibri-Conceptstore noch eine Boutique dazugekommen. Den Imbiss habe er erst vorletztes Frühjahr eröffnet. »Die Freifläche hier vor der Bude hab ich von der Stadt gekriegt. Für vierhundertfünfzig Euro – und die Bude einfach dazu. So.« Eigentlich habe ihn nur die Fläche interessiert, doch das leere Häuschen sei ein Schandfleck gewesen, umso mehr, als dass es nämlich zu DDR-Zeiten eine der ersten Pommesbuden des Landes gewesen sei. Da habe er schon als Kind seine Mutter hingezerrt, auch wenn die Schlangen immer »ultralang« waren. »Und dann war ich uff 'ner Messe in London, um fürs Kolibri zu ordern, und da kauf ich mir meist diesen Gastroführer *Time Out*. Da schau ich immer rein, was grad aktuell ist als Gastronom. Und der Titel war: ›Pommes und Currywurst in London‹.« Stefan macht eine Pause und grinst mich an. »Und da hab ich gesagt: Halt die Fresse, jetzt geht's los!«

Der Junggastronom sieht sich mehrere Läden in London und Berlin an. Seine Bude soll »kein verranzter Asi-Imbiss« werden, sondern: »So wie unsere Konzepte immer sind: 'n bissel was Spritziges, 'n bissel was Frisches: urban, cool, offen. Das war die Idee. Und dann haben wir Gas gegeben.«

Gas geben. Diesen Ausdruck kann ich nicht mehr hören. Überall wird momentan Gas gegeben, jeder rät es dem Nächsten: »Gib Gas!«, Hauptsache Tempo, egal, wohin. Und was ist das Spritzige und Frische an Fritz Mitte? Was ist hier anders als in anderen Imbissen? Stefan erklärt es mir. Im Speisenbereich biete Fritz Mitte ausschließlich Berliner Currywurst und belgische Pommes an. Letztere sind deutlich breiter geschnitten und werden mit acht verschiedenen hausgemachten Mayonnaisen serviert, darunter geschmackliche Exoten wie Wasabi, Pesto, Trüffel oder Thai-Saté. Zur Currywurst kommt wahlweise die fruchtige oder die scharfe Saucenvariante, und neben den üblichen Softdrinks steht mit dem Hamburger Astra-Pils eine echte »Kiezplörre« im Kühlschrank. Darüber hinaus muss der Kunde nur noch kombinieren: Zur Wurst gibt es Brötchen oder Pommes, die Pommes in groß oder klein, und auf Wunsch natürlich auch ohne Wurst. Wenige Bausteine mit vielen Kombinationsmöglichkeiten für alle Bedürfnisse. Er sei seit vierzehn Jahren in der Gastronomie, sagt Stefan.

»Was für ein Jahrgang bist du denn?«, frage ich.

»Achtundsiebzig. Ich werd jetzt Einunddreißig. Mit sechzehn hab ich direkt die Ausbildung angefangen. Und danach nichts anderes mehr gemacht.«

Früh übt sich. Stefan beugt sich über seinen Strohhalm und saugt den letzten Rest Pan-Asia-Limo aus seinem Glas. Er sieht gut aus. Mit seinem verwuschelten, rotblonden Kurzhaarschnitt und dem offenen Jungsgesicht ist er eine richtige Charmebombe. So eine Art ganz junger Robert Redford. Dagegen kommt man einfach nicht an.

Wir gehen rüber zum Imbisshäuschen und werden schon auf halber Strecke von meinem heutigen Schichtpartner begrüßt. Der Mann, das weiß ich schon, heißt im wirklichen Leben

Thorsten, besteht aber eigentümlicherweise darauf, Horscht genannt zu werden.

»Hallo!«, ruft Horscht und wirft dabei einen sehr langen und dürren rechten Arm in die Luft. Er ist sehr groß, trägt ein schwarzes »Fritz Mitte«-Shirt und eine akkurate Scheitelfrisur. Ein extrem kleiner Kopf sitzt auf seinen erstaunlich breiten Schultern. Erstaunlich sind die vor allem deshalb, weil Horschts Gesamtkörperbau praktisch zweidimensional ausgefallen ist. Dünn ist gar kein Ausdruck. Wenn der Mann sich zur Seite dreht, ist er quasi unsichtbar. Während Horscht mir eine sehr große, knöchrige rechte Hand zum Befühlen reicht, grinst er mir mitten ins Gesicht. Jemand, der gerne Horscht genannt werden möchte und so grinst, kann nicht ganz verkehrt sein, denke ich. Stefan setzt die Sonnenbrille wieder auf. Horscht begleitet mich in die Bude.

»Hey, Flemming, wie wolln wir's denn machen?«

»Du bist mein Chef«, sage ich zu Horscht. »Ich mach, was du mir sagst. Ich bin ja auch nicht mehr ganz unbeleckt, ein paar Stationen habe ich schon hinter mir.«

Horscht nickt. »Also, dann würd ich sagen, dass du dich hier… Na ja, wir mixen das eh 'n bissel durch… also sprich, hier vorn in der Ecke uffhältst.«

Er deutet auf den Friteusenbereich unter dem Fenster.

»Ich zeig dir jetzt noch die ganzen Saucen-Geschichten, dass du weeßt, was du im Kopf haben musst, und dann haben wir's eigentlich schon. Ich schneid die Würste zurecht, geb dir das hier vor… Dann kann man mal tauschen, wie du Lust hast, wenn de mal so, weeß nich, 'n Stündchen bisschen Ruhe brauchst, um nachzudenken oder irgendwas, dann haust du dich hier hin und machst die Würstchen klar. Also, eigentlich 'ne ganz chillige Geschichte.«

165

»Du weißt ja: Es gibt 'n Sechser die Stunde«, scherzt Stefan und zwinkert mir zu. »Wollen wir heut Abend noch was essen zusammen?«

Das halte ich mir lieber noch ein bisschen offen. Der Jungunternehmer muss jetzt ins Kolibri, kurze Röckchen verkaufen. Ich mache ein trauriges Gesicht.

»Komm, dafür hast du den Horscht«, grinst er mich an. »Der hat auch 'n qualifizierten Hauptschulabschluss und alles. Mit dem kann man sich sogar mal unterhalten.«

»Stimmt«, frotzelt Horscht zurück. »Mit mir kann man auch mal zehn Minuten reden.«

»Wenn man das Thema vorgibt«, murmelt sein Chef und klopft ihm im Weggehen lachend auf die eckige Schulter.

Scherz ist Trumpf in Fritz Mitte, denke ich. Könnte schlimmer sein.

»O. k. Pass uff«, sagt mein neuer Vorarbeiter. »Du wirst ja auch bongen.«

Au weiha, denke ich, jetzt ist es so weit. Bis hierher hab ich es ohne größeren Kassenkontakt geschafft – jetzt ist Schluss. Nun wird meine komplette Kopfrechenunfähigkeit ans Tageslicht gezerrt werden. Und mein Kassentrauma: minutenlang vorm Gerät stehen und die »Pommestaste« nicht finden.

»Bongen. Ja, genau«, versuche ich, möglichst locker zu klingen.

»Das geht ganz easy-peasy … Gerichte hat dir Stefan schon größtenteils uff der Karte gezeigt?«

»J-j-jah.«

Horscht spricht schnell. Dazu kommt noch sein deutlich hörbarer thüringischer Akzent, der sämtliche Ecken und Kanten, an denen sich meine Ohren festhalten könnten, wegschmirgelt. Jetzt betet er einmal die gesamte Karte inklusive aller Preise herunter. Das einzige Wort, das bei mir hängen bleibt, ist »Blattgold«.

»Blattgold?«

»Fritz de Luxe. Das ist unsere Blattgold-Geschichte. Is halt für Frauen. Wird zwar meistens von schwulen Männern bestellt, aber …«

Horscht zaubert eine kleine Transparenttüte aus dem Regal. Darin ist ein mit Gold beschichtetes Trägerpapier.

»Die Wurst wird genau so angerichtet wie sonst, nur dass du da zum Schluss … das is dann immer so 'ne kleene Fitzelarbeit …«, Horscht zupft vorsichtig eine kleine Ecke Blattgold ab, »was von unserem Reichtum draufhaust. Dazu geht dann so 'n trockener Piccolo raus, und fertig.«

Ansonsten macht Horscht kein langes Gewese: Hier ist die Kasse, die geht so, Friteuse kennste ja, hier steht das Salz, links sind die Mayoeimer, so viel hauen wir druff. Das ist im Wesentlichen meine Einführung. Der Rest passiert sozusagen während der Fahrt.

An dieser Stelle wird es Zeit für ein Geständnis: Ich hasse es, etwas nicht zu können. Und am meisten hasse ich es, wenn mir jemand dabei zusieht, wie ich etwas nicht kann. Es ist mir peinlich. Ich fürchte Spott. Niemals betrete ich eine Bühne, ohne ausgiebig geprobt zu haben. Das geht bei dieser Reise leider gar nicht. Insofern ist sie auch eine Art Ein-Mann-Selbsterfahrungs- und Therapiegruppe: Jeden Tag muss ich wieder von vorn anfangen, jeden Tag kann ich erstmal gar nichts. Bei allen bisherigen Stationen habe ich versucht, mit meinen Tätigkeiten zunächst in der zweiten Reihe zu bleiben und mich von da langsam nach vorn zu tasten. Vorn – das ist die Verkaufsposition, der Elfmeterpunkt, hier musst du verwandeln: Wünsche in Ware, Auge in Auge mit dem Kunden. Mit Langsam-nach-vorn-tasten ist heute nichts. Vor mir steht der erste Pommes-Trüffelmayo-Kunde. Und er wird nicht der letzte sein. In der nächsten halben Stunde besteht mein Gehirn aus einem einzigen, riesigen Knäuel an Nachfragen: War die Wasabi-Mayo jetzt die zweite oder die dritte von links? Die zweite. In welche Schale kommt die große Portion Pommes zum Mitnehmen? Direkt neben den Servietten. Der Fritz Deal kostet zwei Euro? Nein, einsneunzig. Ist dies die Harrissa-Mayo? Nein, das ist die Thai-Saté. Hab ich das jetzt schon gebongt? Wo waren nochmal die Plastiktüten?

Aber dann lichtet sich das Dunkel. Und aus Ahnungslosigkeit, Unvermögen und Nichterinnern wird langsam – Können. Ein magischer Prozess. Eine Stunde, nachdem ich zum ersten Mal einen Fuß in diese Bude gesetzt habe, weiß ich, wie alles geht, ich kann es in die Kasse hauen und sogar korrektes Wechselgeld herausgeben. Und das alles in einer Geschwindigkeit, die nicht gleich an Leichenstarre erinnert. Horscht und ich entwickeln an Friteuse und Wurstbräter eine schier schlafwandlerisch funktionierende Zusammenarbeit. Wäre ich zwanzig Jahre jünger, würde ich sagen: Das rockt. Ach was, scheißegal, ich sage es trotzdem: Das rockt extrem. Wir braten und frittieren, hauen mit Mayo um uns, lassen die Kasse klingeln, zwinkern hübschen Mädchen zu und sind einfach die coolsten Säue unter der Sonne. Irgendwann im Taumel der Friteusen tauschen wir die Positionen: Jetzt bin ich für die Würste zuständig, während Horscht auf der linken Seite steht, die Pommes macht und die Kunden bedient.

»Mitnehmen – hier essen?«
    »Scharf – nicht so scharf?«

»Reinhauen, schmecken lassen, Tag genießen! Danke dir!«, moderiert Horscht ab.

Dieser Mann, das wird sehr schnell deutlich, ist ein Poet, ein Dichter, ein Wortverknapper und Sprücheklopfer. Gott sei Dank einer von der lustigen Sorte. Kunden, die das verbale Ping-Pong-Spiel überfordert, begegnet er stets gleichermaßen freundlich und edukativ.

»Mitnehmen – hier essen?«

»Ja.«

»Das war 'ne Oder-Frage, da kannst du nicht ›ja‹ sagen.«

»Ach so. Mitnehmen.«

Auch andere sprachliche Ungenauigkeiten werden von meinem Tageschef ebenso schonungslos wie zärtlich aufgedeckt. Schließlich befinden wir uns in einer Bildungsmetropole. Ein Kunde hat gerade eine kleine Portion Pommes mit Thai-Saté geordert und erhalten. Horscht wendet sich an den nächsten Hungrigen: »Was wird's bei dir?«

»Dasselbe.«

»Dann nimm's ihm bitte gleich aus der Hand.«

»Wie bitte?«

»Dann nimm's ihm gleich aus der Hand.«

Der Kunde fällt kurz in eine Art Schockstarre. Horscht befreit ihn: »Du möchtest das Gleiche.«

»Hm … ja«, murmelt der nun Erleichterte.

Ich frage Horscht, ob er mit Kunden hin und wieder auch mal echte Probleme bekommt. Er zieht die Unterlippe runter und überlegt. Einer habe mal Pommes mit scharfer Sauce bestellt. Und die sei ihm offenbar zu scharf gewesen. »Dann kam der tatsächlich zurück und hat mir mit 'ner Anzeige gedroht.« Ich muss grinsen. Horscht auch. »Wenn ich das jetzt nicht erklären könnte, warum das so derbe scharf wär – dann würd

er mich anzeigen. Da hab ich gesagt: Pass uff, es is halt scharf,
weil's scharf is. Und wenn du mich trotzdem anzeigen willst,
dann… äh… wird dich mein Anwalt zerquetschen.«

»Das war deine Rede?«, vergewissere ich mich, während ich
mir eine Lachträne aus dem Auge wische.

»Das war meine Rede«, bestätigt Horscht.

Das Publikum, das vor unserer kleinen Bude Schlange steht,
besteht zu neunzig Prozent aus Studenten. Die allermeisten
davon sind auffällig freundlich. Mit meiner Anwesenheit
kann dies nichts zu tun haben, denn als Ingo erkannt werde
ich hier so gut wie gar nicht. Trotzdem nehmen die Kunden
während meiner Warmlaufphase klaglos längere Wartezeiten
und Verwechslungen hin, sie grüßen artig, lächeln und verabschieden sich wieder. Aber noch etwas eint die Menge der
Pommeshungrigen: Sie sehen alle irgendwie gleich aus. Niemand tanzt optisch deutlich aus der Reihe. Es gibt keine ge-
schniegelten Typen, es gibt keine Punks oder Alternativos,
keine Gothic-Anhänger oder bekennenden Metalfans. Es gibt
nur nette junge Menschen, die Jeans und T-Shirts tragen. Dabei ist die Jenaer Studentenschaft mit Sicherheit weder uneitel
noch verarmt – ich sehe durchaus aufwendige Frisuren, tren-
dige Sonnenbrillen und Zweihundert-Euro-Beinkleider –, sie
scheint sich nur wortlos auf eine Art Kompromiss-Uniform
verständigt zu haben. Dadurch entsteht eine Atmosphäre
der Einigkeit, die mir zunächst ausgesprochen gut gefällt. Irgendwann während des späten Nachmittags aber, als das Bild
schon tiefer eingesickert ist, wird mir dieses Uniformiertsein
ein bisschen unheimlich. Wo sind die Individualisten, die ganz
Offensichtlichen, die das auch so präsentieren? Mit Studenten
verbinde ich etwas Bunteres als das hier. Mehr Diskurs, Aus-
einandersetzung und Konfrontation. Aber wahrscheinlich ist

das nur die Perspektive eines Mittvierzigers, der mit siebzehn mal Punk sein wollte.

Später am Abend, als ich Stefan zum Essen treffe, wird er mir erzählen, dass jeder Semesterbeginn fünftausend neue Gesichter in die Stadt spült, und mir wird das Bild von der ozeanischen Kinderstube wieder einfallen. Jena ist ein Ort, von dem aus junge Menschen in die Welt ziehen, um sich mit dem Schild der guten Ausbildung einen Platz in der Nahrungskette zu sichern.

»Zwei Euro neunzig wärn's, die meisten geben drei«, lässt Horscht einen bärtigen Biochemiestudenten wissen. Der drückt ihm prompt drei Münzen in die Hand.

»Mach dir 'n Schicken!«, empfiehlt Horscht daraufhin zum Abschied.

»Was hast du zu dem gesagt?« Ich muss prusten: »Mach dir ein Hühnchen?«

Humor und Fettgeruch. Sie bilden das Band, das uns Frittenkellner verbindet.

»Sag mal«, frage ich Horscht, als sich meine Bauchmuskeln wieder entspannt haben, »bist du eigentlich auch in Jena aufgewachsen?«

»Nicht ganz«, sagt Horscht. Seine Jugend habe er in Lobeda verbracht, einer Neubausiedlung südlich der Stadt. Dort wohnen von jeher die sozial Schwachen. Ein guter Nährboden für Jungnazis und rechte Gruppen. Damals läuft Horscht noch mit bunten Haaren, weiten Hosen und Skateboard herum. Den echten »Hardcore-Faschos« geht er lieber aus dem Weg, Prügeleien mit Nachwuchsnazis sind dagegen an der Tagesordnung. Ich staune. Für mich sieht Horscht so überhaupt nicht nach körperlicher Gewalt aus. In den letzten Jahren, fährt er fort, sei die linke Szene aber eigentlich stärker als das Nazi-

Pack. Das in Jena stattfindende Rechtsrock-Festival »Fest der Völker« zum Beispiel würde immer wieder erfolgreich gestört werden. »Da geht's dann richtig rund. Und nur noch Polizei hier … die müssen die Veranstaltung ja beschützen.«

»Hab ich das richtig verstanden? Das ist ein rechtsextremes Festival und heißt ›Fest der Völker‹?«

Horscht nickt. Letztes Jahr habe er sich bei der Gelegenheit mit einem Kumpel einen besonderen Spaß gemacht.

»Da haben wir uns Spiegelglatzen rasiert und ›Gleich aussehen – anders denken‹ uff unsere T-Shirts geschrieben.« Auf die kahlen Schädel seien die linken Protestler dann auch prompt hereingefallen und auf sie losgestürmt. »Da standen die wirklich mit der geballten Faust vor uns und – ›Ach, ihr seid's! Moin!‹ Und wir: ›Ihr Vollidioten, ey! Erstmal gucken und überlegen, was ihr macht, bevor ihr handelt!‹«

Mir fällt auf, dass Horscht mit seiner sehr kurz geschnittenen Scheitelfrisur und den strohblonden Haaren optisch kurioserweise perfekt ins rechte Raster passt.

»Na klar. Deswegen bin ich auch manchmal so 'n bisschen enttäuscht von den ach so toleranten Menschen, die hier rumrennen. Gerade auch bei uns im Café, die Gäste. Ich mach mir halt gern 'n Scheitel. Und wenn ich dann vom Friseur komm – Typen, die dich 'n Tag vorher noch mit Umarmung begrüßt haben, gucken dich an wie 'n Aussätzigen. Die reduzieren dich sofort aufgrund deiner Frisur uff etwas, das du gar nicht bist. Dabei kennen die dich schon seit Jahren.« Horscht verschränkt die langen Arme vor der knochigen Brust und tritt eine auf dem Boden liegende Fritte in die Ecke. »Damit komm ich nicht klar: dass 'n guter Kumpel an mir vorbeiläuft, mich ganz normal grüßt und sich dann nach drei Metern umdreht und sagt: ›Schicker Haarschnitt!‹«

Menschen brauchen Symbole, kommt es mir in den Kopf. Und wenn man sie ihnen wegnimmt oder sie aufweicht, werden sie aggressiv und unsicher. Ich muss mir unwillkürlich über die Glatze streichen. Wie ich mich wohl fühlen würde, wenn man mich auf der Straße andauernd für einen Nazi halten würde? Horscht steht leicht nach vorne gebeugt und stützt sich mit den Händen auf der Edelstahlkante ab. Sein Blick geht geradeaus, irgendwo in die Luft jenseits des Verkaufsfensters. Es muss eine ganze Menge Kraft in diesem flachen Körper stecken. Hinter dieser blassen Haut, in diesem kleinen, harten Schädel. Auf dem Platz vorm Imbiss sitzen die gleichgeschalteten Studenten und nuckeln an ihren Softdrinks. Vielleicht steht der größte Individualist Jenas gerade hier neben mir.

»Tja…« Horscht zieht Luft durch die Nase ein. »Wollen wir 'n bissel rausgehen? Bissel Päuschen machen oder wie oder was? Ich mach noch kurz die eine Sauce neu, und dann.«

»Aber, Horscht, vorher sollten wir noch ein bisschen saubermachen.« Ich stemme demonstrativ die Hände in die Hüften wie die gute Klementine aus den Ariel-Spots und blicke mich um.

»Na gut!« Horscht wirft die Hände über den Kopf, als wollte er sich ergeben. Ich wische mit dem Küchenkrepp das Fett von den Edelstahlflächen, er klatscht mit der großen Kelle Mayoladungen in die leeren Eimer und macht dazu rhythmische Geräusche mit dem Mund. Schlummert hier gar ein bislang unentdecktes musikalisches Talent?

»Bist du Beatboxer?«

»Nee, nur so 'n bisschen…« Horscht schlägt die Reste von der Kelle. »Nur wenn ich zu Hause Stromausfall hab. Eigentlich leg ich Platten uff und produzier selber Musik.« Elektronische Musik, sagt er, und es klingt wie eine Frage. Wahr-

173

scheinlich ist er sich nicht sicher, ob der alte Saitenzupfer hier so etwas überhaupt kennt.

Ein junger Mann im Boxershirt steht am Verkaufsfenster. Er sieht so aus, als würde er im Hauptfach Muckibude studieren. Horscht scheint ihn zu kennen.

»Hey, wie geht's? Wo kommste her?«

»Vom Blutspenden.«

»Und? Wie viel ham se dir abgenommen?«

»Achthundertsechzig.«

»Achthundertsechzig Liter? Wahnsinn.«

»Milliliter.«

Diese Menge erstaunt mich. »Ich dachte, die nehmen nur einen halben Liter?«

»Ja, beim Blutspenden.«

Horscht und ich sehen uns fragend an. Hatte der Freund der Leibesübung nicht gerade gesagt, er sei Blutspender?

»Es gibt auch Plasmaspenden.«

»Ach! Und du warst also Plasma spenden?«

Mit einem solch ausgiebigen Fragenkatalog hat der kräftige Spender offenbar nicht gerechnet. Allmählich scheint es ihm unangenehm zu werden. Er scharrt mit den Füßen und dreht den Kopf zur Seite. »Ja, das … erst muss man mal Blut spenden und danach kann man Plasma spenden.«

»Ist man dann als Plasmaspender sozusagen eine Stufe höher? Gibt's dafür mehr Geld?«, frage ich weiter. Horscht kichert von der Seite.

»Ja, es gibt … also jedes Mal … also beim Blutspenden gibt es fünfzehn Euro, das kannst du aber nur fünfmal im Jahr …«, er druckst herum, »und Plasmaspenden kannst du dreiundvierzigmal und kriegst jedes fünfte Mal das Doppelte – also dreißig Euro.«

Horscht und ich nicken uns anerkennend zu.

»Kein uneinträgliches Geschäft, wenn man das regelmäßig macht«, meint Horscht.

»Die menschliche Tankstelle!«, stimme ich zu.

»Was möchste denn zu deiner Stärkung?«, fragt Horscht.

Der Spender lässt ein ganz kleines, erleichtertes Schnaufen hören.

»Ich nehm eine Currywurst mit Pommes.«

»Na, das gibt reichlich neues Plasma!«, muntere ich den Gebeutelten auf.

»Jawoll!«, ruft Horscht. »Eine Plasmawurst!«, und wirft eine Handvoll Fritten ins schäumende Fett.

Eine Zeit lang brutzeln die Friteusen still vor sich hin. Ich sehe auf die Uhr. Wenn ich mich nachher noch mit Stefan zum Essen treffen will und vorher noch geduscht haben möchte, wird es jetzt langsam Zeit aufzubrechen. Der Tag ist wirklich vorbeigeflogen.

»Mensch«, schlägt Horscht vor »willste nich 'n bissel länger bleiben? Des funktioniert doch eins a mit uns zween!«

Ich lächle. Möglicherweise werde ich sogar ein bisschen rot. Ist doch wirklich ein feiner Kerl, dieser dürre Knochen. Bevor ich gehe, muss ich noch ein paar Fotos machen.

»Leb dich aus«, rät Horscht. »Wie du's noch nie gemacht hast vorher. Richtig reinhauen.«

Lachend geben wir uns die Hand.

Ich bin einen Hauch zu spät, als ich im Stechschritt den alten Marktplatz überquere. Auf der gegenüberliegenden Seite befindet sich ein Restaurant, und von einem der Außentische winkt mir Stefan zu. Er bestellt Weißwein und ich ein Weizenbier. Stefan reibt sich die Augenwinkel und gähnt verstohlen in die Hand. Es ist, als wäre sein Hochglanzpolish über den Tag abgeblättert und der Energieüberschuss weggearbeitet. Er spricht leiser, überlegt länger und macht weniger Witze. Mir geht es ähnlich. Ich frage Stefan, was er tut, wenn er nicht gerade kurze Röckchen verkauft oder mit Horscht im Imbiss herumalbert.

»Na ja, ich hab ja auch noch 'ne Architekturfirma. Wir schreiben Konzepte für Läden.« Mehrere Gastrobetriebe, einen Friseursalon und eine Zahnarztpraxis habe er mit seinem Partner bereits durchgestylt. Momentan sei ein Kosmetiksalon dran. Seine zweite Leidenschaft, sagt er. Dass Stefan für die Dinge brennt, die er tut, kann ich ihm ansehen, trotzdem: Der Mann muss doch irgendwann auch mal freihaben.

»Momentan sieht meine Woche so aus, dass ich Montag bis Samstag arbeite, und den Sonntagvormittag freihab.« Stefan will den Satz an dieser Stelle beenden, führt ihn dann aber doch fort: »– wobei die ersten drei Sonntage im Monat für die Familie reserviert sind. Der vierte Sonntag ist frei, aber da muss ich auch immer schon nach Berlin zum Ordern. Und der Nachmittag besteht dann aus ein oder zwei Stunden Fahrrad fahren oder Golfplatz. Danach Abrechnungen, abends 'n Film gucken. Das war's.« Stefan dreht einen Bierdeckel zwischen den Fingern. »Das ist … traurig.«

Dieses Wort erstaunt mich. Es ist ein fremder Ton im Stefan Herrmann'schen Kanon. Wegen seiner knapp bemessenen Zeit, so Stefan weiter, sei auch jetzt schon klar, dass seine Freundin genau ein Kind bekommen würde. Kein zweites. Optimal wären Zwillinge. Stefan meint es, wie er es sagt: In seinem Leben muss alles akribisch geplant werden. Der Zeitmangel ist seine Tragödie. Aber genau diese Tragödie braucht er auch, sie verleiht seinem Dasein Tiefe. Nichts ist schwerer

zu ertragen als eine Reihe von guten Tagen. Und Stefan hatte
schon viele gute Tage. Sie stehen ihm ins Gesicht geschrieben.

Die Kellnerin kommt mit unseren Tellern: Steak für Stefan,
Spargel für mich. Wir prosten uns zu und essen schweigend.
Ich glaube nicht, dass es Stefan auf Reichtum abgesehen hat.
Es geht ihm um mehr. Er ist ein Getriebener, er trägt die Fa-
ckel der Begeisterung – für das Schöne, Genussvolle, Ästheti-
sche. Woher kommt dieser Drang?

»Also, ich hatte tatsächlich eine absolut perfekte Kindheit.
Meine Eltern waren beide Ingenieure, wir haben gut gelebt,
waren im Urlaub am Meer. Ich hatte nie das Gefühl, dass mir
was fehlt.«

»Du hast also die DDR nicht als Land des Mangels empfunden.«

»Überhaupt nicht. Und meine Eltern waren auch diskret
genug, vor uns Kindern nicht über so etwas zu schimpfen. Po-
litik – das war kein Thema. Und außerdem«, Stefan schiebt
sich ein Salatblatt in den Mund, »war die Ostsee für mich als
Fünf-, Sechs-, Siebenjährigen völlig ausreichend. Da hab ich
bestimmt nicht zu meinen Eltern gesagt: ›Wieso fahren wir
nicht mal auf die Kykladen?‹«

Doch mit acht Jahren betritt Stefan zum ersten Mal in seinem Leben einen Intershop. Und dieser eine Besuch stellt die
Weichen für sein ganzes Leben. »Ich komm da also rein und
rieche eine Welt. Ich nehme einen Duft wahr…«, Stefan hält
unwillkürlich inne, »der mich fast umhaut. Und das hab ich
niemals vergessen. Süßigkeiten und Kosmetikartikel. Es roch
perfekt. Es war die Quintessenz von allem Schönen.« Der
kleine Stefan tappt durch den Laden und erkundet eine ihm
bis dahin vollkommen unbekannte Warenvielfalt. Lauter Sachen, an die man sonst nicht herankommt. So entdeckt Ste-

177

fan zwei Dinge: das ultimativ Schöne und das ultimativ Ungerechte.

»Ich hab dann natürlich sofort Erkundigungen eingezogen, wie das ganze System funktioniert«, sagt er schmunzelnd. »Bei meiner Oma. Die war nämlich 'ne sehr coole Frau… weil…«, er stockt, »meinen Großeltern gehörte nämlich früher die Firma Feodora.«

»Die Edelschokolade? Aber das ist doch eine West…«

»Tangermünde und Hamburg. Eine Westfirma, genau. Mein Opa war noch Prokurist und hat seine Gelder über Genex bezogen – aus 'm Westen. Und mein Vater ist hier in der DDR in 'ner Villa mit Hausmädchen aufgewachsen.«

Stefan scheint erleichtert, dieses Kapitel seiner Familiengeschichte angesprochen zu haben. Jetzt sprudelt es förmlich aus ihm heraus. Dafür, dass er bis zu seinem Intershop-Erlebnis praktisch keine Berührung mit der westlichen Waren- und Geldwirtschaft hatte, sorgt der Vater: Der hatte unter seinem Status als sogenanntes »Bonzenkind« dermaßen gelitten, dass er mit dem Großvater brach und zum Studieren nach Jena ging. Er wollte »sein Leben alleine auf die Reihe kriegen«, er glaubte an den Sozialismus. D-Mark und Konsum waren für ihn und seine Kinder tabu.

»Von daher: Zu meinem Vater hätt ich mit solchen Fragen gar nicht kommen können. Aber meine Oma, die konnte mir das gut erklären: Wie das mit West- und Ostgeld ist und mit den Westwaren und so weiter. Und da hab ich sofort gewusst: Ich brauch Westgeld.«

Und wie kommt der kleine Stefan an die großen Scheine? Andere Kinder, sagt er, hätten Westverwandtschaft gehabt und damit ab und zu auch Westgeld in der Tasche. »Und um da ranzukommen, hab ich mir überlegt: Was brauchen diese Kin-

178

der und wie krieg ich das? Dann hab ich das besorgt und denen das Westgeld abgeluchst und mir davon gekauft, was ich haben wollte.«

Stefan steckt sich den letzten Happen Steak in den Mund. Er kaut schmunzelnd.

»War das, was man hier als Kind toll fand, eigentlich immer automatisch aus dem Westen?«

»Na ja, nicht immer.« Stefan überlegt. »Es gab auch Sachen wie … natürlich: Pommes! Oder Ketwurst! Kennst du die?«

Ketwurst! Selbstverständlich kenne ich die. Mein aus Leipzig stammender Freund Tobi hatte mir von diesem Sonderling ostdeutschen Imbiss-Schaffens erzählt. Ich hatte damals fälschlicherweise »Catwurst« verstanden: Catwurst – der wurstförmige Gehilfe von Catwoman. Der Superheld im Saitling entpuppte sich allerdings als eine dicke Bockwurst, die mit Ketchup bestrichen der Länge nach in das vorgewärmte Loch eines weichen Brötchens gesteckt wird. Ich glaube nicht, dass man als junger Mensch der Herstellung einer solchen Leckerei beiwohnen konnte, ohne dabei zumindest ein bisschen an Fortpflanzung zu denken. In jedem Fall wurden die Erfinder des kulinarischen Kleinods Ende der Siebziger für das »Exponat Versorgungslösung Ketwurst« offiziell ausgezeichnet. Die DDR war ja immer bemüht, die Geburtenrate zu erhöhen.

Während ich der tapferen Ketwurst und ihren Abenteuern noch hinterherträume, starrt Stefan auf seinen leeren Teller. Mit einem Mal sieht er sehr ernst aus. Mit der Mauer, sagt er, sei auch sein Vater als Person in sich zusammengefallen. Den Tag der Maueröffnung erinnert Stefan ganz genau. »Wir saßen vorm Fernseher, und alle mussten heulen, also hast du als Kind mitgeheult – und dann steht der Vater auf und geht in

179

sein Zimmer. Und du fragst: Was ist denn mit dem los? Und dann kommt der da drei Tage nicht mehr raus.« Er stockt. »Da weißt du Bescheid.«

»Dein Vater hat drei Tage lang sein Zimmer nicht verlassen?«

»Mhm.«

Die Kellnerin räumt unsere Teller ab. Ich bestelle noch ein Weizenbier. Die Zeit danach, sagt Stefan nach einer Weile, sei für ihn ein bisschen wie Kinderanarchie gewesen. Jeder habe durch diesen »sensorischen Overkill« so viel mit sich selbst zu tun gehabt, dass der Muskel der elterlichen Aufsichtspflicht spürbar erschlafft sei. Ob man zur Schule ging oder nicht, wann man nach Hause kam – alles egal. Das Land liegt im Glückstaumel. Jeden Tag fehlt ein neuer Lehrer und jeden Tag wird irgendwo eine Wohnung frei. »Ich sag immer: Geiler als ich konnte man's ja gar nicht haben. Diese absolute – auch wenn sie vorgegaukelt war –, diese perfekte Harmonie: Alles total safe. Und ab dem Moment, wo du mit Denken und Handeln anfängst, geht das Tor auf, und es heißt: ›O.k., jetzt bieten wir's dir an!‹ Er lacht. »Wie geil ist das denn gewesen?«

»Kann ich mir vorstellen«, sage ich. Aber in Wirklichkeit kann ich es natürlich nicht.

Frotteesuppe

Elfte
Station:

Heidi's Feldküche
Leipzig
Sachsen

Es ist schon spät am Morgen. Mir schräg gegenüber sitzt nur noch ein Gast im Frühstücksraum des Hotels. Er trägt einen dunklen Anzug und schreibt mit der Messerspitze fortwährend kleine Achten in sein Rührei. Er sieht deprimiert aus. Seine rechte Gesichtshälfte wird von einem riesigen Flachbildschirm, der einen halben Meter neben seinem Kopf in die Wand gelassen ist, bläulich illuminiert. Der N24-Teletext zeigt gerade die neuesten Börsentalfahrten. Alle paar Meter wiederholt sich diese Verkündigung von Zahlenkolonnen, im absoluten Gleichtakt schalten die Screens von einem zum nächsten Bild.

Ich hole mir eine Schale Müsli vom Buffet und widerstehe der Versuchung, ebenfalls Achten in meinen Brei zu zeichnen. Während ich den Löffel zum Mund führe, bemerke ich, dass es hier keine Fenster gibt. Wir befinden uns offenbar im Keller. Irgendein pfiffiger Innenarchitekt hat sich große Mühe gegeben, dieses Manko zu kaschieren und dem langgezogenen Raum ein optisches Thema verpasst: eleganter Speisewagen um 1900. Die Decke ist leicht gewölbt und lässt indirektes Kunstlicht durch Milchglas-Kassettenfenster scheinen, die Sitzgruppen in braunem Leder sind wie einzelne Abteile gestaltet. Und die Bildschirme sind – natürlich – die Abteilfenster.

In diesen Waggon wird niemals ein Sonnenstrahl dringen, denke ich. Dieser Zug fährt durch einen Tunnel, und der Tunnel ist endlos. Irgendjemand sollte Franz Kafka anrufen.

Ich weiß nicht, ob der Anzugträger so traurig aussieht, weil sich sein Vermögen einen halben Meter weiter gerade in Wohlgefallen auflöst. Womöglich hat ihn eben erst seine Frau verlassen. Oder sein Hund. Vielleicht ist er auch gar nicht deprimiert. Aber eines weiß ich genau: Ich bin es. Ich bin deprimiert. Ich habe keine Lust mehr, meinen Teller an Frühstücksbuffets zu füllen. Ich möchte nicht mehr jeden Morgen in fremde, müde Gesichter sehen. Ich möchte nicht mehr alleine sein. Ich bin einsam und selbstmitleidig. Für diese Reise habe ich mit mir selbst einen Pakt abgeschlossen: Ich spreche mit niemandem, den ich kenne. Kein Kontakt zu Frau oder Freunden. Alle Eindrücke sollen direkt in diese Seiten fließen, keinen Buchstaben will ich vorher verbal »vergeuden«. So hart wie meine Vorsätze bin ich offenbar nicht. Heute Abend werde ich im Hotel ein Vollbad nehmen. Das tun Männer im Allgemeinen nur, wenn sie ein ganz großes Problem haben: starke Rückenschmerzen, eine heftige Erkältung. Oder Heimweh.

Es ist grau und windig, als ich das Hotel verlasse. Seit gestern hat es einen heftigen Temperatursturz gegeben. Mein heutiges Ziel ist ein aus Holzbalken zusammengehauener, offener Unterstand. Er steht auf einem großen Gewerbegelände. »Heidi's Feldküche« ist, wie mir mein Tippgeber Herr Weidner schreibt, »ein echt ostdeutsches Produkt und nach der Wende mit Auflösung der NVA durch die nützliche und kostengünstige Weiterverwendung einer Gulaschkanone entstanden«. Das typische Angebot, so Herr Weidner weiter, seien leckere, preisgünstige Eintöpfe nach Hausfrauenart sowie Würstchen und Steaks vom Holzkohlengrill. Die Spezialität gebe es nur mittwochs: süßsaure Flecke, in Sachsen auch als »Piepen« bekannt. Ich hatte keine Ahnung, was süßsaure Flecke oder Piepen sein könnten, und ein Imbiss, der seine Speisen vorrangig mittels Gulaschkanone unters Volk bringt, war mir bis dahin auch noch nicht begegnet. So kam die Feldküche in Leipzig-Grünau auf meine Reiseroute.

Schon während ich aus dem Wagen steige, um die zwanzig Meter zur Bude zurückzulegen, fange ich an zu zittern. Heute werde ich alle Klamotten, die ich dabeihabe, übereinander anziehen müssen. Eigentlich möchte ich da nicht hin. Ich möchte lieber nach Hause und ins Bett. Ich will auf den Arm.

Aus dem Halbdunkel hinter dem Spanholztresen sieht mir eine schmale, blasse Person entgegen, und, genau wie alles andere an diesem Morgen, kommt sie mir schon auf diese Entfernung traurig vor. Ich muss mich jetzt zusammenreißen, denke ich. Jetzt bloß nicht durchdrehen.

»Hallo, Diana!«, rufe ich.

»Hallo«, kommt es schüchtern zurück.

Diana reicht mir ihre weiche Hand. Ihre Mundwinkel zittern ein bisschen. Bestimmt hat sie Angst, denke ich. Dass heute keiner kommt. Dass der große Fernsehstar das alles hier ganz furchtbar langweilig finden könnte. Den öden Blick auf den tristen Parkplatz vor ihr, mit den winzigen Koniferen in den Waschbetonkübeln. Den asphaltgrauen Gewerbehof mit seinen Gebrauchtwagenhändlern und Möbeldiscountern, den sie jeden Tag sehen muss.

Diana ist wahrscheinlich etwas jünger als ich. Sie hat sich frische Strähnchen machen lassen, trägt eine randlose Brille auf der schmalen Nase und ein dunkelblaues »Feldküchenteam«-Sweatshirt. Diese Person, denke ich, möchte aufgemuntert werden.

»Mensch, das ist sie also!« Ich lege eine Hand auf das dunkelgrüne Stahlmonster in der Mitte des Unterstandes. »Die legendäre NVA-Gulaschkanone. Das ist ja schon ein dolles Ding.«

»Ja«, sagt Diana. »Stimmt.«

Ich sehe mich um. Diana knetet ihre Hände. Rechts von der Gulaschkanone steht ein kleiner Grill, auf dem neben zwei Frikadellen auch mehrere, leicht angegrillte Würste auf eine Fortsetzung der Garung warten. Rechts neben dem Unterstand steht noch eine kleine Blockhütte. Da drin, erklärt Diana, seien alle Vorräte und Verbrauchsmaterialen: Kaffeebecher, Putzzeug, Pfeffer, Salz, Maggifläschchen, Ketchup und Senf. Auf dem Tresen vor uns liegt eine Rolle Alufolie und ein Stapel Pommesschalen. Daneben die blassgrüne Geldkassette. Grün ist die Hoffnung. Nach Arbeit sieht es hier nicht gerade aus. Eher danach, dass Diana gerade sämtliche Vorarbeiten erledigt hat.

»Ich glaube, wir haben jetzt gar nichts weiter zu tun, als hier zu stehen und nett zu plaudern, oder?«

Diana presst die Lippen aufeinander und nickt mit dem Kopf.

»Es gibt nichts zu putzen?«

»Nein.«

»Nichts zu spülen? Nichts zu…?« Ich rudere mit den Armen.

»Nein, im Prinzip bin ich mit allem schon halb elf fertig.«

»Prima.« Ich zwinkere Diana zu. »Das hast du ja sehr gut getimed.«

Ein erstes, noch nervöses Lachen. Licht am Ende des Tunnels. Ich frage Diana, ob sie vielleicht einen Kaffee für mich hat. Das hilft immer. Sie nickt eifrig. Rechts vor der Bude befinden sich zwei rustikal-hölzerne Sitzensembles inklusive kleinem Spitzdach. Diana füllt zwei Plastikbecher. Wir setzen uns.

»Kaffeesahne steht dort – wenn du brauchst…?«

Die Kondensmilch hellt meinen Kaffee auf. Mit dem typischen weißen Plastikstäbchen zerrühre ich die Schlieren. Kleine Achten.

»Was passiert denn eigentlich sonst mit den alten Gulaschkanonen? Werden die verschrottet?«

Diana nickt, noch während ich meine Frage stelle. Dann aber erzählt sie, dass die NVA-Feldküchen sehr beliebt seien. Sie nimmt ein Stück Zucker. »Das hat mir letztens 'n Kunde erzählt – die stehen bei eBay drinne für vier- bis fünftausend Euro.«

»Und was wollen die Leute mit den Dingern?«

Es gebe einige Imbisse mit Gulaschkanone in der Gegend, sagt Diana. Und ihre Chefin Heidi und deren Mann Michael seien auch nicht die einzigen Feldküchenbetreiber. Diese sei die vierte und letzte, die sie aufgemacht hätten. Vor sechs Jahren sei das gewesen. Mit der Kanone, einem Zelt und zwei Bierbänken hätten sie angefangen.

»Und jeden Früh durft ich dann mein Zelt suchen… Das ist immer weggeflogen.«

Diana lacht ein kurzes, hohes Lachen. Irgendwann hätten sie dann das Zelt durch einen festen Unterstand ersetzt. Das Gelände gehöre einer direkt benachbarten Wohnungsbaugesellschaft. »Weil die eben 'ne Essensversorgung gesucht haben«, erklärt sie. »Deshalb stehen wir hier. Die haben keine Kantine mehr.«

185

»Ach so. Und da haben die also ihre – wie sagt man da heute neudeutsch? – Küche outgesourced?«

Über diesen Begriff muss Diana lachen. Schlagartig fällt es mir wieder ein: Ich bin im Osten – die Menschen hier haben oft noch ihre liebe Mühe mit dem Englischen. Jetzt habe ich sie in Verlegenheit gebracht. Etwas unbeholfen rudere ich zurück in deutsche Gewässer.

»Na ja, man sagt das so … eine ausgelagerte Kantine quasi.«

Diana nickt. Nur ausgerechnet heute sei es leider etwas ruhiger – die meisten Mitarbeiter seien nämlich gerade auf einer Tagung in Leipzig. Grünau, schließe ich, zählt man also offenbar nicht mehr so richtig dazu. Ich frage Diana, wie sie es nennen würde: Vorstadt? Stadtteil?

»Grünau wurde zu DDR-Zeiten gebaut, um möglichst viele Leute unterzubringen. Es war ja Wohnungsnot. Und da wurden hier überall so riesige Monster hingebaut, solche Hochhäuser.« Diana zeigt in Richtung Straße, wo die obersten Stockwerke dieser Exemplare von hier noch zu sehen sind.

»Ist das Platte? Ich muss manchmal so blöd fragen, weil ich …«

»Das is Platte. Die is jetzt ziemlich verpöhnt, weil man sagt, dass in den Platten nur noch, ähm, Hartz-IV-Empfänger wohnen. Aber es gibt natürlich auch schöne Ecken.«

»Und man macht ja heute auch schon ganz tolle Sachen aus diesen ehemaligen Plattenwohnungen«, beeile ich mich anzufügen. »War Grünau dann sozusagen die Schlafstadt Leipzigs?«

Diana schüttelt abwägend den Kopf. »Ja …«, kommt es zögernd. Aber es habe auch viel Handwerk und Industrie hier gegeben, nur, seit der Wende habe sich das sehr geändert. Über ein Drittel der Einwohner hätte Grünau in den letzten Jahren verlassen. Jetzt stehe natürlich unheimlich viel leer, und einige der Plattenbauten seien immer noch nicht saniert.

»Nach zwanzig Jahren?«

Diana nickt. Das haben sich die Menschen hier aber auch anders vorgestellt, denke ich. Die blühenden Landschaften.

»Ja, das ist so 'n trauriges Kapitel«, sagt Diana. Sie würde auch nicht hier stehen, wenn die Wende nicht gewesen wäre.

Zu DDR-Zeiten ist Diana noch bei der Post angestellt. Kurz nach der Wiedervereinigung wird in der Nähe Leipzigs ein neues, großes Briefverteilzentrum gebaut. Für die Leipziger Belegschaft bedeutet dies: entweder Auflösungsvertrag und Abfindung – oder mit nur noch zwanzig Wochenstunden zum neuen Standort zu wechseln.

»Und das war aber irgendwie … Das war's nicht.«

Jahre später, sagt Diana, habe sie erfahren, dass die Mitarbeiter, die damals gegangen seien, nie wieder die Chance bekommen hätten, noch mal bei der Post anzufangen. Ob es da so etwas wie eine schwarze Liste gegeben habe – sie wisse es nicht. Vorstellen kann sie es sich.

»Und dann bin ich von da nach dort getingelt, hab mal saubergemacht, mal behinderte Kinder gefahren, und …« Sie rückt die Pfeffer- und Salzstreuer zurecht. »Überall mal irgendwas, aber es war nie das Richtige.«

Irgendwann ist die Verzweiflung so groß, dass Diana beim Leipziger Postchef vorstellig wird und anbietet, ihre Abfindung zurückzuzahlen, um dafür wieder eine feste Anstellung zu bekommen. »Diesem Wunsch«, so heißt es in dem Antwortschreiben, »kann leider nicht entsprochen werden.« Zu diesem Zeitpunkt fängt Dianas beste Freundin gerade an, in einer der Feldküchen zu arbeiten, und bringt Diana dort ins

187

Spiel. Am Anfang muss sie »springen«: mal an diesem Stand arbeiten, mal am nächsten.

»Ja, und irgendwann kam dann der hier … und dann war das meins.«

Diana lacht wieder kurz, es soll nach Happy End klingen. So ganz gelingt das nicht. Es sei schon gut hier, fährt sie fort, während sie mit der Hand unsichtbare Krümel von der Tischplatte wischt. Im Gegensatz zu vielen anderen Kolleginnen müsse sie die Tagesschicht nicht teilen. Sie könne die Gerichte selbst auswählen, und der Chef käme auch nur ganz selten vorbei.

»Die anderen beneiden mich 'n bisschen darum, weil er bei denen öfters mal hinkommt und guckt.« Diana kichert. Ich lache mit.

»So, jetzt kommen die ersten Kunden.« Diana steht auf und räumt unsere Plastikbecher ab. Mir bleiben nur die Rührstäbchen. Wir gehen zurück zum Unterstand.

Ein älteres Ehepaar verlangt Erbseneintopf und Kartoffelsuppe. Beides ohne Bockwurst. Der Herr trägt einen etwas zu kleinen Cordhut und zählt mürrisch die Münzen im alten Portemonnaie. Diana steigt auf die hölzerne Trittleiter, öffnet die große Klappe der Gulaschkanone und füllt dicke, dampfende Flüssigkeit auf zwei Plastikteller. Die Dame stellt sich derweil schon nach links an einen der beiden weißen Stehtische. Ihr Mann legt das Hartgeld auf den Tresen und trägt seinen Teller zum Essplatz.

»Hättste ja ooch mal servieren können am Tisch«, lässt seine Frau etwas beleidigt hören.

»Hättste wos gesogt«, kommt es genauso pampig zurück.

Diana fragt mich, ob ich mal »illern« möchte. Sie deutet auf den großen, verschlossenen Deckel der Gulaschkanone. Dieses Wort habe ich noch nie gehört. Was mag das bedeuten? Umrühren? Probieren?

»Reingucken«, sagt Diana.

Ich besteige scherzend die »Treppe zum Ruhm«, nestele an der Deckelöffnung und schaue von oben ins Innere des Versorgungsgeschützes. Ein bisschen enttäuschend ist das schon: Diverse verdeckelte, große Plastikeimer stehen im heißen Wasserbad und füllen das Innere der Kanone. Mir schlägt ein eigenartiger Geruch entgegen. Suppe mit säuerlichem Beiton.

»Und was brodelt da jetzt Schönes vor sich hin?«

»Also, Soljanka, Möhreneintopf, Spirelli mit Tomatensauce, Kartoffelsuppe, Kesselgulasch, Linseneintopf und Erbseneintopf. Und Flecke natürlich. Die sind so 'n bissel süßsauer.«

Das merke ich.

»So viele Sachen auf einmal? Das ist ja enorm.« Ich richte mich wieder auf, um das Gesicht aus dem Dunst zu bekommen. »Und was sind Flecke?«

»Das ist Pansen vom Rind.« Diana kichert. »Da sagt man auch Handtuch dazu. Oder Frottee.«

Ich glaube, dieses Gericht will ich heute Mittag lieber nicht probieren. Ich gucke beeindruckt und steige die zwei Stufen wieder herunter.

»Es gibt viele Kunden, die essen das sehr gern. Vor allem ältere. Möchteste mal probieren?«

Mein Gesicht verzieht sich.

»Isst du das gern?«, frage ich zweifelnd.

Diana schüttelt den Kopf. Ich bedanke mich ausführlich für das nette Angebot, aber ich würde... also... vielleicht lieber... Diana lacht. Und zum ersten Mal klingt das heute richtig herzhaft. Nachher komme noch Gaby, ihre Köchin. Die könne ich ja mal nach dem Rezept fragen.

Wenn es Diana zum Lachen bringt, denke ich, würde ich sogar das tun.

Es ist wirklich verdammt kalt. Ich ziehe den Reißverschluss meines Kapuzenpullis ganz nach oben und trete von einem Bein aufs andere. Diana hält mir wortlos ein Feldküchen-Sweatshirt hin. Das kann ich gut gebrauchen. Und meine Mütze aus dem Auto. Der Mensch verliert siebzig Prozent seiner Körperwärme über den Kopf. Selbst mit vollem Haupthaar. Auf dem Weg über den Parkplatz fällt mir der merkwürdige Laden direkt gegenüber auf: eine Art eingezäuntes Wohncontainer-Ensemble mit heruntergelassenen Jalousien, auf dem ein mindestens fünfzehn Meter hoher Werbeschilderwald montiert ist. »Pizza-Turm« nennt sich das Ding. Als ich bemützt zurückkomme, frage ich Diana, warum der Laden zuhat.

»Nein, der ist offen«, erklärt sie. »Die Jalousien sind aber immer zu. Vielleicht, damit die Kunden nichts sehen. Ich weiß es nicht.«

Wer isst denn freiwillig in einem künstlich verdunkelten Container? Dann schon lieber hier draußen, auch wenn's kalt ist. Wie kalt wird es hier eigentlich – im Winter?

»Tja«, seufzt Diana, »es kann schon mal minus fünfzehn Grad werden. Dann stehste hier, und das Wasser ist eingefroren.«

»Ach, du Elend – das Wasser in der Leitung? Was machst du denn dann?«

»Na, wenn's im Wasserrohr ist, nehm ich mir 'n Eimer, und ...«

»Guten Morgen!«

Ein schlaksiger Typ in Fleecejacke und Khakihose steht vor dem Tresen.

»Guten Morgen!«, strahlt Diana.

»'n neuen Kollegen hier?«

»Ja!«, kommt es von uns unisono zurück.

»Nich mehr alleene?«

»Nein.«

»Brummt's Geschäft?«

»Genau«, sage ich.

»Siehste doch«, gibt Diana zurück.

»Na prima«, sagt der Fleecejackenmann, »dann geb isch dir mal die alten…« Er reicht mir eine Aldi-Tüte über den Tresen. Darin befinden sich Plastikteller und Löffel.

»…Teller.«

Ich sehe den Jackenmann an.

»Die alten…?«

»Teller.«

»Teller?«, frage ich ungläubig.

Diana platzt fast vor Lachen. Auch der Jackenmann prustet los.

Jetzt begreife ich. »Kann es sein, dass ich diese Geste aus dem Fernsehen kenne?«, schlussfolgere ich messerscharf.

Gackernd krallt sich Diana am Ärmel des Jackenmannes fest.

»Das ham wir nämlisch einstudiert!«, verrät der mir, den Tränen nahe. »Genau wie Dittsche dir immer das Leergut rüberreicht!«

»Das ist ja ganz wunderbar!«, gratuliere ich.

»Ich hab die ausgewaschen«, erklärt Diana »und dann ham wir Löffel reingetan und Servietten… Und weil das 'ne Aldi-Tüte ist…«

Ich muss mich kurzzeitig am Tresen festhalten.

»…wir konnten das ja schlecht mit Bierflaschen machen! Bier gibt's bei uns ja nischt.«

»Mensch, jetzt bin ich ja wirklich ins Stocken gekommen«, gebe ich lachend zu. »Ich hab nichts gemerkt!«

»Und du hast mir die ganze Show versaut!«, ruft der Jackenmann und knufft Diana in die Seite.

Ein rundlicher Endfünfziger im Blaumann tritt zu uns an den Tresen.

»Isch hätt 'ne rischtisch schöne, große Portion Flecke.«

Diana steigt auf die Leiter, ich schiele zur Tafel herüber.

»Zwei fünfzig, bitte«, sage ich zu dem Kunden, während er die Münzen in seiner Hand sortiert. Diana kommt mit dem vollen Teller. Ganz kurz zieht ein säuerlicher Geruch an mir vorbei.

»Das hätte ja eigentlisch noch weitergehen sollen«, verrät mir der Fleeceträger augenzwinkernd. »Isch hätt dann nämlisch gesagt, isch hätt mir mit dem Aufwaschen escht Mühe gegeben, oder?«, er sieht Diana an. Sie nickt grinsend und reicht dem Endfünfziger den Teller herüber.

»Weil – isch hätt ja keen Geschirrspüler. Hast du eenen?«

»Zu Hause?«, frage ich nach. »Ja.«

»Isch hab keenen.«

»Aha.«

»Isch hab 'ne Geschirrspülerin!«

Der lustige Fleecejackenmann heißt Ralf. Er arbeitet in Leipzig. Eigentlich habe er drei Jobs, sagt er, aber in der Hauptsache würde er Erste-Hilfe-Kurse geben. Und wann immer es geht, hier zu Mittag essen. Eine langjährige Beziehung hätten sie, er und Diana.

»Eine Essensbeziehung?«

»Wir haben uns hier kennengelernt«, sagt Diana.

»Und nach vier Jahren die Telefonnummern ausgetauscht«, ergänzt Ralf. »Grad erst letzten Monat. Stimmt's, Diana?«

»Oh! Dann ist da ja noch richtig Potenzial bei euch beiden!«, sage ich erfreut. »Oder ist die Sache … gedeckelt?«

Die beiden sehen mich an.

»Ich meine: Geht's nicht mehr weiter?«

Ich blicke in ratlose Gesichter. Jetzt hat anscheinend mal jemand anders eine lange Leitung.

»Ihr habt Telefonnummern getauscht, und damit ist es erledigt?«

»Ach so! Nein, wir … Nee, das …« Die vorherige Stille entlädt sich in einer kleinen akustischen Lawine. Ralf fasst die Lage zusammen:

»Wir halten das auf dem Niveau.«

»Da passiert nichts weiter«, stimmt Diana zu.

»Isch danke dir für die Demütigung«, flunkert Ralf.

»Ach, Ralf …«, sagt Diana leise.

In der nächsten Stunde tröpfelt der ein oder andere Kunde vorbei. Die meisten sind Handwerker, tendenziell einsilbig und hungrig. »Hab Sonne im Herzen und Suppe im Bauch – dann vergeht der Tag, und satt biste auch. Sollte es nicht so sein, gibt es gratis noch eine Kelle in deine Schüssel rein«, steht in Schönschrift auf dem kleinen Zettel, der unten an die Speisetafel geheftet ist. Dieses Angebot wird gern angenommen. Geldscheine sehe ich heute nur sehr selten – dafür oft ganze Hände voller Centstücke. Ralf isst Spirelli Bolognese, entpuppt sich weiterhin als Humorbegabung und muss leider gegen Mittag wieder verschwinden. Ab und zu verkaufen wir neben den Eintöpfen auch mal eine Wurst. Der Grill wird nur sparsam und auf einer Seite befeuert – damit die Ware nicht über den Tag verbrutzelt. Diana erklärt mir ihr Strichlistensystem, das ich ebenso wenig verstehe, wie das von Claudia in

München. Tapfer verkünde ich, dass heute ganz sicher noch die Sonne rauskäme. Anzeichen dafür gibt es keine. Der Himmel hängt schwer wie Blei, und der Wind beißt. Eine Kundin möchte Kesselgulasch »ohne Gulasch, nur die Suppe halt«. Sie könne momentan nichts beißen. Diana seufzt.

»Dann machen wir zwei zwanzig.«

»Nich zweie? Nur Suppe!«, bittet die Kundin. »Auch keene Kartoffeln! Nur…«, sie stockt.

Diana steht über die offene Gulaschkanone gebeugt und versucht, nur Suppe in die Kelle laufen zu lassen.

»Dann machen wir 'ne halbe«, bietet sie an. »Zu eins zwanzig. Okay?«

»Aber ja«, stimmt die Kundin zu. »Isch will wirklisch keen Stückchen Fleisch.« Sie macht eine kleine Pause. »Wenn's geht.«

Bei den Handwerkern am Nebentisch hat offenbar gerade einer einen tollen Witz gerissen. Die Runde schüttet sich aus vor Lachen. Ich weiß nicht, in welcher Preisspalte ich jetzt meinen Strich machen soll. Halbe Portionen sind nicht vorgesehen. Diana deckt den vollen Teller mit Alufolie ab und tut ihn in eine Tüte.

»Gehört das Brötchen nicht dazu?«, fragt die Kundin.

Diana guckt etwas erstaunt.

»Geben Sie's mir – ich nehm's für meinen Sohn.«

Als ich beim übernächsten Kunden wieder auf der Leiter stehe, weiß ich, wie der eigenartige Geruch zustande kommt: Um die Eintöpfe nicht miteinander zu vermischen, muss man die Kelle zwischen den Tellern jedes Mal in das heiße Wasserbad tunken. Das riecht dann eben wie eine gigantische Ladung Spülwasser mit Essensresten. Die Flecke spielen die säuerliche Note in diesem olfaktorischen Konzert. Es hat etwas von Erbrochenem – nur sehr verdünnt. Im Lauf dieses Tages wird es mir jedes Mal ein bisschen schwerer fallen, die zwei Stufen der Trittleiter zu erklimmen.

»Ach!«, kiekst Diana, »unsere Gaby!« Sie wendet sich an mich. »Das ist Gaby, unsere Köchin!«

Ich esse gerade einen Teller Kartoffelsuppe mit Bockwurst. Die Flecke, habe ich Diana versprochen, würde ich dann beim nächsten Mal nehmen. Die Suppe ist heiß und schmeckt gut. Solange man nicht an den Spülwasserdunst denkt. Ich sage Gaby, dass ich mich freue, sie kennenzulernen und bedanke mich für die leckere Mahlzeit.

»Schmeckt alles, was die Gaby kocht!«, sagt Diana.

Gaby lacht und winkt ab. Ich schätze sie auf Mitte sechzig. Sie ist schmallippig und ihre wimpernlosen, braunen Äuglein sind umgeben von vielen Lachfalten. Diana und sie haben exakt die gleiche gesträhnte Haarfarbe. Gabys sind nur kürzer. Sie hat etwas Reptilartiges an sich, denke ich. Eine freundliche – nun ja – Schildkröte. Gabys Stimmlage ist ein heiserer Bassbariton, und anfangs kann ich sie nur schwer verstehen: Ein beinhärteres Sächsisch habe ich noch nie gehört. Sämtliche Vokale werden in Richtung stumpfes »ö« umgeformt. Diana schenkt einen »Personalkaffee« ein, und Gaby holt neue Kondensmilch aus der Blockhütte.

»Wie hat er sisch denn gemacht, der Bube?«

»Super«, sagt Diana stolz. »Gleich ins kalte Wasser geschmissen!«

Ich wehre ab. So schwer sei es ja nicht gewesen, und die Preise könne ich noch immer nicht auswendig.

»Obwohl – ich war heute um elf so nervös und aufgeregt«, erzählt Diana ihrer Kollegin. »Ich bin noch mal rüber zu Frau

Wiese, und die hat mich angeguckt: Was is 'n mit dir los? Geht's dir nich gut?«

Die Frauen lachen.

»Ach«, sage ich scherzhaft zu Diana, »wenn du wüsstest, wie es mir heut Morgen ging.«

Gaby arbeitet seit fünf Jahren für Michael und Heidi. Sämtliche Suppen und Eintöpfe für die vier Feldküchen-Betriebe gehen auf ihr Konto. Die Chefin, sagt sie, würde aber auch schon mal bei den Vorbereitungen helfen: Kartoffeln schälen und so weiter.

»Das müssen ja ganze Lastwagenladungen sein, die du da täglich herstellst«, staune ich. Gaby schmunzelt.

»Ach was. Töpfchenkocherei ist das.«

Zu DDR-Zeiten habe sie jahrelang Bauarbeiterversorgung gemacht. Da seien es schon mal 18 000 Portionen gewesen, die es zu kochen galt. In drei Schichten hätten sie die gemacht – jeweils 6000 Portionen. Dagegen sei das heutzutage doch gar nichts. Sie habe sogar Zeit, morgen nach Hamburg zu fahren – zum Musical. Hamburg, alte Heimat! Der Klang des Wortes sticht mir kurz ins Herz. Diana rätselt, was Gaby sich anschauen wird. König der Löwen? Tarzan? Alles falsch.

»Nein«, sagt Gaby. »Ich war noch niemals in New York. Das ist ja Pflichtprogramm bei mir, weeßte?«, erklärt die Köchin.

Seit über vierzig Jahren ist Gaby glühender Udo-Jürgens-Fan. Im März 1966 ist der aufstrebende westdeutsche Sänger in der DDR zu Gast. Gaby und ein paar Freundinnen lassen den »Frauentag« in der Bar des Astoria Hotels in Leipzig ausklingen, als der Keller ihnen den Tipp gibt, dass Herr Udo Jürgens gleich einen Raum weiter am Tresen sitze. Gaby

196

macht sich nicht so viel aus ihm, aber eine ihrer Freundinnen hält es nun nicht mehr auf ihrem Platz: Sie geht zu Herrn Jürgens, der sich auch gar nicht lange bitten lässt, sondern stante pede zur Frauentag-Versammlung umzieht und dort am Flügel spontan »Siebzehn Jahr, blondes Haar« intoniert. Einfach mal so. Gaby ist siebzehn. Und vollkommen hingerissen.

»Und seitdem…«, sagt Gaby und braucht den Satz gar nicht zu vervollständigen. Und so, sagt sie, habe der Udo sie eben überzeugt. Die kritischen Lieder, die seien ihr allerdings immer am liebsten gewesen: das »ehrenwerte Haus«, »Lieb Vaterland« oder »Schöne Grüße aus der Hölle«. Aber immer diese Frauengeschichten! »Isch geh am Zeitungsstand vorbei und denke: Das ist typisch für ihn – wieder 'ne neue Freundin: fünfundzwanzisch Jahre jünger. Na ja«, lacht Gaby und steckt sich eine Zigarette an. »Nur gut, dass isch nix von ihm will!«

»Die Erbsensuppe«, wendet sich ein neuer Kunde an Diana »ist die mit ganzen Erbsen, oder ist die…?«

»Es sind auch ein paar halbe drin«, versuche ich erfolglos zu scherzen. Ein Mann in Praktiker-Latzhose und mit freundlichem Gesicht bestellt Linseneintopf zum Mitnehmen. Gaby muss wieder los. Sie sagt, sie müsse für morgen noch frische Erbsensuppe machen. Kartoffelsuppe, Möhreneintopf und Soljanka seien schon fertig.

»Du fleißiges Bienchen«, sagt Diana. »Wenn wir dich nicht hätten, Gaby.«

»Na ja«, zuckt Gaby die Schultern. »Dann hättet ihr eben 'ne andre.«

Ihr Lachen klingt schwarz wie Teer.

Am Nachmittag wird tatsächlich noch mal kurz die Sonne herauskommen. Ich werde erfahren, dass die kleine Blockhütte, in der die Vorräte verwahrt werden, bereits unzählige Male für Buletten und Bockwurst aufgebrochen wurde. Herr Weidner wird mit »Leipziger Lerchen« auftauchen und wortreich über das Mürbegebäck und seine Historie referieren. Danach werden kaum noch Kunden kommen. Ich werde die säuerliche Spülwassermischung in den Gulli entsorgen und mich dabei fast übergeben. Diana wird morgen wieder an der Kanone stehen. Ralf wird für sie ein kleines Gedicht verfassen.

Und ich werde weiterfahren.

Ruß und Regen

Zwölfte Station: Sachsen-Anhalt
Extra-Griller Weißenfels

Herzlich willkommen im E-Plus-Mailbox-System. Diese Mailbox ist momentan nicht erreichbar. Bitte versuchen Sie es zu einem späteren Zeitpunkt noch einmal.

Zwei Sätze, die ich in den letzten Tagen sehr oft gehört habe. Herrn Nachtigall zu erreichen scheint fast unmöglich, seine Mailbox ist offenbar chronisch überfüllt. Ein einziges Mal habe ich den Imbisskettenbetreiber doch erreicht. Aber nur, um von ihm zu hören, dass er im Moment in einer wichtigen Besprechung sei und mich in einer Viertelstunde zurückrufen werde. Nach einer halben Stunde höflicher Wartezeit versuchte ich es erneut und bekam wieder nur die Automatenstimme zu fassen. Dabei will ich doch gar nichts Schlimmes von dem Mann. Er soll mir lediglich meinen heutigen Termin in einer seiner Imbissbuden bestätigen und mir verraten, wann er für ein persönliches Gespräch vor Ort sein kann.

Im April habe ich Herrn Nachtigall während eines längeren Telefonates ausführlich erklärt, worum es in meinem Buch gehen würde – die Menschen in den Imbissen, ihre Geschichten und ihre Schicksale. Ich habe mich mächtig ins Zeug gelegt, erläutert, dass das noch nie jemand gemacht habe und es daher höchste Zeit sei, und während ich versuchte, meine Begeisterung bis nach Sachsen-Anhalt durchdringen zu lassen, hörte ich die ganze Zeit über nur eine tiefe Stille am anderen Ende der Leitung. Bis Herr Nachtigall schließlich sagte: »Sie wollen also im Grunde diesen Helden des Alltags ein Denkmal setzen.«

Das war gut. Mein Buch – ein Denkmal. Warum hatte ich das nicht selbst gesagt?

»Das ist doch 'ne tolle Sache«, fuhr Herr Nachtigall fort. »An welchen von unseren Standorten hatten Sie denn gedacht?«

In Weißenfels regnet es.

»Ich hol mal eben einen Sack Kohle«, sagt Ivanka und legt die Zange beiseite.

»Hier, nimm den jungen Mann mit!«, meint ihre Kollegin Irene. »Wofür haben wir den denn?«

Von unserem Zeltpavillon bis zu dem Backsteinhäuschen sind es ungefähr fünfzehn Meter. Der Parkplatz ist dicht mit Pfützen bedeckt. Ich ziehe den Kopf ein und stakse los. Die Sohlen meiner Schuhe haben angeblich Luftlöcher, und ich möchte nicht erleben, wie sie sich in Wasserlöcher verwandeln. Ivanka trottet hinterher. Das wäre eigentlich nicht nötig. Die fünfzig Kohlensäcke, die hier drinstehen, hätte ich auch allein gefunden. Sie und Irene, sagt Ivanka, würden immer nur einen Sack auf einmal schaffen. Ich nehme natürlich gleich zwei. Keine glänzende Idee, wie sich bald erweist, aber für die Mädels markiere ich gern den starken Mann.

»Und das machen wir viermal am Tag«, kommentiert Irene, als ich mit den Säcken zurückkomme. Es klingt ein bisschen so, als sei ich schuld daran.

Ivanka meint, sie hätten diesmal zwar Zehn-Kilo-Säcke bestellt, gekommen seien aber wieder nur die Fünfzehner.

Jetzt muss der stählerne Schwenkgrill hochgekurbelt werden. Ivanka geht einmal halb um den Zeltpavillon herum. Der Regen prasselt auf die Plane.

»Ich hab doch gesagt, solche Arbeiten kann ruhig auch der junge Mann machen!«, ruft ihr Irene zu.

»Ja, das kann er«, gebe ich ihr Recht. Wenn mir nur jemand gesagt hätte, wo die Kurbel ist.

»Na, er kann doch später wieder runterleiern«, meint Ivanka, während sie beidhändig den Mechanismus in Gang setzt.

»Runterleiern ist aber leichter.«

Ivanka ist eine gutmütige Bärin. Irene ein Terrier: klein und bissig. Sie ist die Chefin in der Bude. Ihre Hinweise und Erklärungen kommen wie aus einer Schnellfeuerwaffe. Die Anleitung zur Burger-Zubereitung habe ich bereits hinter mir, weiß aber nicht, wie viel davon wirklich hängen geblieben ist. Nicht anders ergeht es mir mit dem Kühlschrankinhalt und dem Gesamtaufbau der Bude. Irene huscht einmal durch: Hier wären die Getränke, dort Restmüll, drüben die Pappen, Salat in den roten Eimern, Gurken in den blauen – unter der Bank haben wir dieses und auf der anderen Seite jenes. Ich bin mir nicht so sicher, ob ich das unfreundlich finden soll. Zittern vor lauter Aufregung über meine Anwesenheit tut hier auf jeden Fall keiner.

Fünfzehn Kilo Kohle sind schwer. Vor allem, wenn man den riesigen Sack waagerecht vor dem Bauch festhalten und, ohne allzu viel schwarzen Staub aufzuwirbeln, vorsichtig in den Grill entleeren muss. Ich keuche leise. Bis die Glut zumindest ansatzweise die neue Lage durchdrungen hat, müsse der Grill erstmal oben bleiben, meint Ivanka. Morgen sei Großreinemachen an der Reihe, ergänzt Irene. Da müssten sie den Grill komplett zerlegen und wieder zusammenbauen. Die

201

Fläche besteht aus vierzig Stäben, die alle herausgenommen und einzeln geschrubbt werden müssen.

»Und das is 'ne Puzzlearbeit«, stöhnt Ivanka. »Weil die alle unterschiedlich lang sind.«

Vor dem Verkaufsfenster steht ein Polizist. Ein Mann mit Jogginganzug und einem kleinen Jungen kommt dazu. Der Kleine kann gerade über den Tresen gucken. Der Regen tropft von seiner Kappe. Der Vater putzt seine Brille.

»Na, wo arbeiten Sie denn heut?«, fragt Irene den Polizisten, der offenbar in Gedanken verloren ist.

»Wie? Was?«, fragt er verwirrt zurück.

»Wo Sie arbeiten!«

»Wo?« Der Polizist guckt irritiert. »Na, sieht man das nicht?«

»Nee, wo Sie heut stehen! Das wollt sie…«, übersetzt der Vater.

»Ich stand schon«, fällt ihm der Ordnungshüter ins Wort.

»Und? Ordentlich eingenommen?«, erkundigt sich Irene.

»Ja. Hundertfünfzig Autos.«

»Geblitzt? So viele?«, mische ich mich ein.

»Na, dann können wir uns doch heute richtig was leisten, oder?«, ermuntert Irene den Kunden, endlich zu bestellen. Der Beamte nimmt eine Bratwurst und eine Bulette.

»Dass die Preise immer noch keenen abschrecken?«, wundert sich der Vater.

»Mich ham sie letztens zehn Meter vor der Haustür geblitzt«, seufzt Ivanka.

Der Vater bestellt einen Hamburger. »Und für meinen Sohn 'n Hot-Dog nur mit…«

»Zwiebeln und Ketchup!«, kräht der Kleine.

Ivanka kurbelt den Grill herunter. Irene gibt mir eine

schnelle Hot-Dog-Anleitung: Wurst, Brötchen, Gurken, Zwiebeln, Saucen. Der Kleine ist am Nörgeln. Nein, sagt der Vater, er habe keine Euromünze. Der Junge will es nicht glauben und popelt an Vaters Portemonnaie herum.

»Ich hab keen kleines Geld!«, schimpft der Erzeuger. »Du nervst!«

»Wie alt isser?«, fragt Irene.

»Neun«, sagt der Vater müde.

»Ich werd bald zehn!«, weiß der Kleine.

»Du Optimist!«, meint Irene schmunzelnd.

Der äußere Bereich der Grillfläche ist mit Alufolie abgedeckt. Darauf stehen Edelstahlbehälter mit Wasser, in denen die leicht angegrillten Würstchen, Buletten, Nackensteaks und Hähnchenbrüste ihrer Fertiggarung entgegendünsten. So gehe es einfach schneller, erklärt mir Ivanka. Irene warnt mich vor dem Toaster, der die Hamburger-Brötchen nicht automatisch wieder ausspuckt. So manches Mal habe es deshalb schon »Brandenburger« bei ihnen gegeben. Überhaupt: Sie seien zwar eigentlich eine Wurstbude, würden aber deutlich mehr Hamburger verkaufen.

»Sind die denn so lecker?«

»Keine Ahnung.« Irene zuckt die Schultern. »Hab noch nie einen gegessen.«

Ich runzele die Stirn.

»Ein Hamburger kostet zwei fünfzig«, erklärt Ivanka, »und umsonst essen dürfen wir nur die Sachen bis zwei Euro.«

Ich überlege, wie hoch der Wareneinsatz bei so einem Hamburger wohl sein mag. Dreißig, vierzig Cent?

»Nun frag den jungen Mann doch mal, ob er was essen möchte«, fordert Irene ihre Kollegin auf. »Vielleicht 'ne Wurst oder so was?«

»Das ist 'ne gute Idee!«, finde ich. »Jetzt 'ne schöne Wurst.«
Ivanka nimmt die Zange, um eine Thüringer aufzulegen.
Irene geht dazwischen. »Nee, lass ihn das mal selber machen!«
»Ach, guck mal«, spiele ich den Entrüsteten. »Erst anbieten
und dann …«

Ivanka drückt mir lachend die Zange in die Hand. Ich greife
eine Bratwurst und lege sie im rechten Winkel zu den Stäben
auf den Rost.

»Ach, guck«, Irene stupst Ivanka an. »Er hat das besser raus
als mein Männe. Der weiß nicht, was er machen soll, wenn er
davorsteht.«

Fünf Jahre ist es her, dass Irene aus einem kleinen Dorf bei
Bielefeld nach Halle gezogen ist – vierzig Kilometer nördlich
von Weißenfels. Der Liebe wegen. Die alte ist am Ende, eine
neue findet sie im Internet. Als der neue Mann ihrem ältesten
Sohn sogar eine Lehrstelle in Halle vermitteln kann, hält sie
nichts mehr in Westfalen. Innerhalb von fünf Wochen reicht
Irene die Scheidung ein, verkauft das Haus und zieht mit ihren drei Söhnen gen Osten. Der neue Lebenspartner hat auch
zwei kleine Jungs. Seine ehemalige Partnerin hat sieben Kinder aus einer Vorbeziehung. Zwei davon nehmen sie zusätzlich in Pflege. »Patchwork-Familie hoch drei«, sagt Irene lachend.

Vor der Großstadt hat Irene zunächst Angst. Der Verkehr, der Lärm, die Straßenbahn. Aber von Halle ist sie dann
doch sofort begeistert. Sie wohnt in Neustadt, alles ist grün,
der Bruchsee direkt in der Nähe. Ein großer Hund gehört
auch zur Familie. »Da geh ich hinten aus der Tür und bin
in der Heide«, sagt sie, »und vorne geh ich nackt und hungrig ins Einkaufszentrum und komm satt und angezogen wieder raus.« Inzwischen ist ihr ältester Sohn aus dem Haus. Die

Kochlehre hat er abgebrochen. Er mache irgendwas mit Computern, sagt Irene. Man sehe sich nur einmal im Jahr. Sie habe viel zu viel um die Ohren. »Wenn ich hier meine fünfzig Stunden gemacht habe, hab ich auch noch 'ne Familie, wir haben 'n Garten, 'ne große Wohnfläche – das muss ja auch alles bewirtschaftet werden. Und dann will man ja auch mal was unternehmen mit den Kindern.«

Ivanka guckt ein bisschen wie ein zu groß geratener Teddy, den keiner mehr liebhaben will. Irene nimmt sie in den Arm und streichelt ihre Wange. »...oder den Kollegen natürlich«, fügt sie schnell noch an.

Es regnet unerbittlich. Eine ganze Familie ist auf dem Parkplatz aus dem Auto gesprungen und zum Backsteinhäuschen gerannt, um sich dort unter das Vordach zu stellen. Jetzt stehen sie da, gucken zu uns herüber und warten darauf, dass der Regen nachlässt. Unser winziger Dachüberstand bietet kaum Schutz vor dem Unwetter.

»Ach Gott«, sage ich zu Irene. »Jetzt stehen die da wie die Orgelpfeifen...«

»Wie die Königskinder!«, lacht Ivanka.

»Aber wie blöd ist es auch, dass es hier keinen Unterstand gibt!«, rege ich mich auf. »Dann würden die Leute bei schlechtem Wetter doch noch viel eher...«

»Je billiger, je besser«, meint Irene trocken. »Wir sind ja auch der letzte Stand ohne Dunstabzugshaube. Zu teuer.«

»Im Moment geht es«, meint Ivanka, »aber wenn wir den Grill voll haben, dann kriegst du hier drinne keine Luft.« Alle vier Wochen seien neue Schuhe fällig. Der Fettdunst fresse alles kaputt. Und Arbeitskleidung werde natürlich nicht gestellt.

»Oder guck dir die Treppe an«, sagt Irene und zeigt hinüber

205

zum Backsteinhäuschen. Katastrophal, habe das Ordnungsamt gesagt: kein Geländer, steil, kaputte Stufen und bei Regen auch noch glatt. »Da sollst du uns mal sehen, wie wir mit den großen Wannen runtereiern.«

Der Arbeitsturnus am »Extragriller«-Stand beträgt vierzehn Tage. Zwölf davon arbeiten Ivanka und Irene durch: Montags bis freitags haben sie sechs Stunden Frühschicht, die samstägliche Doppelschicht hat zehn Stunden, und der Sonntag hat dann wieder sechs. Die Sonntagsschichten werden alleine bestritten. Wenn man da mal aufs Klo müsse, sagt Ivanka, könne man nur beten, dass der Stand danach noch genauso aussieht, wie man ihn verlassen hat. Also trinkt man möglichst nichts und geht eben nicht auf die Toilette. Jedes zweite Wochenende ist frei. Das ist, wie Irene mir verrät, aber nur die offizielle Version. »Wir fangen immer eineinhalb Stunden vor Arbeitsbeginn an«, sagt sie. »Das muss ja alles eingeräumt werden, was du hier siehst. Und abends wieder raus.«

»Moment mal.« Ich bin mir nicht sicher, ob ich richtig gehört habe. »Das kommt alles zur normalen Arbeitszeit noch dazu?«

Irene nickt.

»Und wird nicht bezahlt?«

Sie legt mir eine Hand auf die Schulter und lächelt schief. »Junger Mann, du hast es erfasst.«

Ein Pärchen studiert auffällig lange die große Speisentafel links vom Pavillon.

»Lassen Sie sich Zeit«, ruft Ivanka den beiden zu. »Wir haben bis einundzwanzig Uhr geöffnet.«

»Wenn's dunkel wird, haben wir auch 'ne Taschenlampe!«, ergänze ich.

Das hilft. Der Mann bestellt eine Rostbratwurst.

»Eine Rostbratwurst!«, wiederholt Ivanka schwungvoll. »Wird geteilt?«

Der Mann nickt, die Frau zählt die Münzen in ihrer Hand und murmelt ihm etwas zu. Einen Meter neben mir scheppert ein Klingeltonsong los. Irene guckt aufs Display und drückt die Annahmetaste. Es ist für mich: Herr Nachtigall. Es tue ihm furchtbar leid, sagt er, aber er könne heute leider nicht mehr zum Stand kommen, er sei furchtbar erkältet.

Eigenartig, auf meine SMS von heute Morgen habe ich sofort eine Antwort erhalten: Arbeitsbeginn um zwölf sei kein Problem, er werde die Mitarbeiter am Stand informieren.

Das Gespräch mit ihm kann ich mir jetzt natürlich abschminken, auch wenn Herr Nachtigall meint, wir könnten uns ja noch mal irgendwo treffen. Aber wann bitte sollte das stattfinden? Heute Abend muss ich weiterfahren. Daraufhin schlägt der Imbissbetreiber allen Ernstes ein Telefonat vor. Ich muss aufpassen, nicht laut loszulachen. »Erreiche ich Sie denn irgendwann mal? Oder lieber nicht?«

»Sie unterdrücken Ihre Nummer ja immer.«

»Herr Nachtigall, meine Nummer hab ich Ihnen ungefähr fünfmal gegeben.«

Der Mann redet sich raus. Ich brauche eigentlich gar nicht mehr hinzuhören. Der will eben einfach nicht mit dir sprechen, denke ich, das wird nichts. Lass ihn ziehen. Wir beenden das Gespräch.

»Und mich hat er heut Morgen angerufen und gesagt, dass heute der Journalist käme«, kommentiert Irene das Telefonat. »Aber er würde wahrscheinlich nicht dabeisein, weil er erkältet wäre.«

Ich sehe nach draußen. Durch die Transparentplane ist alles

um uns herum extrem weichgezeichnet. Den Regen sieht man nur durchs Verkaufsfenster. Das Radio plärrt, die Antenne ist abgebrochen. Zwischendurch rauscht es nur noch. Geräusche aus dem Weltall, denke ich. Wenn die Außerirdischen kommen, sind Irene und Ivanka vielleicht die Ersten, die es erfahren.

»Wie klang er denn?«, fragt Ivanka. »Wirklich erkältet?«

»Keine Ahnung«, sage ich. »Dann hätte er mir das ja eigentlich auch schon heute Morgen mitteilen können, oder?«

»Und wie seid ihr jetzt verblieben?«, fragt Irene »Von wegen: Erreiche ich Sie – oder lieber nicht?«

Meine Antwort schnaube ich durch die Nase und schüttle entnervt den Kopf. Was hat der Mann nicht alles von mir bekommen: jedes Detail meiner Reiseroute, Mailadresse, Mobilnummer, bei jedem vergeblichen Kontaktversuch, jedes Mal, immer wieder. Wenn er bei dem, was ich hier mache, nicht dabei sein möchte – wieso lässt er es dann nicht von Anfang an bleiben?

»Der weiß genau, dass ich in meiner Schicht nicht die Klappe halte«, sagt Irene. »Er ist aber auch 'n komischer Typ. Ich weiß nicht, wie du Bewerbungsgespräche kennst, ich kenn sie aus 'm Westen so, dass ich mit 'm Chef im Büro sitze und mit dem spreche. Und hier war das so: zwanzig Personen in einem Raum, er hat kurz vorgetragen, wie die Arbeitsbedingungen sind, und gefragt, ob jemand probearbeiten kann. Und das war das Bewerbungsgespräch!«

Ivanka legt neue Patties auf den Grill und lächelt dazu. Es ist das Lächeln eines Menschen, der gemerkt hat, dass das Leben eine Mogelpackung ist. Dass Menschen wie sie immer nur die Figuren sind, die andere übers Feld schubsen. Bis vor einem Jahr hat sie noch im Netto-Markt an der Kasse gesessen. Jetzt ist sie über fünfzig. Da müsse man nehmen, was man kriegen kann, sagt sie. Das Licht, das durch das Zeltdach in die Bude fällt, ist rötlich gefärbt. Mir fällt ein alter Police-Song ein: »Roxanne, you don't have to put on the red light«. Ich sehe die beiden Frauen an. Sie haben dunkle Augenränder. Sie sehen abgekämpft aus. Irene stochert im Salatbehälter herum. Dabei sei ihr Bewerbungsgespräch noch human gewesen. »Vor zwei Jahren, die Einstellungen, die wurden hier auf 'm Parkplatz gemacht. Da hat er im Auto gesessen, und die Weiber mussten alle der Reihe nach einsteigen. Das sah aus, als wenn da jetzt 'n Zuhälter drinsitzt.«

Die beiden lachen.

»Tja. Und das alles für tausend Euro brutto«, sagt Irene.

Heute Abend im Hotel werde ich die Zahlen des Tages zusammenrechnen und die Fakten notieren. Laut Vertrag arbeiten Ivanka und Irene im Monat 164 Stunden. In Wirklichkeit sind es ungefähr 200. Bei diesem Gehalt ergibt das einen realen Bruttostundenlohn von circa fünf Euro. Im ersten Jahr der Beschäftigung kommt der größte Teil dieses Geldes nicht aus der Tasche des Arbeitgebers: 600 Euro Fördermittel gibt die Agentur für Arbeit monatlich dazu – für die Anstellung einer über vierzigjährigen Arbeitskraft. Mit anderen Worten: In diesem Zeitraum produziert jeder Arbeitsplatz für die Firma Nachtigall & Kummkar GmbH genau 400 Euro Lohnkosten im Monat. Ivanka und Irene erhalten kein Weihnachts- oder Urlaubsgeld. 152 Stunden Urlaub haben sie im Jahr. Das sind – legt man die offiziellen Arbeitszeiten zugrunde – ungefähr 22 Arbeitstage. Jeder zweite Samstag frisst gleich 10 Stunden vom Urlaubskonto. An den 31 Standorten, die die Firma betreibt, arbeiten ausschließlich Frauen. Es existiert kein Betriebsrat.

Ein dicker Teenager bestellt drei Hamburger zum Mitnehmen. Mittlerweile bin ich schon einigermaßen routiniert in der Zubereitung. Ivanka zieht ab. Die Patties auf dem Grill schrumpfen langsam brutzelnd auf Endgröße. Ich passe auf, dass die Brötchen nicht verbrennen, haue die Stullen zusammen und packe alles in eine Tüte. Der Teenie zieht grußlos ab. Ivanka sieht durch das Verkaufsfenster auf den Parkplatz. Die Pfützen sehen ruhig aus. Der Regen gönnt sich eine Pause.

»Wollen wir mal in den Garten gehen?«, fragt sie Irene.

»Das machen wir.«

»Nee, klar – geht ihr mal ruhig in den Garten.«

Die Frauen lachen. Ich habe keine Ahnung, was sie mit Garten meinen.

»Wir können dich doch ruhig mal alleine lassen, meinste nich?«, kichert Ivanka.

Die beiden kramen in ihren Zigarettenschachteln und verlassen die Bude. In vier Meter Entfernung bildet die mannshohe Speisentafel mit den großen Müllcontainern einen kleinen, geschützten Winkel. Zwei leere Getränkekisten und ein umgedrehter Ketchupeimer sind das »Gartenmobiliar«. Irgendwann muss es hier tatsächlich einmal ein bisschen Rasen gegeben haben, doch davon sind nur noch einzelne, platt getretene Halme übrig. Der Boden des Eimers ist mit Alufolie bezogen, Irene stellt einen Aschenbecher darauf. Die beiden setzen sich auf die hochkant stehenden Kisten, zünden ihre Zigaretten an und lachen in meine Richtung: »Da schau, so schön ist es in unserem Garten«, soll mir das sagen. Ich spiele das Spiel mit. Es heißt »Lachen oder Weinen«.

»Oh!«, rufe ich den beiden zu. »Habt ihr heute extra die schöne Tischdecke rausgeholt?«

»Ja!«, kichert Irene. »Die silberne. Grad frisch gebügelt!«

Es ist Kaffeezeit, und inzwischen schüttet es wieder wie aus Eimern. Ivanka hat ein paar Stücke Blechkuchen dabei. Ich habe die Leipziger Lerchen von Herrn Weidner aus dem Auto geholt. Wenn sie heute nicht gegessen werden, müssen sie weg. Wir stehen um den Grill und halten unsere Kaffeebecher fest. Plötzlich steht ein bulliger Typ mit Glatze und Lonsdale-Jacke direkt an der komplett offenen Rückseite des Pavillons. Offenbar hat er sich an der rot-weißen Plastikkettenabsperrung vorbeigemogelt.

»Kollege«, sagt Irene, »von da vorne bedienen wir!«

»Ich weeß«, jammert der Glatzköpfige. »Aber es regnet wie die Sau!«

»Ach nee!« Irene stemmt die Hände in die Hüften.

»Ja, du stehst im Trocknen!«, beschwert sich die Glatze.

Ein zweiter Typ mit Bomberjacke und Springerstiefeln tritt dazu. Ob sein Schädel auch rasiert ist, kann ich nicht erkennen. Er trägt eine Wollmütze und haut seinem Kumpel auf die Schulter, der zu uns rüberdeutet und weiter den Quengeligen gibt: »Ich will im Trocknen stehen, und die Frau lässt mich nicht!«

Irene frotzelt zurück: »Nächstes Mal könnt ihr ja auch direkt mit 'm Auto hier reinfahren!«

»Was darf's denn nu sein?«, fragt Ivanka aus dem Hintergrund.

»Zweemal Ribburger.« Die Glatze zwinkert ihr zu. »Mit Liebe, bitte.«

Irene bugsiert das Kundenduo Richtung Verkaufsfenster und klärt die beiden darüber auf, dass der Burger heute von dem jungen Mann hier zubereitet würden.

»Och nö«, mault die Glatze. »Ich möchte es von 'ner Frau, da is mehr Liebe drinne.«

»Also«, sagt Irene zu mir, »die Kollegen möchten's von 'ner Frau gemacht haben … Ich weiß zwar nicht, was, aber … Würdest du mal zwei Ribburger machen?«

»Sehr gern!«, versichere ich, während ich fieberhaft mein Gedächtnis nach der entsprechenden Anleitung durchforste. Bis eben hat die Mütze nur neben ihrem Kumpel gestanden und das Gespräch aus blinzelnden, hellen Äuglein verfolgt. Jetzt verdunkelt sich ihr Gesicht schlagartig. Der Typ schiebt den Oberkörper über die Ellenbogen ein Stück weiter ins Innere der Bude. »Weeßte, was wir von 'ner Frau gemacht haben wollen?«

Eine ungemütliche, kurze Stille entsteht.

»Nee, was denn?«, fragt Irene zurück.

»Die Schuhe sauber«, antwortet die Mütze sehr leise und sieht ihr in die Augen.

Stille im Pavillon. Nur die Kohlen knistern leise weiter.

»Boah!«, dreht Irene sich zu mir: »Nun verteidige uns mal! Der war grade böse zu uns!«

»Nein, das war doch nur 'n Spaß«, wiegele ich ab. »Das war doch gar nicht so gemeint. Guck dir doch an, wie nett die aussehen, die beiden.«

Irene sieht erst mich, dann die beiden Kunden an. »Na, dann guck noch mal richtig hin«, rät sie mir.

Die Frauen lachen. Ich lache mit.

»Ey, was soll denn das heißen?«, plustert die Mütze sich auf. »Der Grill ist groß genug – da passt du ohne Probleme druff!«

Ich mustere Irene und den Grill. »Ja, so als Schnecke gelegt würd's gehen.«

Jetzt lachen wir alle. Bin ich froh, dass Mütze und Glatze mitlachen.

»Habt ihr auch manchmal Angst hier am Stand?«, frage ich

die Frauen, nachdem die beiden Typen gegangen sind. Am ersten Mai, erinnert sich Irene, da seien drei besondere Spezis hier gewesen. Da hätten sie ordentlich Schiss gehabt, sagt Ivanka und legt die Hand auf den Mund. Richtiggehend verkrochen hätten sie sich hinter dem Grill.

»… und geguckt, wo unsere Handys sind«, ergänzt Irene.

Ivanka meint, das seien Frauenhasser gewesen. Irene tippt auf »Pakistaner oder so was. Auf jeden Fall hatten sie irgendwelche Sonderwünsche. Und wir sollten unsere Schnauze halten und machen – sonst würden sie mit unserem Chef sprechen.« Irene schüttelt den Kopf. »›Danke, ich kenn meinen Chef auch‹, hab ich denen gesagt.«

Von Anfang an hätten die sich so verhalten, sagt Ivanka, ihren Müll in die Gegend geschmissen und gemeint, die Frauen könnten ihn nachher aufheben.

»Wenn man solche Leute sieht«, Irene starrt grimmig in die Glut, »dann kann man schon rassistisch werden.«

»Schönen guten Tag.« Ein älterer Herr mit Schirm steht am Tresen. »Einen Hamburger zum Mitnehmen, bitte.«

Ich schmeiße einen Patty auf den Grill.

»Und wann ist es am vollsten hier? Gibt es einen Wochentag, der besonders gut ist?«

Ivanka schüttelt den Kopf. »Das ist unterschiedlich, aber …«

»Natürlich, wenn Geldtag ist«, fällt ihr Irene ins Wort.

»Geldtag?«

Geldtag, erklärt mir Irene, sei der Tag, an dem das Arbeitslosengeld ausgezahlt werde. Und das passiere nicht am Anfang des Monats, sondern immer am Ende, um den dreißigsten herum. Um elf gingen die Schalter in der Sparkasse auf, und eine halbe Stunde später stünden sie dann alle vor der Bude. »Am Geldtag ist hier die Hölle los«, meint Irene. »Die kaufen gleich zwanzig, dreißig Hamburger, und dann sieht man sie den ganzen Monat nicht mehr.«

»Da gibt's welche, die holen sogar ihr Bier bei uns!« Ivanka tippt sich an die Stirn. »Für eins fünfzig!«

Irene schüttelt den Kopf. Die Kinder, sagt sie, sähen schon genauso aus wie die Eltern. Die würden in dem Milieu groß werden und gar nichts anderes mehr kennen. Berufswunsch: Hartz IV. »Ich sag dann immer: Die haben's auch bald geschafft.«

Ivanka packt den Hamburger ein und kassiert zwei Euro fünfzig. »Na ja, andererseits«, sagt sie, »wenn du hier stehst, und es ist den ganzen Tag nichts los – da vergeht die Zeit gar nicht.« Sie ist zwar nur drei Meter von mir entfernt, aber diesen letzten Satz muss sie mir zurufen: In der selben Sekunde fährt hupend ein LKW an der Bude vorbei. Durch das Planenfenster zur Straße ist er nur als vorbeifliegender Schatten zu sehen, aber umso deutlicher zu hören. Wir stehen direkt an der Ausfallstraße Richtung Halle, und der Verkehrslärm ist brutal. Ein akustischer Brei, der sich an der Bude vorbeischiebt. Ein ständiges Band, das mal ein bisschen dünner, mal ein bisschen dicker wird – aber niemals abreißt. Ich hatte dieses Geräusch schon vergessen. Weil es von Anfang an da war. Aber mit jedem Satz, den man hier sagt, muss man sich dagegenstemmen. Der Lärm hat sich langsam in meinen Kopf gefressen. Er macht mich mürbe. An einem solchen Ort möchte man nicht, dass die Zeit stehen bleibt.

Ivanka hat gerade neue Würste aus dem Kühlschrank geholt.

»Kommt dein Männe morgen mit?«

»Na, logo!«, sagt Irene lachend. »Meinst du, ich schrubb hier alleine den Grill, oder was?«

»Na, siehste, meiner muss nächsten Sonntag ja auch mit
ran.«

»Ach, echt?«, frage ich nach. »Eure Männer kommen zum
Großreinemachen?«

»Wie sich das gehört«, antwortet Ivanka. »Wir haben die
gut erzogen.« Die beiden kichern. Die ersten Wochen, sagt
Irene, habe sie das noch alleine gemacht. Aber ihr »Männe«
habe sich darüber aufgeregt, wieso sie sonntags trotz Schicht-
beginn um vierzehn Uhr schon um halb elf am Stand wäre.
Das bisschen Grill schrubben, habe er gesagt, könne doch
nicht die Welt sein. Am übernächsten Sonntag sei er dann mal
mitgekommen. »Und dann hat er gesagt…«, Irene grinst und
macht eine kleine Pause: »Scheiße.« Seitdem sei er jeden Putz-
sonntag dabei. Anders ginge es gar nicht, sagt Ivanka. Ich versuche mir vorzustellen, welche Kräfte wirken müssen, um einen durchschnittlichen bundesdeutschen Ehemann dazu zu
bewegen, sich sonntags für null Euro von der Couch zu er-
heben und einen fremden Grill von über einem Quadratmeter
Fläche zu säubern. Keine Frage, hier muss wirklich Not am
Mann sein.

»Und ich hatte diesen Winter das Glück, zweimal sonntags
Dienst zu haben, als hier so hoch Schnee lag.« Ivankas Hand
markiert einen halben Meter Höhe. Den Winterdienst hätten sie nämlich auch alleine zu machen. Mit einer winzigen
Schneeschippe. Ich sehe aus dem Verkaufsfenster. Auf der re-
gendurchweichten Fläche hätten gut und gerne zwanzig Autos Platz. Meine Frage brauche ich gar nicht zu stellen, Ivanka
hat schon die Antwort parat: »Den ganzen Parkplatz, genau.«
Nach der Hälfte habe sie aufgegeben. Noch eine Spur für die
Auffahrt habe sie geschafft, dann sei Schluss gewesen. Und
Irene habe am nächsten Tag einen Fußweg zum Stand frei ge-

215

schippt. Ivankas Stimme klingt warm und treuherzig. Sie klagt niemanden an. Sie ist nur traurig und erschöpft.

»Das schafft man einfach nicht«, sagt sie. »Wie soll man das als Frau alles alleine machen?«

Ich muss schlucken. Warum kann ich nicht gerade eine Zwiebel schneiden? Oder draußen im Regen stehen? Ihre Chefs, sagt Irene, hätten bestimmt noch nie auch nur einen einzigen Tag in einem Imbiss gearbeitet. Das sollten die mal erleben: das ganze Gebuckel, das Geschleppe, der Husten von der Holzkohle. Und wie einem am Abend die Knochen wehtäten. Im letzten Dreivierteljahr habe sie zehn Kilo abgenommen. »Manchmal komm ich hier rein und sag zu Ivanka: Haste gestern was gefunden? Ich hab schon wieder 'n Kilo verloren!«

Die beiden lachen. Dankbar für den kleinen Witz lache ich mit.

»Wie ist es denn in den anderen Imbissen, die du besucht hast?«, fragt Irene.

»Och«, sage ich »ganz unterschiedlich.«

Am Anfang war die Wurst

**Dreizehnte
Station:
Krasselt's
Imbiss**

»Na, det is ja 'n Ding... Da ham se die Brücke immer noch nich... So, da vorne musste links. Jenau.« Mein Beifahrer kratzt sich den kahlen Hinterkopf. »Oder war det erst da hinten? Nee nee, is schon richtich. Mensch, dass se det noch nich hinjekricht ham... Ooch 'n schönet Jebäude, da drüben...«

So fahren wir nun schon eine ganze Weile in der Stadt umher. Der Mann neben mir hält eine kleine, knittrige Pommespappe in der Hand. Auf der hat er sich Imbissbuden notiert. Und die möchte er mir heute zeigen. Als er mir vorhin freudestrahlend auf dem Bürgersteig entgegenkam, musste ich spontan an zwei Figuren denken, denen ich bereits in Kindertagen erkleckliche Mengen an Sympathie entgegenbrachte: Catwheezle und Woody Allen. Wahrscheinlich ist es die Kombination von schwarzer Buddy-Holly-Brille, schlohweißem Vollbart und ebenso weißem, zauseligem Haupthaar, die diese Assoziation befördert. Zudem ist der Bärtige ausgesprochen klein von Wuchs, er trägt einen Kugelbauch vor sich her, und an seinem Handgelenk baumelt ein Baumwolltäschchen.

»Hier links war früher ooch mal 'n geiler Laden, den ham se aber... Da hinter der Ampel fahrn wa dann rechts.«

»Bei der Videothek?«

»Mmh«, murmelt mein Führer geistesabwesend. »Det muss ick mir doch notieren, dass der jetzt … also so wat …«

Während meiner Imbissrecherche im Frühjahr diesen Jahres war ich im Internet auf ein Buch mit dem Titel *Urbane Anarchisten* gestoßen. Dieses Werk – das einzig verfügbare zum Thema überhaupt –, das sich mit dem Wesen und der Architektur von Berliner Imbissbuden auseinandersetzt, musste ich natürlich umgehend bestellen. Sonderbarerweise hatte der Autor den gleichen Vornamen wie ich: Jon, Nachname: von Wetzlar. Und ebenso sonderbar war, dass er sich – als sei er umgehend von meiner Bestellung unterrichtet worden – nur wenig später mit freundlichem Gruß per E-Mail bei mir meldete. In den folgenden Wochen entspann sich ein ausgesprochen kurzweiliger Elektrobriefwechsel zwischen Jon und mir. Der Mann schien nicht nur der Imbissbudenpapst der Bundeshauptstadt zu sein, er organisierte auch offizielle Imbissführungen und arbeitete zudem selbst in einem. Na gut, es handelte sich eigentlich um einen Kiosk, dafür aber um keinen alltäglichen. Im Bahnhof Friedrichstraße, ganz unten im Keller, in einem kleinen Häuschen auf Bahnsteig D, schob Jon regelmäßig die Nachtschicht.

Mein Interesse am Wetzlar'schen Kosmos war geweckt, unbedingt wollte ich mich von dem Mann bei meiner Berliner Imbisswahl beraten lassen. Ich hatte nämlich ein echtes Problem: Ausgerechnet aus der mutmaßlichen Geburtsstadt der Currywurst hatte ich noch keinen einzigen echten Knüllertipp erhalten. Von geschätzten hundert E-Mails hilfswilliger Berlinkenner und solcher, die es zu sein glaubten, konzentrierte sich ungefähr die Hälfte auf die so genannten Geheimtipps Konnopke und Curry 36 – zwei Buden, die in den letzten Jahren bereits derart großflächig durch die TV-Doku-Mangel gedreht worden waren, dass ich das Gefühl hatte, dort bestenfalls noch der Gestank hinterm Auto sein zu können. Die anderen Hinweise waren leider auch nicht spektakulär. Um überhaupt zu einer Lösung zu gelangen, war ich im Februar gemeinsam mit meiner Frau zu einer Stippvisite in die Hauptstadt aufgebrochen, im Gepäck die Adressen meiner fünf Imbiss-Favoriten. Doch brachte mir dieser Ausflug lediglich eine bittere Erkenntnis ein: In Berlin steht der Verkäufer drinnen, der Kunde draußen. Wie anders dagegen verhält es sich in der Hansestadt an der Elbe! Hier wird dem Verzehrwilligen in nahezu allen Imbissen zumindest Unterschlupf, wenn nicht gar eine Sitzgelegenheit geboten, Schutz vor Regen, ein gut geheizter Gastraum, Musikuntermalung. An einem solchen Ort hält sich der Kunde gerne auf, hier ist er zu Hause, hier findet er ins Gespräch. Vor allem mit dem Personal. Und genau darum ging es mir doch. Wenn ich auf meiner Berliner Station kaum mehr als ein genuscheltes »eine Curry ohne« von den Gästen hören würde, wie sollte ich dann diese Seiten füllen? Das war die Crux. Und genau an dieser Stelle trat Jon von Wetzlar auf den Plan. Er würde mich retten.

»Is det nich 'n putziger Laden da drüben? So, Momentchen mal… det müsste es eigentlich sein.«

Gerade sind wir von der Torstraße in die Rosenthaler Straße eingebogen. Jon streicht sich über den weißen Bart, reckt den Hals nach links und murmelt weiter vor sich hin. Dies deute ich als Zeichen dafür, dass wir uns in unmittelbarer Nähe unserer ersten Station befinden, und steuere den erstbesten Parkplatz an. Wir steigen aus.

»Tja«, sagt Jon und stemmt die Hände in die Seiten. »Det is ja…«

219

Er schaut hinüber auf die andere Straßenseite. Dort kann ich nichts entdecken. Ebenso wenig kann ich Jons Gesichtsausdruck deuten, denn sein Bart ist ein absolut blickdichtes, halbkugelförmiges Gesamtgewächs. Lediglich über die ungefähre Position seines Mundes gibt die Gesichtsfrisur Auskunft: Dort nämlich befindet sich eine fast kreisrunde, bräunlich verfärbte Stelle, eine, die sich beim Sprechen mitunter zu einem kleinen Loch im Pelz öffnet. Einem kleinen, braunen Loch. Jon ist ohne jeden Zweifel ein ausgemachter Freund des Tabakgenusses.

Wir fahren weiter. Der Imbiss in der Rosenthaler Straße ist verschwunden. Jon betrauert diesen Verlust. Neulich habe er ihn im Rahmen einer Führung noch besucht, so schnell könne das manchmal gehen, gerade bei den »nativen Imbissen«. Diese Imbissform, das weiß ich aus unserer Korrespondenz, gehört zu den drei grundsätzlichen Typen, die Jon im Lauf seiner Feldforschungen kategorisiert hat:

Nativer Imbiss: Bude in Monoblock-Bauweise, Verkäufer drinnen, Gast draußen.

Entwickelter Imbiss: Bude wie oben, Gast kann sich jedoch unter- oder einstellen.

Definitiver Imbiss: Gast- und Zubereitungsraum zusammen, Gast und Verkäufer befinden sich in einer Welt.

Dass es sich bei dem verblichenen Rosenthaler Imbiss um die native Form gehandelt hat, beruhigt mich etwas: Auf Buden dieser Bauart bin ich, wie ich Jon auch per Mail habe wissen lassen, gar nicht so scharf.

An der Ecke Oranienburger Straße zur Auguststraße deutet Jon auf einen Parkplatz direkt vor uns, ich halte, und wir steigen aus.

»So. Det is also Beckers Fritte, früher Toms Fritte. Der steht hier jetzt auch schon 'ne janze Weile, det müssten so zehn, fuffzehn Jahre sein. Is aber immer noch 'n rein nativer Typ.«

Wir stehen an der Straßenecke und betrachten aus ungefähr acht Metern einen grellorangefarbenen Bus mit großem Verkaufsfenster. Auf dem Dach des Fahrzeugs prangt ein Schild, auf dem neben den Lettern »Beckers Fritte« das comichafte Porträt eines Indianers zu erkennen ist, der eine Tüte Pommes sehr eigentümlich in der vierfingrigen Hand hält und sie dabei wie ein Irrer angrinst. Im Dunkel des Wagens steht ein gelangweilter Verkäufer mit fettigen Haaren.

»Det is doch mal 'n schönet Exemplar, oder?« Jon hat die Arme vorm Bauch verschränkt und wiegt seinen Körper leicht hin und her. »Auch 'ne interessante Lage, wie der da so…«

»Absolut«, pflichte ich ihm bei und bemühe mich, das sich uns bietende Bild mit der gebotenen Ehrfurcht zu genießen. Ich warte. Aber Jon macht keine Anstalten, zu dem Imbiss hinzugehen. Er steht da, wippt und schaut versonnen.

»Ich hab ganz schönen Durst«, beende ich schließlich die stille Betrachtung. »Wollen wir nicht vielleicht…?«

Wir bestellen ein Mineralwasser und eine Apfelschorle. Jon lehnt den Ellenbogen auf den Tresen und fragt den Verkäufer, ob die Bude nicht früher mal »Toms Fritte« geheißen habe.

»Kann schon sein«, murmelt der Mann und reicht uns die Flaschen raus.

In der Friedrichstraße, einen Steinwurf vom ehemaligen Checkpoint Charlie sehen wir uns die nächste Bude an. Beim »Check Point Curry« handelt es sich – das ist selbst von unserem Standplatz auf der gegenüberliegenden Straßenseite zu erkennen – um den »entwickelten Typus«. Ein kleiner Dachvorsprung schützt den Bestellenden vor ungünstiger Witterung, und auf dem Platz davor steht ein großer Sonnenschirm mit Tischchen. Die Bude selbst ist winzig und holzgezimmert. Was man an diesem Beispiel erkennen könne, meint Jon, sei, dass die Professionalität der Beschriftung von oben nach unten abnehme.

»Oben drüber, da is der Name. Der is hier ja auch schön jesetzt in dieser Typo mit den Sternchen drum rum.« Jon zeigt auf die Bude. »Am Fenster, die Zettel – die sind mal jrade noch mit 'm kleenen Tintenstrahler ausjedruckt. Und unten...« seine Hand wandert ein Stückchen abwärts. »Die Holzfläche am Jeländer – det ›Kaffee 0,50‹ is nur noch mit Kreide hinjemalt.«

»Sprichst du denn auch mal mit den Verkäufern in den Buden?«

Jons Kopfbewegung signalisiert heftige Verneinung. Er beobachte sie immer nur aus der Distanz, sagt er. Die Verkäufer seien oft unfreundlich. Sie stünden seiner Sache eher ablehnend gegenüber. Verzehren würde er an diesen Orten praktisch nie irgendetwas.

Der Bude am Kulturforum ist ganz offenbar über die Jahre eine wilde Haube gewachsen, ich tippe auf einen gemeinen Knöterich, mein budenkundiger Freund zuckt die Achseln. Wie er mir unterwegs versichert, handele es sich um einen »Kifferimbiss«. Äußere Anzeichen kann ich dafür allerdings nicht erkennen. Weder tummeln sich hier Grüppchen von Wursthaarträgern in Bob-Marley-T-Shirts, noch schwängert Grasduft die Frühlingsluft. Auf den Speisetafeln wird ausschließlich normale Imbissware ausgelobt. Die Bude selbst ist völlig unbelebt. Genauso wie der breite Bürgersteig davor. Der wahrscheinlich türkische Verkäufer schielt uns an, als würde er sich fragen, ob diese beiden Zausel direkt vor seiner Nase gerade einen Überfall planen, und wir sehen ihn an, als hätten wir – nun ja – genau das tatsächlich vor. Ungewöhnlich schnell geben wir unseren Spähposten auf und gehen zum Verkaufsfenster. Meine Bestellung – zwei Cola – scheint den guten Mann etwas zu beruhigen, Jons Frage, ob hier sonst mehr los sei, hingegen weniger.

Abends erstatte ich meiner Frau und meinem Freund Mathias, unserem Gastgeber, Bericht. Imbissführer Jon von Wetzlar sei ein ausgesprochen intelligenter und kurioser Zeitgenosse, erzähle ich. Zu sehen, wie das architektonische »Unkraut« sich seine urbanen Nischen erobere und dort höchst individuelle Blüten triebe, sei eine tolle Sache. Die Freude und Faszination daran lägen mir gewiss nicht fern, nur – für mein Vorhaben nütze mir das allerdings überhaupt nichts. Mathias nickt geistesabwesend und trocknet weiter Teetassen ab. »Geh doch zu Krasselt's«, meint er und lässt hellen Tee in meine Tasse fließen. »Das ist so 'n typischer Traditionsladen. Den kenn ich noch aus meiner Kindheit.«

Sonntag, kurz vor zwölf. Der Himmel ist immer noch grau, aber hell und milchig, und nicht mehr ganz so unfreundlich wie gestern in Weißenfels. Die Straßen sind nass, der Regen, der die Nacht hindurch unablässig gefallen ist, hat aufgehört. Ganz Berlin scheint sich noch zu recken, zu gähnen und langsam zu sich zu kommen.

Was mache ich? Ich stehe in der Mitte zwischen Elly, die die Kunden am Fenster bedient, und Mone, die hinter mir für die Pommes sorgt. Wir sind zwar zu dritt in diesem Verkaufs- und Zubereitungsschlauch, dennoch – »Krasselt's Imbiss« ist winzig. Wäre er einen Hauch kleiner, wäre das, was wir hier tun, unanständig. Wäre er noch etwas kleiner, könnte man ihn sich morgens anziehen.

»So ein Laden«, hat mir Herr Köhring vorhin bei der Einführung noch ins Ohr gemurmelt, »darf nicht zu groß sein.« Das sei das Geheimnis eines erfolgreichen Imbisses, sonst würden die Wege zu lang. Und Wege bringen kein Geld.

Als ich mich durch die sehr schmale Tür schiebe, dreht sich Elly um und lacht.

»Unser Chef hat jesagt, wir dürfen dick werden, wie wir wollen – solang wa noch durch die Tür passen. Die macht er nich breiter für uns.«

»Jenau!«, wiehert Mone.

Mit meinen heutigen Schichtpartnerinnen habe ich Glück. Beide sind handfest und herzlich. Elly, die Ältere, hat eine spitze Zunge und den typischen Charme eines »alten Mädchens«. Sie trägt goldene Creolen, hellblauen Lidstrich und war in jungen Jahren mit Sicherheit ein echter Feger. Mone wirkt mit ihrer Brille und den dezenten grauen Strähnen an den Seiten auf den ersten Blick eher wie eine Studienrätin, aber ihre saftige berlinische Mundart und die heisere Lache rücken das Bild wieder zurecht. Mone ist der Steuermann auf unserer Nussschale – Elly ist der Kapitän.

Krasselt's – das ist vor allen Dingen Currywurst. Und Geschichte. In diesem September, hat mir Herr Köhring gesteckt, feiere er fünfzigjähriges Bestehen, an diesem Jubeltag werde die darmlose Berliner Spezialität nur fünfzig Cent kosten. Natürlich zubereitet wie eh und je.

»Kommen Sie mal um die Ecke«, zwinkert er mir auffordernd durch seine kleinen Brillengläser zu. Ich solle sie mir mal genau ansehen, die echte Berliner Currywurst. Dass der Krasselt'sche Dauerbrenner ohne Saitling daherkomme, verstehe sich ja von selbst, aber so, wie hier zubereitet, finde sich die Wurst wohl kein zweites Mal in Berlin: nur einmal in der Mitte geteilt, mit Holzpieksern an den äußeren Enden versehen und gewürzt nicht nur mit Curry, Paprikapulver und Worcestersauce – Letztere ließen die meisten ja schon weg, weil sie den Namen nicht richtig aussprechen könnten –, sondern vor allem mit dem unnachahmlichen, hausgemachten Krasselt's Ketchup.

»Das wollte ich Ihnen zeigen«, sagt Herr Köhring, während Elly uns am Seitenfenster eine Currywurst herausreicht. »Wir tragen unseren Ketchup nämlich in Wellenform auf. Und die behält er auch bei. Sehen Sie? Und dann die Oberfläche.« Herr Köhring reckt den Zeigefinger. »Die ist nicht so glatt und glänzend wie bei Industrieketchup, die ist…«, er sucht nach dem richtigen Begriff, »so ein ganz bisschen körnig in der Struktur.« Auch das ist bei genauem Hinsehen nicht zu verleugnen. Herr Köhring richtet sich auf und hat ein triumphierendes Leuchten in den Augen. »Und was sagt Ihnen das?«

Nichts, ich habe nämlich keine Ahnung. Herr Köhring schmunzelt. Wortlos führt er mich in den daneben gelegenen Vorratsraum des Imbisses, knipst eine nackte Deckenbirne an und zieht einen Ketchupeimer aus einem der Stahlregale. Ketchup, lässt mich Herr Köhring wissen, während er den Deckel lüftet, solle ja aus Tomatenmark, Essig, Zucker, Pfeffer und Salz und vielleicht noch ein paar anderen Gewürzen bestehen. Die meisten Konkurrenten aber würden die Köstlichkeit nicht nur durch minderwertiges Mark verschandeln, sondern die Mischung auch noch mit Wasser strecken und durch Bindemittel wieder verdicken. Der Aromaverlust werde mit Geschmacksverstärkern verschleiert.

»Je mehr Bindemittel, desto glatter und glänzender wird der Ketchup. Daran können sie immer die Qualität beurteilen.« Herr Köhring zieht eine Kelle durch den Ketchup. »Diese leichte Körnigkeit, das sind die Tomatenteilchen.«

Nach diesem Blick hinter die Kulissen entlässt mich mein Chef mit einem leisen Lächeln im Gesicht in die Tagesschicht. Er werde heute später noch einmal hereinschauen, jetzt müsse er sich erstmal um seinen Garten kümmern.

»Ach«, sagt Mone, »der Köhring hat dir det so jezeigt? Dass de die Flasche so drehst?«

»Nee, dass er mit 'm Ketchup so 'ne Welle macht«, klärt Elly sie von vorne auf. »Ich mach das auch so. Ha ick damals von Mörse übernommen, weil ick det so schön fand.«

Ja, der Köhring sei zwar ein ganz penibler, darin sind sich beide einig, aber ansonsten schon ein cooler Chef. Als sie hier angefangen habe, erzählt Elly, sei er ihr streng vorgekommen. In Ludwigsfelde, wo sie im Automobilwerk zwanzig Jahre als Sekretärin gearbeitet habe, seien alle Mitarbeiter per Du gewesen.

»Ob det der HA-Leiter war oder der I-Direktor, det war halt so im Osten. Und dann kommste hier in so 'ne kleine Klitsche rein und musst den Chef mit Sie anreden. Det war 'ne janz schöne Umstellung!«

»Zwee Curry. Ohne Brötchen. Zum Mitnehmen.«

Elly dreht sich nach vorn zum Verkaufsfenster. Von dort guckt sie ein Rentner mit Schirmmütze gelangweilt an.

»So nu mach ma Kundschaft!«, wendet sie sich wieder mir zu.

In der Kunst der Currywurstzubereitung hat Elly mich bereits unterwiesen, ich weiß, wie sie »schön knallig« wird, ich weiß um Reihenfolge und Mengen der zu verwendenden Gewürze, aber mir graut vor einem: dem Einpacken. Diese Disziplin ist – neben Kopfrechnen und Kassenbedienung – mein Angstgegner im Imbissgeschäft. Auf fast allen bisherigen Stationen habe ich tief beeindruckt die behände Faltung von Butterbrotpapieren beobachtet, das rasche Um- und Einschlagen von Ecken oder Kanten und die sich aus diesen Vorgängen am Ende wie durch Geisterhand ergebenden, stabilen Päckchen bestaunt. Bei kaum einer Tätigkeit kannst du dich so lächerlich machen wie bei dieser: Minutenlang knurpselst du verkniffen dreinblickend unter den Augen der Kundschaft an einem Einwickelbogen herum, nur um zu erleben, wie das mühselig fertiggestellte, schrumpelige Gebilde noch auf dem Weg über den Tresen in die Kundenhand wieder auseinanderfällt und in seine ursprüngliche Form zurückfindet. Der Kunde seufzt kaum hörbar, und die Profikraft neben dir schiebt dich leicht, aber bestimmt zur Seite. All dies ist mir bislang erspart geblieben – und zwar nur aus einem Grund: Ich habe mich immer gedrückt.

»Papier ha ick dir schon hinjelegt. Die beiden Würste kommen nebeneinander, so – nu mach mal.«

Elly kann ganz schön brutal sein, und Widerworte scheinen zwecklos. Von hinten höre ich Mones heiseres Lachen. Mit verzweifeltem Blick wende ich mich an den Kunden.

»Mein erster Tag heute …«

»Machste jut«, lässt der Mützenträger leise hören, fast so, als sollten es die Frauen nicht mitkriegen. Schüchtern schlage ich die Curry- und die Paprikadose über der Wurst gegeneinander.

»Kiek ma, wie vorsichtig die Männer sind«, kommentiert Mone.

227

»Ja, solln wa ja ooch immer sein«, verteidigt mich der Kunde, während ich betone, dass man beim Würzen ja auch nichts rückgängig machen könne: »Was liegt, liegt.« Elly stimmt mir zu, Mone lacht. Der Chef habe gesagt, nach einer halben Stunde sollten sie mich nach vorne lassen. Elly sieht auf die Uhr.

Der Nachmittag bei Krasselt's wird für mich zum Currywurst- und Einpackmarathon. In der Wurstzubereitung werde ich passable Geschwindigkeiten bei ästhetisch ansprechenden Ergebnissen erzielen. Auch im Umgang mit dem alubedampften Packpapier verbessere ich mich, doch diese Disziplin bleibt bis zum Feierabend unsicheres Terrain. Durchgehen lassen mir die Frauen nichts: Fast jeder meiner Handgriffe löst Verbesserungshinweise aus, auf dieses oder jenes könne ich auch noch achten. Besonders Elly entpuppt sich als der Frank Plasberg des Imbissgewerbes, »Hart aber fair« könnte ebenso gut *ihr* Motto sein. Mit den Kunden wird nach dem Grundsatz »Was sich liebt, das neckt sich« herumgefrotzelt. Die meisten kommen öfter hierher, viele schon seit Jahren, einige – wie sie mit dem Stolz alter Veteranen berichten – gar seit Jahrzehnten. Das Krasselt's Publikum ist ein Streichelzoo typischer Berliner. Was mit diesen Menschen los ist, lassen sie einen spüren. Aber egal, ob nun gestresst, beleidigt, müde, gut gelaunt oder verstockt, stets wird der Gemütszustand mit einem gewissen Gleichmut geäußert. Der Berliner verfällt nicht ins Plappern, nie wird er wirklich laut, aber auch niemals kleinlaut. Es scheint mir, als würde sein Innerstes niemals wirklich angegriffen, irgendetwas in ihm behält immer die Ruhe, behält Oberwasser, bleibt elastisch. Eine Kaugummi-Seele von Mensch.

»So«, sagt Elly, »ick werd jetzt erstmal 'n Kaffee trinken und eene roochen. Roochste ooch?«

Nicht ohne Stolz erzähle ich meiner Vorarbeiterin, dass ich mit dreizehn angefangen und dann sechsundzwanzig Jahre lang geraucht – und vor einigen Jahren von heut auf morgen aufgehört hätte.

»Haste zujenommen?« Das, sagt Elly, sei nämlich ihr Pech gewesen, als sie es vor zweieinhalb Jahren ein paar Monate lang versucht hat. »Sechseinhalb Kilo zujenommen. Da hab ich gesagt, jetzt könnt ihr mich mal.« Dabei habe sie nie Süßes angerührt, erst mit Mitte vierzig. Da habe sie zum zweiten Mal geheiratet und mit ihrem Mann abends Tee getrunken und das Naschen angefangen. »Früher musste ick immer 'ne tolle Figur haben. Und det war mir dann irjendwann nich mehr so wichtig, wennde erstmal 'n bisschen beklebt bist. Und außerdem«, Elly lacht, »wenn man älter is, sieht man so viel besser aus – haste nich so viel Falten!«

Als ich am späten Nachmittag gerade die Stehtische auf dem Bürgersteig abwische, schaut Herr Köhring noch mal vorbei. Scherzhaft erkundigt er sich bei den Damen, ob sie seinen Praktikanten auch gut behandelt hätten, und fragt mich, wie mein Arbeitstag denn bisher so verlaufen sei. Ich habe keinen Grund zur Klage, allerdings noch ein paar Fragen.

»Der Laden heißt ja nicht ›Köhrings Imbiss‹, da muss es ja vor Ihnen mal einen Herrn Krasselt gegeben haben, oder?«

»Natürlich«, sagt mein Arbeitgeber mit feinem Lächeln. Den habe es durchaus gegeben, und der Herr Krasselt habe den Imbiss auch bis 1981 geführt, also immerhin die ersten zweiundzwanzig Jahre. Und dann habe er den Betrieb übernommen. Mit Namen und allem Pipapo. »Sie müssen wissen«, erklärt Herr Köhring, »ich kannte diesen Imbiss von Anfang an. Ich hab den ja damals beliefert.«

»Und wie kam es dazu?«

Das, sagt Herr Köhring, sei eine lange Geschichte. Er sei ja aus dem Osten, aus Bülzig, in der Nähe der Lutherstadt Wittenberg. Dort habe er Schlachtergeselle gelernt. Aber in diesem Gewerbe sei drüben damals kein Nichts zu verdienen gewesen. Also habe er sich im Braunkohlebergbau verdingt, bis er schließlich, 1958, nach Warnemünde gekommen sei, wo er als Entroster und Anstreicher gearbeitet habe.

»Mögen Sie 'n Kaffee?«, fragt mich Herr Köhring. »Dann setzen wir uns mal in den Vorratsraum. Da haben wir Ruhe.«

Von Warnemünde aus macht Harald Köhring rüber – in den Westen. Er ist noch nicht einmal siebzehn Jahre alt und lässt seine Familie hinter sich. Zu Hause, sagt er, sei es damals »schlimm« gewesen. Er kommt nach Duisburg. Dort verdient er sein Geld zunächst auf dem Bau, dann eineinhalb Jahre lang in einer Drückerkolonne: »Da war richtig Geld zu machen, für einen Schein gab's damals vier Mark fünfzig.« Ein »Schein«, das ist Drückerslang für die Unterschrift eines neuen Abonnenten. Vierfünfzig sind eine Menge, und an guten Tagen gehen manche von Köhrings Kollegen mit zwanzig Scheinen nach Hause.

Dann klopft die Bundeswehr an. Harald Köhring möchte unbedingt zur Marine, aber als er erfährt, dass sie dort keine Köche oder Schlachter nehmen, ist der Bund für ihn gestorben. Er geht zum Kreiswehrersatzamt, legt den Beamten seinen Einberufungsbescheid auf den Tisch und verkündet: »Das war's. Ich geh nach Berlin.« Aber so einfach ist das nicht mit Berlin. Die ehemalige Hauptstadt ist voll, Köhring benötigt eine Aufenthaltserlaubnis, und für die muss er sowohl Arbeit als auch einen offiziellen Wohnsitz nachweisen. »Ohne Arbeit keine Wohnung, und ohne Wohnung keine Arbeit. Das war wie beim Hauptmann von Köpenick.«

Aber Harald Köhring findet einen Ausweg aus dem Teufelskreis.

»Na ja, man suchte sich 'ne Freundin, bei der man mit Genehmigung der Eltern einziehen konnte. Dann hatte man einen Wohnsitz – und mit dem konnte man sich dann Arbeit suchen.«

Harald Köhring fährt mit dem Fahrrad durch Berlin. Er ist auf Arbeitssuche. Er hat kein Glück, kein Schlachter will ihn haben. Bis er eines Tages zur Wurstfabrik von Max Brückner fährt. Dort trifft er auf einen imposanten, weißhaarigen Herrn und glaubt, vor dem Chef persönlich zu stehen. Sein Arbeitsgesuch wird jedoch in barschem Ton abgelehnt: Man brauche überhaupt keine Leute, er solle sich trollen. Köhring sitzt schon beinahe wieder auf dem Fahrrad, als Geschäftsführer Frank Friedrich die Treppe herunterkommt und seinen Mitarbeiter fragt, was der Grünschnabel denn wolle: »Arbeit? Und du schickst ihn weg? Was weißt du denn schon, ob wir jemanden suchen oder nicht!« Friedrich holt Köhring vom Fahrrad und bietet ihm vom Fleck weg eine Anstellung an. Was Köhring zu diesem Zeitpunkt noch nicht weiß: Er ist direkt in der Wurstfabrik des Erfinders der »Bratwurst ohne Darm« gelandet, und die wiederum ist gerade dabei, der Inbegriff der Berliner Currywurst zu werden. Maximilian Fleischwaren GmbH heißt der Fleischereibetrieb von Brückner und Friedrich offiziell. Der Urschoß einer Legende.

Max Brückner stammt ebenfalls aus dem Osten, aus dem Erzgebirge. Hier ist er als Fleischer nach dem Krieg mit der Herstellung von Wurst zum einen für die russischen Besat-

231

zer, zum anderen für die deutsche Bevölkerung betraut. Sein Befehl lautet, zwei qualitativ unterschiedliche Wurstsorten herzustellen. Für die Russen soll ausschließlich das gute, für die Deutschen nur minderwertigeres Fleisch verarbeitet werden. Brückner tut, wie ihm geheißen, gibt allerdings die bessere Ware an die Deutschen und die schlechtere an die Russen ab. Ein Schwindel, der vorerst nur deshalb nicht auffliegt, weil die Besatzer die »schlechten« deutschen Würste gar nicht erst probieren. Doch Brückner muss sich nicht nur mit den Russen, sondern mit einem ganz elementaren Problem bei der Produktion herumschlagen: Der Grundstoff Naturdarm ist extrem knapp und teuer, manchmal ist er gar nicht verfügbar – und ohne Darm keine Wurst. Diese Misere veranlasst den Fleischer dazu, mit einem Gartenschlauch zu experimentieren, den er an die Wurstmaschine anschließt und durch den die Wurstmasse in Bögen und Kurven in einen riesigen Heißwasserkessel gedrückt wird. Der Masse selbst mengt er Eiweiß bei, das dafür sorgt, dass sie auf ihrem Weg durch den im heißen Wasser liegenden Schlauch eine Art hautlose Hülle bildet. Damit ist die darmlose Wurst geboren. Brückner ahnt, dass ihm ein großer Wurf gelungen ist und flieht mitsamt seiner Erfindung in den Westen. Keinen Tag zu früh, wie sich herausstellt, denn zeitgleich entdecken die Russen seinen Betrug mit der Zweiklassenwurst und verurteilen den Verräter noch in Abwesenheit zum Tode.

Brückner kommt nach Berlin. Hier verfeinert er seine Erfindung, experimentiert mit verschiedenen Garungsmethoden und entdeckt Folgendes: Weder auf dem Grill noch in der Pfanne oder im heißen Wasserbad – am schmackhaftesten gelingt die Darmlose im heißen Fett liegend. Als er in Frank Friedrich einen Partner für seine Betriebsgründung findet und damit beginnt, die Imbisse Berlins mit der hüllenlosen Neuheit zu beliefern, wird sie ihm förmlich aus den Händen gerissen. Ohne den teuren Darm ist die Wurst im Einkauf unschlagbar günstig. Genau zu dieser Zeit wird Harald Köhring vom Fahrrad weg von Friedrich engagiert: Er soll die darmlose Ware künftig ausliefern. Und staunt dabei nicht schlecht: »Was da jeden Tag an Würsten an die Buden ging, das kann man sich eigentlich gar nicht vorstellen.«

Doch Köhring kann. Und er kann rechnen. Was für einen Umsatz eine gute Bude täglich macht, ist für ihn als Lieferanten leicht nachvollziehbar. Nur kurze Zeit später beschließt er, einen eigenen Imbiss zu eröffnen. Er findet ein verwildertes Gartengrundstück, in dem eine alte Bretterbude steht, und mietet diese für fünfzig Mark im Monat.

»Das war viel Geld damals. Sehr viel Geld. Ich hab ja selber nur sechsundsiebzig Mark die Woche bei Maximilian verdient.«

Ein Handschlag besiegelt das Mietverhältnis. Köhring leiht sich Geld, und die Rechnung geht auf: Seine Wurstbude wird aus dem Stand zum ganz großen Renner. Jetzt hat er zwei Jobs, tagsüber Fleischfabrik, abends Imbissbude. Doch das augenscheinlich gut laufende Imbissgeschäft ruft seinen Vermieter auf den Plan, der selbst das große Geld wittert und Köhring kurzerhand unter dem Vorwand, bauen zu wollen, von seinem Grundstück schmeißt. Köhring schafft es zwar noch, sich eine einstweilige Verfügung zu holen, aber der Vermieter hat das Gelände schon eingezäunt. Was nun? Ein Freund rät: »Geh hin, nimm 'ne Axt mit und hau die Bude kurz und klein.« Gesagt, getan. Köhring geht nachts aufs Gelände und schlägt die Bude, die er selber gerade erst im Schweiße seines Angesichts zu einem florierenden Geschäft gemacht hat, in Stücke, »mit

Tränen in den Augen«. Und er gibt nicht auf. Wieder leiht er sich Geld und stellt einen Imbisswagen auf – den ersten, der in Berlin offiziell auf dem Gehweg stehen darf. Ein halber Kubikmeter Papiere und Genehmigungen sind dafür notwendig, aber Köhring schafft es und findet einen schönen Platz für seinen Wagen – zwanzig Meter von seiner ersten Bude entfernt. Dort steht mittlerweile die Imbissbude des ehemaligen Vermieters. Der Nebenbuhler wird sogar bei Maximilian vorstellig, von wo er die beliebte Darmlose beziehen möchte. Doch Herr Friedrich packt den Konkurrenten am Kragen und gibt ihm zu verstehen, dass er von diesem Betrieb keine einzige Wurst zu erwarten hat. Frank Friedrich ist mehr als ein Arbeitgeber für Harald Köhring. Er ist ein Freund. Und so bleiben sowohl Würste als auch die Kunden bei Köhring.

»Alle wussten ja, was los war. Alle Stammkunden. Wie er mich vom Hof gejagt hat. Zu dem ist keiner gegangen.«

Köhring arbeitet wie ein Berserker, um von seinen Schulden runterzukommen. Weiterhin tagsüber Fleischfabrik, abends Imbisswagen. Es geht bergauf. Bald kann er die erste Mitarbeiterin einstellen. Doch dann …

Es ist ein herrlicher Sommerabend. Harald Köhring steht in seinem Wagen und will die Gasflasche, die den Bräter befeuert, wechseln. Sie klemmt in der Ecke und will nicht so recht rausgehen. Währenddessen warten die Kunden auf Wurst. Köhring bedient erstmal weiter. Bei der nächsten Gelegenheit macht er sich wieder an der Flasche zu schaffen. Als er sich diesmal nach unten beugt, hört er ein leises Zischen. Er will die Flasche noch zudrehen, doch das schwere Gas hat sich schon bis in Oberschenkelhöhe im Wagen ausgebreitet und erreicht in diesem Moment die Zündflamme des Bräters. »Die Explosion hat noch gegenüber auf der anderen Straßen-

234

seite die Blumentöpfe von den Balkonen gerissen.« Harald
Köhring steigt als menschliche Fackel aus dem Imbisswagen,
wirft die brennende zweite Flasche auf den Parkplatz hinter
sich. Als sie unter ein abgestelltes Auto rollt, rennt er immer
noch brennend hinterher, um den schönen Audi zu retten.
Dass er überlebt, grenzt an ein Wunder. Zwei Monate sei er
im Krankenhaus gewesen, sagt er. Die ganze Haut. Alles weg.
Damals habe man ja noch diese Perlonkittel getragen. Herr
Köhring macht eine Pause. Mir schwant Böses. »Das Zeug
schmilzt auf der Haut, das brennt sich sofort ein.«

Drei Monate später sitzt Harald Köhring abermals seinem
Bankberater gegenüber. Er möchte Geld für einen neuen Imbisswagen. Und bekommt es. Und der neue Wagen brennt
nicht aus, wird ihm nicht weggenommen, dieser Imbisswagen
bringt ihn durch die nächsten Jahre. 1965 kann und muss Harald Köhring schließlich bei Maximilian Fleischwaren kündigen: Beide Jobs sind gleichzeitig nicht mehr zu machen. Seine
Freundschaft zu Frank Friedrich wird davon nicht getrübt. Sie
besteht bis heute.

»Und 1981 hab ich dann Krasselt's übernommen. Über die
Jahre sind noch vier andere Imbisse in Neukölln dazugekommen, aber die habe ich bis sechsundneunzig nach und nach
wieder abgegeben, bis auf den Krasselt's eben.«

Vor einigen Jahren, fügt er an, habe er den Namen noch an
zwei weitere Lizenznehmer weitergegeben. Die Wurst aber
käme natürlich immer noch von Maximilian. So wie vor einem halben Jahrhundert.

All das vertraut mir Herr Köhring an, während wir uns im
Schein einer Sechzig-Watt-Birne gegenübersitzen. Wie aus einem Guss, in moderater Lautstärke ist seine Geschichte aus

ihm herausgeflossen. Er hat darauf gewartet, sie zu erzählen. Gemessen an seinen zweiundsiebzig Jahren ist Harald Köhrings Gesicht immer noch glatt wie ein Säuglingspopo. Von irgendwelchen Verbrennungen keine Spur. Ein deutscher Arnold Schwarzenegger, denke ich, ist es nicht gewesen, der da vor einigen Jahrzehnten mit brennenden Gasflaschen jongliert hat. Freundlich und unauffällig sieht er aus mit seinen wenigen, grauen Haaren und den großen Ohren. Er hat ein leises Gesicht, braune, scheue Augen, die von hellblau getönten Brillengläsern beschützt werden, und einen kleinen Mund.

»Tja«, sagt mein Gegenüber, sieht auf die Uhr und erhebt sich etwas mühevoll, »dann muss ich wohl mal wieder. Ich will doch meine Rhododendren weiterschneiden.«

»Oh, wie schön«, sage ich. »Sind es viele?«

»Hundertfünfundneunzig«, antwortet Harald Köhring und gibt mir zart lächelnd die Hand.

Zurück in die Zukunft

Vierzehnte Station: Günther's Imbiss-Eck, Pritzwalk, Brandenburg

Während ich durch Pritzwalk fahre, fällt seidener Nieselregen. Die überwiegend erdfarbenen Häuser, die sich entlang des Kopfsteinpflasters reihen, sind eigentlich ganz hübsch, aber sie wirken kulissenhaft, wie aus der Zeit gefallen. Kein Mensch ist auf der Straße, nicht einmal Fuchs und Hase, doch für die beiden wäre es eh noch zu früh.

»Günther's Imbiss-Eck« befindet sich – wie zu erwarten – im Erdgeschoss eines Eckhauses, das Gebäude ist einer der wenigen Neubauten am Ort, weiß gestrichen und schmucklos. Auf dem pinkfarbenen Schild ist über dem Namen »Der etwas andere Imbiss« zu lesen. Links daneben tanzt eine stilisierte Kaffeetasse. Ebenfalls pinkfarben sind die breiten Rahmen der bodentiefen Fenster und der Glastür. Ein Fähnchen an der Hauswand führt mit dem Aufsteller auf dem Bürgersteig einen kleinen, harmlosen Streit darüber, wer von den beiden mir zuerst Softeis feilbieten darf. Ungefähr drei Meter vor der Eingangstür steht, einem gedungenen, dunkelgrauen Wachtposten gleich, eine Mülltonne.

Drinnen erwartet mich nicht Imbisswirt Günther, auch nicht Herr Günther, noch nicht einmal Frau Günther, sondern Simone: Mit ihren hohen Wangenknochen und dem flächigen Gesicht verkörpert sie für mich am ehesten das, was man gemeinhin als slawischen Typ bezeichnet. Für manch anderen mag sich in ihren Augen nur die verregnete Prignitz spiegeln – ich aber sehe in ihnen das Feuer der Taiga. Und die Wehmut einer Balalaikamelodie. Simone ist ungefähr in meinem Alter und trägt ihr Haar vorn als fransigen Pony und hinten hochgesteckt. Ihren eher vollschlanken Körper kleiden ein schulterfreier, weißer Strickpulli sowie eine fein grau-weiß gestreifte Kittelschürze. Hier steht sie – die Chefin des Hauses. Herr Günther, der Namensgeber des Imbiss-Ecks, ist gewissermaßen ihr Imbiss-Ex und aus ebendiesem Grunde nicht anwesend. Allerdings wohnt er noch im Haus, ganz oben. Seine Eltern leben einen Stock tiefer, direkt über dem Laden. Das Haus, erklärt mir Simone, hätten sie gemeinsam gebaut. Als sie noch die Günthers waren.

Es ist nicht einfach gewesen, Simone für mein Vorhaben zu begeistern. Auf meine telefonische Anfrage hin kassierte ich erstmal eine Abfuhr.

»Hallo, hier ist Jon Flemming Olsen. Spreche ich mit Frau Günther?«

»Frau Günther gibt's hier nich.«

»Oh«, sagte ich etwas verunsichert, »hat sie den Laden nicht mehr?«

»Doch, doch«, erwiderte meine Gesprächspartnerin lachend. »Ick heiß nur nich mehr so.« Sie habe, fügte sie an, nämlich vor einem halben Jahr geheiratet und heiße jetzt Kappstein.

»Ach, Frau Kappstein, das ist ja schön!«, entfuhr es mir. Voller Freude schilderte ich mein Anliegen.

»Ick weeß nich«, sagte die frischgebackene Frau Kappstein daraufhin und schenkte mir ein weiteres, kaskadenhaft perlendes Lachen. »Wat soll det denn bringen?«

Diese Frage hatte noch niemand gestellt, sie warf mich für eine Sekunde aus der Bahn, doch der amüsierte Unterton in der Stimme verriet mir, dass noch nicht alles verloren sei. Und so rang ich Frau Kappstein einen Entscheidungsaufschub ab: Ich könne ihr doch wenigstens mal meine Bewerbung schicken.

Als ich eine Woche später wieder anrief, schien mein Schreiben ein erstes, zartes Vertrauensband geknüpft zu haben. Das klinge ja alles ganz schön und gut, sagte Frau Kappstein, sie werde sich das noch mal genau überlegen, aber – sie lachte – ihren Namen, den hätte ich wohl falsch verstanden. »Da kommt nämlich ein ›ck‹ anstelle der beiden ›p‹.«

Ich brauchte eine Weile, um das Buchstabenpuzzle in meinem Kopf neu zusammenzusetzen. Und als ich das getan hatte, war es nicht ganz einfach, das Ergebnis auszusprechen. »Frau … Kackstein?«

»Ja, genau«, erwiderte dieselbige und lachte ihr herrliches Lachen.

Und in diesem Moment wusste ich noch sicherer als vorher, dass ich ihr Praktikant werden wollte. Rasch fanden wir vom Sie zum Du.

Das erste Wort, das mir beim Anblick des Interieurs von Günther's Imbiss-Eck durch den Kopf schießt, ist gar keins, sondern eine Zahl. 1985. Seit diesem Jahr, das steht für mich ohne jeden Zweifel fest, hat sich hier im Gastraum nichts mehr verändert: Die gesamte Einrichtung ist in Pink, Schwarz und Mittelgrau gehalten. Zu meiner Linken zieht sich ein langer Tresen samt chromblitzender Barhocker, direkt vor mir stehen sechs schwarze Tische mit passender Bestuhlung. Bei der Farbe des pflegeleichten Bodenbelags, so will es mir scheinen, konnten die Günthers sich weder zu pink noch zu grau durchringen und landeten irgendwo in der Mitte: bei einem gebrochen fleischigen Rosa mit hell- und dunkelgrauen Sommersprossen. Prunkstück und Eyecatcher der Innengestaltung sind zwei großflächige Airbrush-Gemälde, eines belegt die Fläche unterhalb des Tresens, das zweite füllt die Stirnwand des Gastraumes. Beide Motive zeigen Space-Roboter-Frauen – jung, schlank mit chromblanken Armen und Beinen –, deren Gelenke zu Scharnieren mutiert sind. Die eine hält einen coolen Longdrink mit Knickhalm und Zitronenscheibe, ihr Gesicht erinnert mich an eine Mischung aus Jane Fonda und Pamela Anderson. Die den Tresen zierende Schönheit trägt eine Art Aluminiumbadekappe auf dem Kopf und balanciert in ihrer weit nach links ausgestreckten Hand ein Tablett mit einem Cheeseburger. Beide Frauen tragen Headset-Mikrofone und werden von winzigen bis fußballgroßen Planeten umflogen. Die Gemälde sind detailreich und naturalistisch ausgearbeitet – es sind wahre Meisterwerke von geradezu gigantischem Kitsch. Mein ehemaliger Bandkollege Hartmut pflegt, wann immer ihm ein besonders avantgardistisch herausgeputzter Schönling über den Weg läuft, zu sagen: »Der ist so weit vorne, dass er sich schon wieder hinten anstellen kann.« Hier scheint mir der gegenteilige Fall vorzuliegen. Wäre dies ein heißes Berliner Szenepflaster, müsste man den Look des Ladens nur um Nuancen verändern, um ihn in *die* Szenebude schlechthin zu verwandeln. Keine Frage: Günther's Imbiss-Eck ist so weit hinten, dass es fast wieder vorne ist. Schon jetzt habe ich es fest in mein Herz geschlossen.

Simone stellt Gläser ins Regal über dem Tresen. Früher, sagt sie, hätten ihr Ex-Mann und sie noch den »Räuber Clemens«

geführt, eine Kneipe in der Grünstraße. Doch dann habe er irgendwann »eine andere« nebenbei gehabt, womit natürlich keine Kneipe gemeint ist.

»Dann ham wa uns jetrennt, und er hat den Räuber Clemens weiterjemacht und ick den Imbiss.« Simone wischt sich die Hände ab. »Aber ick muss janz ehrlich sagen: Ick hab's nur jemacht, damit meine Tochter später nich noch zahlen muss. Aber det is wohl die total falsche Einstellung heutzutage.«

Ich protestiere.

»Nee«, sagt Simone, die ihrer düsteren Aussage sofort ein funkelndes Lachen hinterherschickt, »ick weeß. Aber Susann is jetzt neunzehn und lernt Hotelfach in Kühlungsborn. So.« Simone sieht mich an. »Wir wissen doch, wat da rauskommt.«

»Wat denn?«, frage ich in einer spontan Brandenburgischen Aufwallung.

»Na, sie wird doch wohl nie wieder nach Pritzwalk zurückkommen. Det wird doch langsam zum Dorf hier: früher zwölftausend Einwohner, jetzt sind's nur noch achte.«

Ich nicke.

»Na, komm«, sagt Simone und lacht schon wieder, »wir jehen mal nach hinten. Heute jibt's Schnitzel mit Prinzessbohnen und Kartoffelröschen!«

In der Küche ist die sehr dicke und ebenso stumme Aushilfe Heike mit den Bohnen beschäftigt. Sie wagt kaum aufzusehen und murmelt eine flüchtige Begrüßung. Auf dem Herd brutzeln schon die ersten Schnitzel, halb so groß wie die von Pohly, aber unverkennbar selbst gemacht. Es riecht gut. Simone führt mich durch die übrigen, hinteren Räume: Lager, Personaltoilette, zu guter Letzt ihr kleines Büro.

»Ach Jott«, seufzt meine Chefin im Angesicht der Papiere und Belege auf dem Schreibtisch. »Jestern hätt ick hier noch am liebsten abjeschlossen und den Schlüssel wegjeschmissen.« Am Montag habe sie ein langes Gespräch mit ihrem Steuerberater gehabt. Es sehe nicht so gut aus. Die Umsätze seien zu niedrig. Dabei hatte alles so gut begonnen mit dem Günther'schen Imbissgeschäft. Ein Jahr nach der Wende hatten sie an dieser Stelle erstmal einen Imbisswagen aufgestellt. Nachdem der bombig lief, wollten sie auf der freien Fläche bauen. Eigentlich nur ein wintergartenartiges Fertighaus. Aber die Stadt, sagt Simone, habe sich gesperrt. »Det passt nich ins Stadtbild.«

Also hätten sie neu geplant, zweigeschossig, aber auch da habe ihnen die Behörde einen Strich durch die Rechnung gemacht. Also dreigeschossig. Das bedeutet: Mehr Geld aufnehmen, viel mehr als ursprünglich geplant. Sie seien regelrecht unter Druck gesetzt worden, sagt Simone. Auf den Schulden sitze sie heute noch. »Ick sach ja: Wenn der Job keen Spaß machen würde, würd ick sajen… hier.« Simone tippt sich an die Stirn.

Eine Rentnerin hat mit ihrem kleinen Enkel an der Hand den Laden betreten. Der Steppke kommt mit großen Augen auf Simone zugetapert und verlangt die sofortige Herausgabe eines Kaubonbons.

»Du, ick hab heut keinen. Heut is alle«, entschuldigt sich Simone. »Und außerdem haste heut kein Aua-weh.«

Der Kurze guckt, als würde diese Nachricht ein düsteres Schicksal verheißen. Dieses Bild kann Simone nicht kaltlassen. Sie habe wirklich nichts, wiederholt sie genauso leidend, und außerdem habe er ja kein Aua-weh.

»Oder haste doch Aua-weh?«

Der Kleine nickt sehr ernst.

»Det ha ick mir fast jedacht. Willste 'n Stück Schokolade?«

Als der erste richtige Gast des Tages zehn Minuten später den Laden betritt, flötet Simone ihm ein »Hallo, junger Mann« entgegen und fragt, ob er einen Kaffee möchte.

»Ja, bitte«, antwortet der Gast höflich.

»Auch schon Mittag?« Simones Stimme kiekst auf der letzten Silbe deutlich nach oben.

»Wennde schon was hast… dann gerne. Später krieg ich ja nichts mehr.«

Simone lässt ihr Lachen perlen und deutet auf mich: »Das ist Joe Flemming, und das…«, ihre Hand zeigt auf den Gast, »ist Herr Specht.«

Sie verschwindet in der Küche, um die Bestellung fertig zu machen. Herr Specht setzt sich mir gegenüber an den Tresen und blickt mir gleichermaßen freundlich und neugierig ins Gesicht. »Und du…«, fragt er etwas zögerlich, »hilfst du Simone hier… jetzt?«

Wir hören ein helles Lachen aus der Küche. Ich kläre Herrn Specht darüber auf, dass ich Praktikant für einen Tag bin, ein Buch schreibe und mir Simones Laden empfohlen worden ist. Wir kommen ins Gespräch. Herr Specht, so stellt sich heraus, ist selbstständiger Tischler. Begeistert klatsche ich in die Hände. Eine derart harmonische Kombination von Nachname und Beruf würde mich immer besonders erfreuen, verrate ich ihm und führe als weiteres Beispiel den Zahnarzt direkt gegenüber meiner ehemaligen Wohnung in Hamburg an. Ein bloßer Blick auf sein Praxisschild mit dem Namen »Dr. Wimmer« habe mir im Vorbeigehen schon so manch graue Minute erhellt. Herr Specht lacht und reicht mir die Hand. Er sei der Andreas und sei so etwas wie ein Stammkunde von Günther's Imbiss-Eck. Ich erläutere, dass ich zwar nicht Joe, aber immerhin Flemming heiße, und frage, aus welchem

243

Grund er denn so gerne herkomme. Andreas muss nicht lange
überlegen. »Simone hat immer jute Laune und … det passt
hier allet irgendwie.«

»Na ja«, die gelobte Wirtin stellt Andreas Tasse und Teller
hin, »fast immer.« Dann muss sie lachen.

Beruflich, sagt Andreas, gehe es ihm gut. Es sei schon okay
hier in Pritzwalk, auch die Landschaft und die alten, abgele-
genen Dörfer drum herum seien wunderschön, lediglich die
Kommunalpolitik, die sei Scheiße.

»Wennde mal wat verändern, wat verbessern willst, dann
stößte auf Granit.«

Er sei auch Stadtverordneter und als solcher im Ausschuss
für Gesundheit und Soziales tätig. Immer wieder kämen Eltern auf ihn zu, die darüber klagen, dass ihre den örtlichen
Kindergarten besuchenden Kleinen auffällig oft krank seien.
Das habe er dann bei der Stadtverwaltung einmal angesprochen. »Da hab ick gleich einen uffn Deckel jekricht – nach
dem Motto: Wie ick mir denn anmaßen könnte, so wat zu fragen!« Nichts hören, nichts sehen, nichts sagen. Dieses Prinzip,
sagt Andreas, würde unten in der Lokalpolitik anfangen und
sich bis nach oben in den Landkreis fortsetzen. Küngeleien
und Verstrickungen – sauber sei das alles nicht, das wisse jeder. Auch wenn es darum gehe, alteingesessene Betriebe hier
zu halten – Fehlanzeige. Und so was nenne sich dann Wirt-
schaftsförderung.

»Von wann war Schraube?«, ruft Andreas Simone zu.

»1860«, kommt es aus der Küche zurück.

Während der gesamten DDR-Zeit sei die ehrwürdige, örtliche Brauerei Schraube ein unumstößlicher Fels gewesen.
Nach der Wende aber habe sie nur noch dahingesiecht. Insol-
venz, Treuhand, immer wieder neue Eigner, der letzte habe

dann endgültig die Gardinen zugezogen. Und alle Maschinen verscherbelt.

»Nach China«, fügt Simone an. »Aus'nanderjenommen und wech.«

Mittags wird es richtig lebendig in Simones Reich. Direkt nach Herrn Specht hat eine ganze Truppe von Mitarbeitern der Firma Vorwerk den größten Tisch des Ladens okkupiert und nach einigen Kannen Kaffee diverse Verzehrwünsche geäußert. Seinen Stammplatz an Tisch zwei, schräg links vom Tresen, hat nur kurze Zeit später ein rüstiger Rentner mit dem schönen Namen Händel eingenommen. Vor und nach dem Essen gibt es immer ein Schnäpschen. Na gut, manchmal auch zwei. Das Tagesangebot sagt ihm ausnahmsweise nicht so zu. Herr Händel wünscht sich Spinat mit Eiern – Spiegeleier oder Rührei, da lasse er sich gern überraschen. Simone tätschelt ihm lächelnd den Unterarm. An einem der beiden Außentische nehmen trotz des trüben Wetters zwei Bauarbeiter Platz. Da dürfe schließlich noch gequalmt werden, erklären sie. Eine Mutter mit Großmutter und Kind im Schlepptau bestellt zweimal Seelachs und für den Kleinen ein Schnitzel, aber bitte ohne alles, der Kleine esse kein Gemüse. Kein Problem, Simone springt. Eine Nachbarin bringt Geranien vorbei, der Supermarkt würde sie heute verschenken. Die Vorwerker lockern die Schlipsknoten. Bereits mehrfach bin ich zum Servieren bei ihnen gewesen und dabei das ein oder andere Mal mit einem Latte Macchiato in der Hand um den halben Tisch gelaufen. Fragen nach dem Empfänger des Heißgetränks lösen hier allenfalls stumme, blicklose Fingerzeige auf die Tischplatte aus. Es ist ein schmaler Grat zwischen Kellner und Lakai. Mit meinem heutigen Wirkungsbereich bin ich trotzdem

245

sehr glücklich: Er konzentriert sich neben dem Kellnern aufs Getränkeausschenken, Bierzapfen und Gläserspülen. Als ich den Spülboy Premium im Edelstahlbecken entdecke, ist es wie ein unverhofftes Wiedersehen mit einem lang vermissten Freund. Simone und ich arbeiten gut zusammen. Ihre Anweisungen sind knapp und präzise (»Besteck für Tisch vier«), es kommt zu keinen Missverständnissen, vieles von dem, was zu tun ist, erkenne ich von allein. Es scheint, als würden die letzten Praktikumswochen langsam ihre Wirkung zeigen.

»Wennde mal zwischendurch 'n bisschen Zeit hast«, raunt Simone mir beim Gläseranreichen zu, »unterhalt dich doch mal mit dem Herrn Händel. Der erzählt so jerne.«

Herr Händel entpuppt sich in der Tat als sehr gesprächsfreudig. Jeden meiner Gänge zu seinem Tisch nutzt er dafür, ein paar Sätze hin und her zu werfen. Seine Stimme ist brüchig, ein lautes Flüstern. Nach dem Essen kommt er an den Tresen und bittet um einen kleinen »Verteiler«. Simone zeigt stumm auf die rechte, untere Kühlschranktür. Ich schenke ihm einen Kräuterschnaps ein. »Danke, danke«, wehrt der Rentner ab, als sei ich gerade im Begriff, einen Eimer zu füllen – nur um direkt danach ein seliges »Jawoll« zu murmeln. Schön sei es hier bei Simone, sagt er, während er mir zuprostet. Mit dem Kochen habe er es nicht so. Seit seine Frau vor zwei Jahren demenzkrank ins Heim musste, sei er fast jeden Mittag hier. Unter Leuten. Zu meiner großen Verblüffung treibt diese Aussage Herrn Händel keineswegs die Tränen in die Augen: Nicht nur dieser, auch alle weiteren Sätze kommen meinem Tresengast frisch und freundlich, ja beinahe begeistert über die Lippen. Womöglich ist Herr Händel froh, dass ihm seine Frau nicht mehr auf der Pelle hockt. Oder ist der Schmerz zu groß, um ihn zu spüren? Eine Antwort auf diese Frage werde ich

246

nicht finden, sie wird ein Geheimnis bleiben – kein Geheimnis macht Herr Händel indessen aus seiner Begeisterung für meine Heimatstadt.

»Hamburg! Ach je! Barsbüttel!«, ruft er und schlägt die Hände zusammen. An diesen Ort habe er die schönsten Erinnerungen seines Lebens: Dort habe er früher öfter Fußball gespielt. »Ick war Torwart beim Pritzwalker Sportverein«, lächelt Herr Händel. »Und det war mal so jewesen – nich wahr –, dass wir 'n Kontakt bekamen zum Barsbütteler SV, den ham wa einjereicht, und denn durften wa fahrn.«

Einundsechzig fährt der junge Herr Händel zum ersten Mal zum Kicken in den Westen. Zwei Jahre vor dem Mauerbau. Das Schönste an den sportlichen Begegnungen: Nach der Ankunft geht es immer direkt ins Sportlerheim – Zigaretten kaufen, Lucky Strike. Jeder Barsbüttler Spieler nimmt einen Pritzwalker auf. Herr Händel übernachtet in der Wohnung des linken Verteidigers, ein Hafenarbeiter, der zu ihm sagt: »Lass die anderen mal im Sportlerheim was trinken – wir gehen auf die Reeperbahn, die kennste ja gar nicht!«

»Na, wir ham uns dann den Abend vergnügt. Det war herrlich.« Herr Händel streicht sich über den schütteren, grauen Scheitel. Aber, fügt er hinzu und reckt den Zeigefinger, am nächsten Tag hätten sie ja spielen müssen, da sei so mancher nicht ganz auf der Höhe gewesen. Er lacht heiser.

»Wir ham det so jemacht: Wir ham 2 : 2 jespielt – und beim Rückspiel jenauso!«

Ich schenke noch einen kleinen Schnaps ein.

»Wenn Ihnen Hamburg so gut gefallen hat«, frage ich, »ist es Ihnen nie in den Sinn gekommen, einfach dort zu bleiben?«

Die Möglichkeit, in den Westen zu gehen, habe es schon gegeben, sagt Herr Händel. Zumal seine Schwester damals in

Duderstadt gelebt habe. Sekretärin in einer Spielwarenfabrik sei sie gewesen, und ihr Chef ein ausgesprochen großzügiger Mann. »Junge, du kannst sofort bei mir anfangen, det hat er zu mir jesacht.« Zum ersten Mal macht Herr Händel eine kleine Pause. »Det hätte mir schon jefallen. Aber die Familie... die war ja hier.«

Es sei vielleicht besser so gewesen, seufzt der alte Herr. Das Leuchten in seinen Augen wird dabei vielleicht etwas schwächer. Verschwinden tut es nicht. Wenigstens einmal noch würde er gern in die Hansestadt reisen, sagt Herr Händel. »Die Miniatur-Eisenbahn, die muss man doch jesehen haben!«

Eine Stunde später ist der große Mittagsansturm schon wieder vorbei. Ich sehe aus dem seitlichen Verkaufsfenster. Gerade hat es angefangen zu regnen. Dabei hat der Tag eigentlich ganz schön – zumindest hellgrau – begonnen, nun hat sich der Himmel in den letzten Stunden zu einem dunklen Klumpen zusammengezogen. Die Vorwerk-Mannschaft hockt immer noch wie angelötet über dem wahrscheinlich hundertsten Kaffee. Aus Simones winzigem Büro dringen Sprachfetzen eines Telefonats an mein Ohr. Wenn ich sie richtig deute, geht es um Geld und Zahlen. Ein leises Klappern weht aus der Küche: Die stumme Heike spült die letzten Teller. Das Fenster ist offen, ich habe den Kopf auf die Hände gestützt, die Ellenbogen auf der Edelstahlarbeitsplatte, und ich schaue nach nebenan zum Henwi Möbel- & Warenhaus. Auf dem Vorplatz stehen leere Sitzgruppen zur Besichtigung und werden langsam nass. Ein Rentnerpärchen fährt in einem silbernen Nissan Micra sehr vorsichtig und extrem langsam von links nach rechts an meinem Aussichtsfenster Richtung Parkplatz vorbei – und eine zehn Milliarden Regentropfen währende Unendlichkeit später tappen die beiden zu Fuß von rechts nach links erneut ins Bild. Sie sind ziemlich klein, aber man sieht, dass sie mal größer waren. Die Frau ist leicht o-beinig und trägt einen winzigen Regenschirm, während ihr Mann die Hände auf dem Rücken verschränkt hat. Auf seinem Kopf sitzt eine graue Schiebermütze.

Die Rentner trotten Richtung Eingang. Ich höre den Regen, sein leises Prasseln auf dem Teer, die Gesprächsfetzen der Vorwerk-Gruppe, Simones Telefonat, das Gurgeln der Spüle in der Küche, und ich schaue auf die Straße, auf der sich kein Mensch herumtreibt. Auf der nichts passiert. Dieser Moment ist ein besonderer. Zum ersten Mal auf dieser Reise muss ich nichts tun, nichts fragen, niemandem zuhören, mir nichts einprägen, auf nichts achten und nichts lernen. Nichts passiert. Ich bin einfach nur hier. Es ist ein sonderbarer Augenblick: Er ist friedlich, selbstverständlich und unspektakulär. Er ist so wahnsinnig unspektakulär, so ohne jedes Ereignis, dass er nur dadurch leuchtet. Während die Tropfen auf den Asphalt fallen, denke ich an das näherrückende Ende meiner Reise. Ich frage mich, was es dann wohl für eine Reise gewesen sein wird. Immer noch habe ich keine Ahnung.

Simone hat Hunger. Doch essen kommt nur infrage, wenn der Laden wirklich leer ist. Seit über zwei Stunden tröpfelt es nur noch Kundschaft, der Faden der Betriebsamkeit ist dünn, aber abreißen will er nicht. Die Vorwerker quatschen und quatschen. Mittlerweile dürften die Helden des Staubsaugers genügend Zeit gehabt haben, eine umfangreiche Power-Point-Präsentation zu entwickeln, mit der sie selbst dem Mann im Mond noch ein Gerät verkaufen könnten. Doch sie hängen immer noch an Tisch sechs wie an einer Planke auf hoher See. Gegen drei schließlich gibt Simone auf. Ihre Nachfrage, ob noch jemand von den Herrschaften einen Kaffee möchte, wird zum ersten Mal kollektiv verneint. Bis die Vorwerker sich daran erinnern, dass der Herrgott ihnen Beine gegeben hat, klingelt allerdings noch mehrfach das Telefon. Dann – als der Letzte die Tür geschlossen hat, sind wir allein im Imbiss-Eck.

Wenn man richtig Hunger hat, schmeckt Schnitzel auch nach zweimal Mikrowelle. Welcher Tisch ihr Lieblingstisch sei, frage ich Simone. »Die Vier«, antwortet sie. Von dort habe man den ganzen Laden im Blick. Während ich eindecke, kommt sie mit den dampfenden Tellern. Wir reden über das Wetter. Ein Thema, bei dem es immer mehr Fragen als Antworten gibt: Kann da wirklich immer noch keiner dran drehen? Oder haben es die Chinesen doch schon geschafft? Und wo ist bloß unser Sommer geblieben? Gemeinsam ist man gerne unwissend. Und vorhin – hat Simone da ein ernstes Telefonat führen müssen? Sie nickt: ihr Steuerberater. Mit dem Imbiss-Eck gehe es so nicht mehr weiter. Sie habe ja noch einen zweiten Imbiss, die Camper-Oase, der würde richtig gut laufen, da gebe es keine Probleme. Auf den solle sie sich konzentrieren und den Laden hier zumachen. Aufgeben. Allein die Zinsen für die Einrichtung würden alles auffressen. »Aber det kann ick nich. Da bin ick viel zu stolz für.«

Und außerdem: Die Günthers hängen immer noch gemeinsam in allen Geschäften. Simone sagt, sie wisse doch gar nicht, was die nächsten Jahre bringen würden. Den »Räuber Clemens« jedenfalls sei ihr Ex-Mann schon los. Und überhaupt: Um seine Tochter habe der sich seit zehn Jahren nicht mehr gekümmert. »Aber sie kommt ja immer wieder an bei ihm. Sie versucht's. Hak det ab – det ha ick zu ihr jesacht. Hat keen Zweck.«

250

Simone schiebt ein Kartoffelröschen über den Teller. Nirgendwo, sagt sie, habe sie auch nur einen Cent Schulden – nur bei den Banken, und die würden sie richtig in die Zange nehmen. Was nütze es denen denn, wenn sie das Handtuch werfen würde? Dann hätten sie doch von ihr überhaupt kein Geld mehr zu erwarten. »Geld wohl nicht, aber das Haus«, denke ich. Ob Simone sich darüber nicht im Klaren ist? Ihre Gabel spießt die letzte Bohne vom Teller auf. Simone seufzt. An Urlaub habe sie schon seit Jahren nicht einmal mehr gedacht. Wahrscheinlich könnte sie es auch gar nicht mehr, einfach abschalten.

»Und was machst du, wenn du mal…?«

Simone kichert und schüttelt den Kopf. Sie weiß schon, was ich sagen will. Menschen wie sie werden nicht krank, die fallen nur irgendwann einfach um.

Mein Bedürfnis, wieder etwas Positives auszusprechen, wird übermächtig.

»Aber diese Airbrush-Geschichten sind ja wirklich toll gemacht«, werfe ich ein.

»Det stimmt«, sagt Simone. »Die kriegn aber auch langsam Falten, jenau wie ick.« Sie zeigt auf die feinen Risse, die bereits durch die Bilder laufen. Und verändern könne man die Malereien eben auch nicht. Da gebe ich ihr Recht, aber: »Das Achtzigerjahre-Revival ist doch gerade voll im…«

»Fümmunneunzig«, sagt Simone, da hätten sie gebaut.

Fünfundneunzig. Kann es einen noch größeren Fettnapf geben? Ein Königreich für eine Rückspultaste. Wie konnte ich Trottel denn allen Ernstes annehmen, diese Innengestaltung wäre noch zu DDR-Zeiten kreiert worden? Ich starre auf die silbrigen Airbrush-Finger, denen gerade der Cheeseburger in Richtung Kosmos entgleitet. Mir wird weh ums Herz. Schon bei der Grundsteinlegung waren die Günthers zehn Jahre hinter der Zeit. Mit einer Kunst, die eine Zukunft beschwört, die damals bereits zum alten Eisen gehörte. Die Wiedervereinigung war eine Zeitmaschine. Sie hat Science-Fiction in »Ware mit leicht überschrittenem Haltbarkeitsdatum« verwandelt.

»So wie heute«, sagt Simone. »So müsstet praktisch jeden Tag sein. So wie jetzt, dass man ma sajen kann: Nu essen wir Mittach.«

Eine Stunde – nein, eigentlich eine halbe – sei dafür doch schon genug. Dass man mal seine Ruhe habe. »Det würd mir vollkommen reichen.« Simone lächelt mich an. »Also mach ick's immer noch gerne, ne?« Ihr Lachen füllt den Raum.

»Das sieht man doch!«, rufe ich. »Sonst könntest du doch gar nicht mehr so fröhlich lachen.«

Simone hält kurz inne. »Gab es denn einen Kunden heute, der nich aufjejessen hat oder der rumgepopelt hat?«

Ich schüttle den Kopf.

»Siehste«, sagt Simone.

Recht hat sie.

Die Wollmilchsau

Fünfzehnte Station:
Banny's Imbiss & Pension Friedrichsruhe

In den wolkenlosen Mecklenburger Nachthimmel steigt orange leuchtend ein medizinballgroßer, papierner Lampion. Banny, Rudi und ich stehen im Halbkreis und starren nach oben, bis der Nacken schmerzt. Als seine kaum mehr stecknadelgroße Hülle wie auf ein geheimes Zeichen hin Feuer fängt und verglüht, steht uns dreien schon das Wasser in den Augen. Es ist ein schmerzhaft schöner Moment. Unsere Damen, Bannys Lebensgefährtin Andrea und Rudis Ehefrau Tilly, sitzen hingegen unbeeindruckt in ihren Gartensesseln.

»Der waa bstimmt schon dei Kiomeder hoch«, bemerkt Banny, während ich mich über die offensichtliche weibliche Gefühlskälte beschwere. Auch meine Konsonanten klingen wie geschmolzen. Rudi macht es richtig: Er entlässt einen tiefen Seufzer aus seiner Brust, setzt sich und schenkt noch einen kleinen Hasenpfeffer nach. Einen letzten. In diesem Moment beginnt sich der Horizont vor meinen Augen zu bewegen – ein unmissverständliches Zeichen dafür, dass ich mich sofort ins Bett begeben muss. Ohne Umwege, ohne über Los zu gehen und ohne viertausend Mark einzuziehen. Den allerletzten von den vielen letzten Kurzen werde ich nicht mehr schaffen.

Banny begleitet mich vom Garten zu meinem nach vorn zur

Straße gelegenen Pensionszimmer. Ob wir den Weg Arm in Arm zurücklegen, wie mein Chef stolpert und wie ich ihm wieder auf die Füße helfe, weiß ich am nächsten Morgen nicht mehr zu sagen. Das Erste, was meine brennenden Augen sehen, ist das dem Bett gegenüber hängende Gemälde »Wildpferde galoppieren im Abendrot entlang des Flussufers«. Irgendjemand muss meine Mundhöhle über Nacht mit Pelz ausgekleidet haben. War ja klar, dass dieser Abend so endet, denke ich, während ich versuche, sehr langsam auf die Füße zu kommen. Ob Yvonne noch mit dem Frühstück wartet?

Frühstück. Damit hatte alles angefangen.

Friedrichsruhe. Ein Zweihundertfünfzig-Seelen-Nest, fünfundzwanzig Kilometer südöstlich von Schwerin.

»Hier ist so der Grill drinne«, sagt Banny, während er die Tür zu der kleinen Holzhütte öffnet. »Den ham wir jetzt, wie gesacht, auch erst seit 'n paar Wochen ... Und dann ham wir hier drinne alles neu gemacht, Strom und so weiter.«

»So ein guter Gasgrill ist kein billiges Vergnügen, oder?«

»Der kost fünfhunderfünfzig netto. Wahnsinn, ne?«

Ich ziehe die Unterlippe hoch und nicke anerkennend. Banny streicht über das Stahlgehäuse. Wenn die Leute kämen, sagt er, könne man nicht mit Kohle rumhantieren. Dann müsse die Hitze »zack« da sein. Er klatscht in die Hände. »Die ham ja alle keine Zeit. Familien auf der Durchreise: Keine Zeit. Die LKWs an der Straße: Keine Zeit – manchmal stehen die noch gar nicht, da heißt es schon: Los, los!«

Es fängt an zu regnen. Banny und ich ziehen die Köpfe ein und schauen durch die Verkaufsluke in den Himmel.

»Wenn es jetzt losgeht«, tröste ich meinen Chef, »haben wir auch eine Chance, dass es wieder aufhört.«

»Das wollen wir hoffen«, murmelt Banny. Früher hätten
sie ja nur die Bude gehabt. Jetzt mit dem großen Vordach
zur Rechten sei alles viel einfacher: »Bei Regen machen wir
eben an der Seite die Luke auf.« Es sei schon eigenartig, meint
Banny, während wir aus der Holztür wieder ins Freie treten –
er zeigt auf den Eingang unter dem großen Vordach –, man
könne den Leuten tausendmal anbieten, dass sie ihre Wurst
auch drinnen essen könnten, aber nein. Er verschränkt trotzig
die Arme vor der Brust und betont jedes Wort einzeln: »Die –
wollen – draußen – ihre – Wurst essen.«
Dabei verpassen die sturen Draußenesser einiges: Denn die
eigentliche Welt, das große Reich des Ronald Banner erschließt
sich dem Kunden erst, wenn er die Klinke drückt und das Innere von »Banny's Imbiss & Pension« betritt. Dann erst er-
kennt er, dass die kleine, an die Hauswand gezimmerte Holzbude, nur der Nippel an der großen Zitze ist. Drinnen spielt
die Musik, hier fließen Milch und Honig – und einiges mehr.
»Tja«, sagt Banny, als wir im Flur stehen. Er schiebt einen
Träger seiner blauen Latzhose hoch und blickt mich eine Sekunde lang unschlüssig aus zusammengekniffenen Augen an.
Seine Arbeitsschuhe machen leise Quietschgeräusche auf dem
Kachelboden. »Dann zeig ich dir wohl mal alles, ne?«
Überraschend viele Türen versprechen, dass das eine Weile
dauern kann. Banny deutet nach rechts. »Also, da ging's früher in die Kneipe rein. Wo du reingegangen bist, war eigentlich die Tür für 'n Biergarten draußen. Das hab ich jetzt einfach so als Eingangstür benutzt, hinten, im anderen Zimmer
ham wir 'ne neue Tür reingesägt, denn einmal zugemacht, das
kleinere is jetzt das größere Zimmer, ganz hinten sind die Toiletten – wenn du das alles sehen willst? Weiß ich ja nich…«
Ich nicke, habe nichts verstanden und möchte alles sehen.

255

Wir gehen an der Softeismaschine, einer riesigen Kühltruhe und
einem runden, mit blau kariertem Wachstuch bedeckten Tisch
vorbei. In der Ecke steht leicht erhöht ein offenbar brandneuer
Einbauofen, auf dessen Seiten noch die Schutzfolie klebt. Die
niedrige Fensterbank links vom Tisch besetzt ein Gummibaum.
Alles wirkt etwas durcheinander und improvisiert. Banny erklärt, dass der rechte Trakt des Flures früher sogar noch länger
war, auch hier habe er eine Tür zugemacht. Dahinter befinde
sich eines der beiden Pensionszimmer. Aber dazu später.

»Und ganz früher…«, der Mund in Bannys massigem Qua-
dratschädel verzieht sich zu einem Grinsen, »bin ich hier mal
zur Schule gegangen. Neunzehnhundertund… so weiter und
so fort.«

Ich bleibe stehen. »Hier?«, frage ich verblüfft nach. »Das
ist…?«

»…meine Schule gewesen, genau. Das waren alles Klassen-
räume. Früher, zu DDR-Zeiten ist das nach 'm Kuhstall-Prin-
zip gebaut worden. Die Ossis ham ja nich mehr gehabt. Das
sind immer so Pfeiler, siehste die?«

»Ja«, nicke ich und kann keinen Pfeiler entdecken.

»Da zwischendurch ham sie's mit Gasbetonplatten ausge-
füllt, gegengeschraubt, und das war dann ihre Bauart. Oben
auf jedem Pfeiler liegen die Binder drüber. Das alles ist zehn
Meter tief und sechzig Meter breit.«

»Das sind dann ja…«

»…sechshundertsechzig Quadratmeter – hinten is noch 'n
anderes Stück Flur dran. Und das ham wir alles ausgebaut.
Weißte Bescheid, ne?«

Von Bescheid wissen kann bei mir noch keine Rede sein.
Nichtsdestotrotz: Eine erste Ahnung vom Ausmaß des Banner'schen Imperiums beschleicht mich. Wir gehen den Flur

256

zurück und betreten das Mittelschiff des Gebäudes, das Herzstück von Banny's Imbiss & Pension.

»Das ist praktisch der Dorf-Konsum, wie wir zu Ost-Zeiten gesagt haben.«

Unwillkürlich bleibe ich in der Tür stehen. Die Vielfalt dessen, was die ungefähr fünfzig Quadratmeter große Fläche meinem Auge bietet, muss ich erst einmal verarbeiten: Nur ein Viertel des Raumes wird von dem tatsächlichen Imbissbereich eingenommen, inklusive Tresen und kleiner Sitzecke. Direkt daran schließt sich nahtlos ein Dorfladen für den täglichen Bedarf an, beeindruckend hoch gestapelte Bier- und Brausekisten bilden quasi ihren eigenen Getränkemarkt, und noch ein paar Schritte weiter wird Banny zum Obst- und Gemüsehändler. Und zwischen allem: Regale mit Porzellankatzen, Saucieren und Herrenunterhemden, die wahrscheinlich weltgrößte Auswahl an Groschenromanen, diverse Zeitschriften und Tabakwaren, eine beachtliche Spirituosensammlung und zu guter Letzt: eine Kuchenvitrine und ein Korb mit frisch gebackenen Brötchen.

»Das ist so mein Angebot«, meint Banny und zuckt mit den Schultern, die Hände in die Taschen gedrückt. »Also… von allem etwas.«

Ich versuche, den Warenaufwand zu überschlagen. Ein paar tausend Euro ständen hier schon drin, versichert mir mein Chef und bugsiert mich aus der Tür. Wieder auf dem Flur öffne ich die nächste Tür und betrete ein Durchgangszimmer, den so genannten Frühstücksraum. Doch was ist das? Hier sind zwei stark zerfurchte Gesichter offenbar bereits seit Stunden damit beschäftigt, Bannys Bier-, Schnaps- und Tabakangebot zu verkosten. Man blickt stumpf in meine Richtung und konzentriert sich dann wieder auf das Wesentliche.

Noch nicht einmal der Fernseher läuft. Mein fröhlich in den Raum geworfener Gruß zerbröselt in einer Ecke. Ist dies das klassische Friedrichsruher Frühstück? Banny sieht mich mit hochgezogenen Augenbrauen und gepresstem Lächeln an. Dann nimmt er mich beim Oberarm und zieht mich sachte weiter durch den Raum. Der Kunde ist König. Sein Wille geschehe. Sein Rausch komme.

»Und das ist dann der Innenhof.« Wir blicken aus dem Fenster auf eine kleine Rasenfläche mit Bäumchen. »Ich kann ja – um das Prinzip mal zu erklären: Also, das war wie gesagt unsre Schule.«

»Und hier war der Schulhof?«

Banny nickt. »Wie ein H musst du dir das vorstellen, wie ein H, und in der Mitte ist beides verbunden. Der Trakt, den ich vorne hab, ist hinten noch mal, und ab da hab ich das getrennt: Bis zur Dachrinne isses meins, und ab da hinten is Gemeinde: mit Turnhalle und Kindergarten und allem.« Bannys ausgestreckter Arm zeigt wedelnd nach vorne links.

»Bis zur Dachrinne...«, wiederhole ich grübelnd.

Auf dem Weg zu seinem kleinen Büro kommen wir an Bannys Gasflaschenverkauf vorbei und durchschreiten das Lager. Hier solle ich mal nicht so genau hinsehen, sagt Banny. Es sei noch sehr unordentlich. Was für eine Pracht! Mit den hier versammelten Massen an Werkzeug und Baumaterial könnte Banny wahrscheinlich auch einen Heimwerkerladen hochziehen. Keine Frage, der Mann ist ein Bastler – und ein Maurer, Fliesenleger, Klempner und Elektriker noch dazu.

»Richtig«, sagt Banny. »Elektriker hab ich mal gelernt. Alles andere...« Er zuckt die Achseln. Jedes Kabel im Haus habe er verlegt, von der Sat-Anlage bis zur Türklingel.

Währenddessen habe ich einen nagelneu aussehenden John-Deere-Aufsitzrasenmäher entdeckt und bleibe staunend stehen. Diese Maschine, das weiß ich dank Nachforschungen in eigener Sache, ist der Rolls-Royce unter den Rasenmähern. Vor meinem inneren Auge taucht der kleine Fleck Rasen im Innenhof auf. Zweifelnd sehe ich Banny an.

»Ja, das ist 'n Prachtkerl«, sagt er und tätschelt das linke Vorderrad. »Da mach ich vor allem den Parkplatz mit. Vorne. Zum Schneeräumen.« Das beruhigt mich. Aber, frage ich nach, so ein Gerät sei doch auch ganz schön teuer. Banny zieht eine Schnute. Er habe ihn sehr günstig von der Metro bekommen, und für solche Arbeiten bräuchte man schon eine vernünftige Maschine: Richtig mit Gussachsen und so. Natürlich, denke ich. Große Jungs wollen große Gussachsen.

Im Getränkelager stolpere ich fast über einen meterlangen Edelstahlschornstein.

»Der is für unsern Kamin. Haben wir letztes Jahr gekauft. Wir haben ja Kago in Friedrichsruhe. Kennst du?«

Ob ich Kago kenne? Diese Frage kann ja wohl nur ein Witz sein. Jeder Mann, der schon einmal eine längere Strecke auf der Autobahn zurücklegen musste, ist zwangsläufig mit dem Hersteller der wuchtigen Einbaukamine in Berührung gekommen. Irgendjemand in der Marketingabteilung des Unternehmens muss nachgewiesen haben, dass der sich vorm Raststättenpissoir erleichternde Herr besonders empfänglich für die Botschaft vom wohlig warmen Heim ist. Ob zwischen Reutlingen und Kiel oder Aachen und Berlin – ich habe noch kein Autobahn-Pissbecken vorgefunden, an dem ich nicht die Modelle Ancona, Klagenfurt oder Celle bestaunen durfte. Nun endlich weiß ich auch, wo ihr Zuhause ist.

Ungefähr alle fünf Jahre, beendet Banny meine Träumereien, würden die Ofenspezialisten ihre Vorführmodelle herausreißen und »für 'n Appel und 'n Ei verkloppen«. Da sei er dann fündig geworden.

Bannys Büro ist unscheinbar und klein. Für ihn würde es reichen, sagt er. Das meiste mache sowieso seine Frau. Vorm Fenster türmt sich ein riesiger Stapel handlich zersägter, dicker Äste, die einst die Früchte eines Pfirsichbaums trugen. Eine Krankheit habe ihm den Garaus gemacht, meint Banny zerknirscht. Die Früchte seien irgendwann bereits am Ast verfault, da habe er »ranmüssen«. Neben ein paar Golf-Trophäen entdecke ich hinter der Tür einen Gitarrenverstärker und ein Funkmikro. Bannys Miene hellt sich wieder auf.

»Das Mikro hab ich von Torte«, erklärt er mit breitem Grinsen, »will er mir verkaufen.« Seine Stimme schwillt ab zu einem Flüstern. »Das weiß Andrea nur noch gar nicht.« Der Verstärker sei für den Herrentag – von einem »DieTschey« aus dem Nachbardorf. Er habe zwar keine Ahnung, wo er das Gerät einsetzen würde, aber… mal guckn. Da kennst du dich doch mit aus, oder?«

»Natürlich«, sage ich.

»Achtzig Euro.«

»Guter Preis.«

Draußen, auf dem Parkplatz, weht ein eisiger Wind. Die zwanzig dunkelsten Wolken des Bundeslandes scheinen sich ausgerechnet über Friedrichsruhe verabredet zu haben. Banny schaut geknickt drein. Wie er jetzt so dasteht, den bulligen Kopf im Nacken, mit gekräuselter Stirn und zusammengekniffenen Äuglein das schwere Himmelsgrau fixierend, die Hände in den Taschen, tut er mir ein bisschen leid. Der Mann hatte doch noch Großes mit mir vor heute, nach Feierabend.

260

»Ach, scheißegal mit dem Wetter«, sage ich, »wir machen uns 'n schönen Tag hier und ...«

»Ja, deswegen ... mit 'm Grillen, mal gucken. War bis jetzt abends immer irgendwie schön, das kriegen wir schon hin.« Banny grinst. »Hab ich dir schon meine Autogastankstelle gezeigt?«

Ich schüttle den Kopf.

»Und die Pensionszimmer? Na, denn komm ma mit.«

Andrea guckt zur Tür raus. »Gleich is Radio!«, ruft sie, »nach dem nächsten Lied!«

Die gesamte Mannschaft hat sich im Laden versammelt: Andrea, Bannys Lebensgefährtin, hat sich den äußersten Barhocker am Tresen gesichert. Sie ist kurz und kompakt gewachsen und trägt zu ihrer hellrosa Hose eine schwarze Strickjacke. Ihr dunkelrotes Pferdehaar ist kurz geschnitten, und in ihren Augen sitzt der Schalk. In den folgenden Stunden wird sie noch viel Freude daran haben, ihren Mann zärtlich zu piesacken. Andrea hat sich heute freigenommen, eigentlich arbeitet sie bei einem Steuerberater. Yvonnes Platz ist hinter der Kasse. Sie ist Bannys Hauptarbeitskraft und mit ihren fülligen Hüften und den treuen, hellblauen Augen die klassische Glucke. Auch sie trägt einen pflegeleichten Kurzhaarschnitt und genau wie ihre Kollegin Doreen ein racing-grünes Polohemd mit gelbem Banny-Logo auf dem Rücken. Doreen ist schüchterner als die beiden anderen Damen und drückt sich im Durchgang zur Küche herum. Sie ist noch nicht so lange hier und in erster Linie für die Bratwursthütte vorm Haus zuständig.

Banny selbst steht breitbeinig neben einem Bierkistenturm in der Mitte des Raumes. Alle Anwesenden lauschen gebannt

261

den letzten Takten von »The Winner Takes It All« – dann wird
das Interview gesendet, das Torte und Wetter-Werner, die beiden Gute-Laune-Bären des Lokalradios, heute Morgen mit
Banny und mir geführt haben. Als Banny seine Stimme im Radio hört, windet er sich: Das klinge ja eigenartig, sei das wirklich er? Das könne doch gar nicht sein! Andrea stupst ihm
grinsend die Schuhspitze in den Hintern. Yvonne legt den Zeigefinger an die Lippen und wedelt mit der anderen Hand durch
die Luft. Doreen lächelt schmal und schlägt die Augen nieder.

Andrea, Banny, Yvonne und ich sitzen an dem mit blau kariertem Wachstuch bedeckten Tisch im Flur und essen Mittag. Es
gibt Rinderbraten, Kartoffeln und Erbsen und Möhren. Vorher habe ich in der Holzbude vorm Haus Würste gegrillt, im
Innenbereich des Imbisses Kaffee ausgeschenkt und Yvonne
im Laden an der Kasse ausgeholfen. Falls man Letzteres so
nennen möchte. Bei meinem Erstversuch, einen Kunden alleine abzukassieren, brachte ich die Kasse dazu, jeden belie-
bigen Tastendruck nur noch mit Warnton zu quittieren. Der
technikinteressierte Kunde ließ sich davon nicht aus der Ruhe
bringen: Zu dritt knobelten wir minutenlang darüber, wie das
Gerät wohl wieder funktionstüchtig gemacht werden könnte.
Als wir endlich so weit waren, entschwand der Käufer fröhlich pfeifend – die Tüte voller Rohlinge: keine bespielbaren
CDs, sondern halb fertig gebackene Brötchen.

Der Rinderbraten sei ein bisschen trocken, mault Banny.

»Mit Sauce geht's«, bemerke ich.

Andrea will gerade protestieren, als Ulli in der Tür erscheint.

»Ullchen! Willst 'n Kaffee? Wir essen grad Mittag.«

Der hagere Riese mit den weißlichen Bartstoppeln setzt

sich. Gegessen habe er schon. Aber einen Kaffee möchte er gern. Seine Frau, sagt er, habe ihm aufgetragen vorbeizukommen: Wir seien schon zweimal im Radio gewesen. Banny nickt kauend und winkt mit der Gabel, als sei das Mediengeschäft für ihn bereits ein alter Hut. Ullchen ist Andreas Onkel und hat in grauer Vorzeit Bannys Laden mit Tabakwaren beliefert. Das war aber noch im Keller seiner Mutter – vor 1994. Das Geschäft, sagt Banny, existiere genau genommen schon seit zwanzig Jahren. Damals hätten seine Eltern damit begonnen, in ihrer Garage Flaschenbier zu verkaufen. Direkt nach der Wende habe dann der Dorf-Konsum dichtgemacht, und die Friedrichsruher hätten auf einen Schlag ohne örtliche Versorgung dagestanden. »Die kamen dann zu meinen Eltern und ham gesacht: Nu müsst ihr uns in Zukunft nich nur Bier verkaufen, wir brauchen auch Brot und Butter und Milch.«

So nehmen die Dinge ihren Lauf. Die Banner'sche Garage wird zum Dorfladen. Aus Platzmangel steht nahezu jeder Artikel nur einmal im Regal. Wird er verkauft, muss er irgendwo aus den Untiefen des Kellerlagers geholt und wieder hingestellt werden. Zum Bierverzehr setzen sich die Friedrichsruher in Reihen links und rechts auf die Mauer neben der Einfahrt. Das gesamte Warenangebot kommt aus dem Westen, für die Beschaffung ist Sohn Banny zuständig. Der hat gerade seine Anstellung als Elektriker verloren. Über zwei Ecken lernt er einen Bäcker östlich von Hamburg kennen, für den er fortan Brötchen ausfährt. Im Gegenzug dafür streckt der Bäcker ihm seine Einkäufe im Großmarkt vor. Mit einem bis unters Dach beladenen, alten VW-Bus plus Anhänger kehrt Banny von seinen West-Touren zurück. »Wir waren wirklich die Allerersten, die hier Weintrauben oder Milka-Schokolade verkauft haben. Die Leute haben bis oben anne Straße gestanden. Bis ganz oben.«

Nicht selten ist das gesamte Kontingent innerhalb von einer Stunde ausverkauft. Der westdeutsche Bäcker behält die Sparbücher der Familie Banner ein, auch wenn die erst nach der Währungsunion als Sicherheit taugen. Bis dahin türmt sich der Schuldenberg auf, schließt die Dorfkneipe – und die Banner'sche Versorgungsgarage platzt aus allen Nähten. Vater Banner stellt übergangsweise ein Armeezelt im Hof auf, dann beginnen die Männer einen ehemaligen Bullenstall auf dem elterlichen Grundstück herzurichten: Sie misten aus, streichen an, legen Fliesen und stellen zum Schluss einen Gasofen in die Mitte.

»Bei der Einweihung war sogar der Bäcker aus Barsbüttel da! Der Raum sah natürlich aus, wie…« Banny schlägt die Hände überm Kopf zusammen. »Aber für uns war das damals was.«

Irgendwann werden die Banners von Neidern denunziert: Der Schankraum hat statt des amtlichen Mindestmaßes von zwei Meter fünfzig nur zwei Meter dreißig Deckenhöhe. Banny und sein Vater müssen erneut den Presslufthammer auspacken. Der Schweinestall und die Garage werden für die erforderliche Höhe ausgekoffert und hergerichtet. Zur Jahrtausendwende ist ein Volumen erreicht, das die Familie in den alten Räumlichkeiten nicht mehr stemmen kann. Als Bannys ehemalige Schule, schräg gegenüber dem Elternhaus, zum Verkauf steht, schlägt der Junior zu und verlagert Kneipe und Dorfladen an den neuen Standort.

»Mitte der Neunziger, die ersten Jahre, haben wir noch jeden Tag 'n Fass Bier ausgeschenkt. Jeden Abend! Das sind hundertsechzig Bier. Das is Wahnsinn.«

Andrea räumt die abgegessenen Teller weg. Noch bevor ich Hilfe anbieten kann, ist der Tisch leer. »Abwaschen tust du sowieso!«, ruft sie mir noch über die Schulter zu, während sie in der Küche verschwindet.

»Die is frech, oder?«, kommentiert Banny.

»Frech wie Bolle«, stimme ich zu. »Aber wie ging's dann weiter?«

Ende der Neunziger sei es mit der Kneipe immer mehr bergab gegangen, sagt Banny. Er habe geglaubt, mit dem Neubau das Ruder noch mal rumreißen zu können: Richtig schön sollte alles werden, mit Klimaanlage, Tresen und allem drum und dran. Aber der Plan geht nicht auf. In der Gegend wird das Geld knapp. Für den Kneipenbesuch reicht es oft nicht mehr, die Leute trinken jetzt zu Hause. Banny muss umdisponieren. Mit Blick auf die müden Fernfahrer und Außendienstler verwandelt er die Kneipe kurzerhand in zwei Pensionszimmer. Zusätzlich zum Laden wird der Imbiss ausgebaut: Damit sind die Urpfeiler des vielbeinigen Friedrichsruher Geschäftsmodells verankert.

Ulli muss los. Er wird mit Küsschen und Umarmungen verabschiedet und soll zu Hause schön grüßen.

»So – abwaschen!«, gibt Andrea als Losung für mich aus.

»Und dann hinlegen«, komplettiere ich. Wir lachen.

Yvonne scheint nicht damit gerechnet zu haben, dass ich tatsächlich abspüle. Jetzt streicht sie um mich herum und schiebt Gegenstände von A nach B. Wir kommen ins Gespräch: Ihre Tochter geht im hinteren Teil des Gebäudes – jenseits der Dachrinne – in den Kindergarten, wohnen tut die Familie gegenüber. Yvonnes Mann ist Kraftfahrer. Früher sei er auch schon mal mehrere Monate weg gewesen, vertraut sie mir an. Immerhin komme er jetzt zumindest jeden Sonntag nach Hause. Genau hier im Imbiss hätten sich die beiden kennengelernt. Yvonne lächelt. Sie arbeitet gern für Banny.

265

»Wir sind ja alle auch privat viel zusammen. Also, dass wir abends mal zusammen grillen oder essen fahren. Er is nich nur einfach Chef. Ich mein, sicher: Hier isser Chef und ich Angestellte, und das muss auch so sein, aber... man is ja auch Mensch.«

Nach dem Abwaschen kontrolliert Yvonne die Bestände in den Regalen. Welche der paartausend Artikel müssen nachgeordert werden? Und welche laufen nicht so gut? Bannys Hauptarbeitskraft legt den Zeigefinger an die Unterlippe und macht sich in einem kleinen Heft Notizen. Den Rest müsse man einfach im Gefühl haben. Mit der Zeit gehe das schon, sagt sie und lacht.

Drinnen im Imbiss mache ich unter anderem die Bekanntschaft zweier Damen von der Metro-Kette. Mit ihren dunklen Businesskostümen erinnern sie mich an zwei in die Jahre gekommene Stewardessen. Sie sitzen sehr aufrecht am Tresen und entpuppen sich nicht nur als ausdauernde Kaffeetrinkerinnen, sondern auch als recht gesprächig. Als unser Schnack über Gott und die Seenplatte endet, überreicht mir das schwarz-blond gemischte doppelte Lottchen einen dicken Weinatlas: Der sei eigentlich für Herrn Banner bestimmt gewesen, ich solle es nicht verraten, kichert die dunkle Hälfte des Duos. Währenddessen pflanzt mein Chef vorn neben dem Carport einen Baum. Ihm sei so danach, hat er mich wissen lassen. Heute Abend, nach einigen Bieren und Hasenpfeffern wird er mir verraten, dass er das Bäumchen Jonny getauft hat.

Der Rest des Nachmittags vergeht wie im Flug: Drinnen verkaufe ich Pommes, Bockwurst und Donauwellen, und am Außengrill drehe ich für Yvonne und ihre LKW-Fahrer die Würste um. Herr Banner Senior kommt über die Straße gewackelt und hält ein Schwätzchen mit mir, während ich beobachten darf, wie die durchgeknallte Rentnerin Hilde sich mit ihrem Zwergpudel ein Eis teilt. Wahrscheinlich, meint Herr Banner mit prüfendem Blick gen Himmel, würden sich die Wolken bis zum Abend noch verziehen. Eine Einschätzung, die der inzwischen eingetroffene Lokalreporter von *Hallo Nachbar* nicht teilen mag.

Gegen halb neun verlasse ich frisch geduscht mein Pensionszimmer, folge meiner Nase und finde mich zur Grillrunde auf Bannys Terrasse ein. Vor der verheerenden Wirkung des lokalen Anästhetikums namens Hasenpfeffer hatte mich leider niemand gewarnt.

Der Nach-Hasenpfeffer-Morgen kommt zu früh. Mir ist, als hätte ich mich erst vor fünf Minuten hingelegt. Nach zwei Bechern starken Bohnenkaffees und einem halben Schinkenbrötchen stehe ich zwar immer noch im Verdacht, deutlichen Restalkohol zu haben, aber die Sinne kehren langsam zurück. Banny und ich gehen über die Straße zum Haus seiner Eltern. Er will mir noch die Garageneinfahrt zeigen, mit der alles begann. Banny trägt ein paar Topflappen, die er seiner Mutter zurückbringt. Er humpelt leicht, hat aber keine Ahnung warum. Die Einfahrt sieht erwartungsgemäß unspektakulär aus: Dunkelgrauer, pockennarbiger Beton führt hinab zu einer braunen Holzflügeltür, über der wie eine Schirmmütze ein kurzes, bemoostes Vordach sitzt. Banny kratzt sich am Kopf. Er überlegt, wie viel Leute hier wohl links und rechts auf die Mauer gepasst haben. Sein Haarschnitt, das fällt mir jetzt auf, ist der eines Mannes, der sich über Frisuren nicht so viel Gedanken macht. Die Haare sind halt da und sollen nicht stören. Sechsundvierzig ist Banny jetzt, in seinen Geheimratsecken wird bereits einiges geflüstert.

267

Wir passieren den Hof, vorbei an dem ehemaligen Schwei-nestall, überqueren die Wiese, durch das Gatter zu Sira, der al-ten Schäferhündin, die mich ihren lautstarken Ankündigungen zum Trotz doch nicht beißen möchte, bis hinunter zum Teich. Auf dem Wasser schwimmt Entengrütze, eine mächtige Weide hängt tief über das grasige Ufer, auf ihren abgesägten Ästen hat sich neues Grün breitgemacht. Ein paar Gänse paddeln herum.

»Da drüben ist schon Goldenbow«, sagt Banny und zeigt über die Wiesen. »Grundlos« nenne man die: Wenn sich dort eine Horde Kühe in Bewegung setzte, würde der Boden wie eine Hängematte schwingen.

»Wat denkst du, wie die Vögel hier zwitschern? Wenn ich manchmal nachts um drei die Kneipe oben abgeschlossen hab im Sommer – dann bin ich hier noch mal runter und hab mir das angehört. Das is Wahnsinn.«

»Sag mal«, beginne ich meine Frage, »wenn du jetzt keinen Laden und keinen Imbiss und keine Pension und keine Post und keine Autogastankstelle – wenn du das alles nicht hättest: Was würdest du dann machen?«

Banny zieht die Mundwinkel nach unten und zuckt die Schultern.

»Ich meine das eher so Richtung Wunschtraum aus Kinder-tagen: Astronaut, Rennfahrer, Cowboy …«

»Fußballer«, sagt Banny. »Ich hab früher aktiv Fußball ge-spielt bis zu meinem Unfall bei der Armee.«

»Und was ist da passiert?«

»Rechtes Bein gebrochen, Oberschenkel. Und die Hand zerdengelt.«

Ein Motorradunfall sei es gewesen, Kolbenfresser, mit Volldampf gegen einen Baum. Er habe nur hinten drauf ge-sessen und keine Schuld gehabt. Zu der Zeit sei der DDR-

Zweiligist »Vorwärts Hagenow« an ihm interessiert gewesen.
»Also, ich will mich nicht selbst loben – aber ich war damals
'n richtig Guter.«

»Das ist ja kurz vor ... hieß das bei euch auch Bundesliga?«
»Oberliga.«

»Und nach dem Unfall? Ging es nicht mehr mit dem Fußball?«

Banny schüttelt den Kopf. Er habe dann später noch eine
Refraktur gehabt. Der Nagel sei immer noch drin.

»Wie alt warst du da?«

»Zwanzig«, sagt Banny. »Meine erste Frage nach dem Auf-
wachen aus der OP war, ob ich wieder Fußball spielen kann.«
Banny lächelt etwas schief. »Da hat der Doktor gesagt: Also, 'n
zweiter Rummenigge wird wohl nicht mehr aus dir werden.«

Inzwischen ist Banner senior dazugetreten. Die letzten
Sätze hat er mitgehört und sie kopfnickend bestätigt. Einen
Moment lang sagt niemand von uns etwas. Banny sieht hinunter auf seine Arbeitsschuhe. Das sei sein Schicksalsschlag
gewesen. Wenn das nicht passiert wäre, hätte er versucht, Pro-
fifußballer zu werden. Rechtes Mittelfeld, offensiv ausgerich-
tet. Das Leben schießt diesen Ball ins Aus.

»Aber, ich lass mir auch heute noch kein Spiel ... das weiß
Andrea auch, deswegen ham wir auch zwei Fernseher: Wenn
Fußball kommt, verzieht sie sich gleich ins andere Zimmer.«

»Das hat er von der Oma«, schaltet sich Vater Banner ein.
»Die hat achtzigsten Geburtstach gefeiert, da sind wir nach
Mölln gefahren ... und weißt, was sie gemacht hat?«

Banny weiß es: »Die is zu mir hin – die anderen saßen alle
schon am Tisch – und beugt sich runter ...« Banny kommt
ganz nah an mein Ohr und flüstert: »Komm, Ronald – Sport-
schau fängt an.«

Von einem, der auszog

Sechzehnte Station:

Eppendorfer Grillstation

Hamburg

Ich bin in Hamburg. Wieder zu Hause, aber dieses Wort hat einen wehmütigen Beigeschmack, es stimmt inzwischen nicht mehr so richtig. Genau zwei Wochen bevor ich meine Reise ins Herz der Imbissbude angetreten habe, bin ich mit meiner Frau aufs Land gezogen, an die Ostseeküste bei Eckernförde. Dennoch kenne ich in dieser Straße jedes Haus und jeden Baum. In Toni's Eiscafé, ein paar hundert Meter weiter, habe ich fast jeden Tag meinen Cappuccino getrunken, bei Fisch Geißen habe ich Lachs und Nordseekrabben gekauft, der Schuster an der nächsten Ecke hat meine Schuhe besohlt, und der Supermarkt auf der anderen Straßenseite hieß mich auch am Samstag bis zweiundzwanzig Uhr willkommen. Dreizehn Jahre lang habe ich hier gewohnt. Zu meinem Arbeitsplatz habe ich zu Fuß zwei Minuten gebraucht, von meinem Balkon konnte ich herüberwinken. Jetzt stehe ich wieder vor jenem Imbiss in Hamburg Eimsbüttel, der von der ersten Folge an die televisionäre Heimat von »Dittsche – das wirklich wahre Leben« war und immer noch ist: die Eppendorfer Grillstation.

Es ist kurz nach halb elf, als ich den leeren Gastraum betrete. Oliver Kammerer, der Wirt der Grillstation, winkt mir aus dem Flur zur Hinterküche zu. Offenbar ist er dort gerade in eine Hakelei mit einem Gast verwickelt. Ich winke zurück und bleibe vor dem Tresen stehen. Was für ein eigenartiges Gefühl: Alles ist gleich, alles ist vertraut und doch ganz anders. So ähnlich, denke ich, muss sich ein angehender Zimmermann fühlen, der von der Walz wieder nach Hause kommt. Die Glasplatte auf dem Tresen habe ich schon über hundertmal angefasst. Durch dieses Fenster habe ich schon so oft auf die Straße geschaut. Der Wurstbräter, die beiden Friteusen und die Schneidefläche aus dickem, weißem Kunststoff sind mir wohlvertraut. Ich kenne den Klang des Raumes, weiß, in welcher Schublade die Fleischzange liegt und wo die Kaffeebecher stehen.

Während Oliver mit dem Gast weiter über die Konsistenz der Rouladen von gestern streitet, fällt mir ein, wie mir der frühere Wirt Peter Angerer vor fast zehn Jahren hinter diesem Tresen sein Sortiment und dessen Zubereitung zeigte – innerhalb von ein paar Minuten war er mit dem Thema durch und ich heillos überfordert.

An diesem Tag drehten wir die allerersten Dittsche-Takes: Vier Stunden lang liefen die Kameras ununterbrochen. Genügend Bildmaterial für sechzehn Kurzepisoden innerhalb von Olli Dittrichs damaliger Sendung »Olli, Tiere, Sensationen«, die den WDR schließlich vier Jahre später veranlassten, der Dittsche-Idee mit einem halbstündigen Solo-Format eine Chance zu geben.

Ich erinnere mich, wie bei besagtem ersten Dreh nach noch nicht einmal fünf Minuten plötzlich eine alte Dame mit Kompotthütchen vor dem Tresen stand. Sie war den beiden Bodyguards vor der Imbisstür einfach durch die Beine gelaufen, blickte mir ein wenig irritiert ins Gesicht und bestellte kurzerhand achtzehn Chicken-Nuggets zum Mitnehmen. Olli, in Bademantel und Schlappen, hörte ihre Bestellung, raunte mir ein »Na, denn sieh man zu« über den Tresen und drehte sich aus dem Kamerablickfeld. Jetzt war spontanes Method-Acting gefragt. Unbedingt wollte ich durchhalten, die Szene retten, den Kundenwunsch erfüllen und weiterspielen. Aber warum mussten es ausgerechnet Chicken-Nuggets sein? Kamen die jetzt in die Mikrowelle? Oder waren das die anderen, die Dings... Während mein Gehirn verzweifelt versuchte, Herrn Angerers Einweisungen zu rekonstruieren, begann ich damit, die panierten Brocken aus der Auslage auf einen Teller zu verfrachten. Um Zeit zu gewinnen, zählte ich laut mit – und kam nur bis siebzehn.

»Das tut mir aber leid«, versicherte ich der kleinen Hütchenträgerin. »Was machen wir denn jetzt?«

»Och, ist nicht so schlimm«, meinte die alte Dame, »dann geben Sie mir doch noch einen Chicken-Crossie dazu.«

Chicken Nuggets – Chicken-Crossies: Wo war da jetzt noch mal der Unterschied? Waren beide Hühnerartikel auf die gleiche Weise zu garen? Und wo lagen die verdammten Teile überhaupt? Schweiß trat mir auf die Stirn. Ratlos starrte ich auf die siebzehn Nuggets auf meinem Teller, dann schob ich sie in die Mikrowelle, stellte eine Zahl ein und drückte auf Start. Aus Ollis Richtung nahm ich ein unterdrücktes Prusten wahr. Die alte Dame runzelte die Stirn und sagte ebenso freundlich wie bestimmt: »Also, Ihr Kollege – der tut die immer in die Friteuse.«

An dieser Stelle mussten wir den Take abbrechen. Der kollektive Lachanfall glich einer Eruption, er hielt lange an und wurde gegen Ende schmerzhaft. Noch während wir die betagte Kundin darüber aufklärten, dass sie heute leider weder Nuggets noch Crossies mit nach Hause nehmen würde, musste ich mir mehrmals die Tränen aus den Augen wischen.

Im Nachhinein kommt es mir so vor, als habe diese unfreiwillig komische Begegnung den Grundstein für meine Reise gelegt. Sie zeigte mir, wie dünn das Eis war, auf dem ich ging: Vom Beruf des Imbisswirts hatte ich keinen Schimmer.

Oliver ist erstmal genervt. »Hast du das mitgekriegt? Der kam grad rein und sagt, die Roulade von gestern wär knüppelhart gewesen. Ich sag, die Gäste haben alle ihre Teller leergegessen ... Ich hab auch eine gegessen, die war super.« Aber bei dem sei das immer so, knirscht er. Einmal habe er dem eine supertolle Ente gemacht – nur für ihn, auf besonderen Wunsch. Oliver macht ein miesepetriges Gesicht und tritt ein Stück näher: »Du, also – die Ente, die war knüppelhart.«

Es ist Freitag. Ein komischer Tag, sagt Oliver: Man wisse nie, wie der so werde. Sein bartstoppeliges Gesicht hellt sich auf. Vorgestern hätten sie eine Pommes-Promotion hier gehabt. Lotto King Karl sei auch da gewesen, und die Leute hätten bis auf die Straße gestanden. »Die Fritten hatten so 'ne U-Form, 'n ganz neues Produkt. War schon witzig.«

»Nimmst du die ins Sortiment?«

Oliver guckt, als hätte ich ihn gefragt, ob er mit Gummistiefeln ins Bett gehe. Er schüttelt den Kopf. Er habe nur frische Pommes, Tiefkühlware sei nichts für ihn.

Markus kommt nach vorn. Der zweite Mann im Laden hat in der Hinterküche gerade ein paar Hähnchenspieße fertig gemacht. Deutlich jünger als Oliver und ich, spielt er doch bereits in unserer Frisurenliga mit, wobei Oliver noch die größte Menge Resthaar sein Eigen nennen darf: Es umkränzt den Kopf in klassischer Altherren-Manier und bildet ganz oben eine visitenkartengroße, kurze Wiese. Mit seinen dunklen Augen, der ausgeprägten Nase und den henkelartigen Ohren hat

er auch ohne Baskenmütze und Baguette unterm Arm etwas
sehr Französisches an sich. Die weiße Kochjacke und die dazu
passende, schwarz-weiß karierte Hose trägt der Exil-Schwabe
aus gutem Grund: Oliver Kammerer ist gelernter Koch. Der
Einzige auf meiner Reise. In zwei großen Hamburger Hotel-
küchen hat er gearbeitet, bis ihm der Stress zu viel wurde und
er 2005 die Grillstation übernahm.

»Mit fünfundzwanzig Leuten in der Küche stehen?« Oliver
kräuselt die Stirn. »Das kann's auf Dauer nicht sein ...«

Während Oliver so erzählt, ertappe ich mich dabei, dass ich
nicht richtig bei der Sache bin. Es liegt ein Schleier über mir.
Ob es die Nachwirkungen des Friedrichsruher Hasenpfeffers
sind oder ob mein innerer Informationsspeicher nach fünfzehn Reisestationen einfach bis zur Oberkante gefüllt ist – ich
weiß es nicht. Mich erreichen nur noch Bruchstücke aus der
Biografie des Mannes, der jetzt die Salate in die Vitrine räumt.
Beruflicher Spätstarter, aus dem Ländle kommend, Zivildienst
auf Baltrum. Aus zwei Jahren auf der Ostfriesen-Insel werden zehn. Oliver zeugt einen Sohn und verlässt die Insel doch
allein. Nächste Station: Augsburg. Dort macht er mit Mitte
dreißig eine Kochlehre. Aus der Puppenkiste führt der Weg
schließlich nach Hamburg ins Side Hotel. Nur noch ein paar
Jahre sind es von der Hotelküche bis zur Grillstation. Ein Kat-
zensprung. Ein paar Beziehungen sind während dieser Wan-
derjahre unter die Räder gekommen. Oliver scheint das sehr
gelassen zu nehmen. Stress geht er aus dem Weg. Davon habe
er schon bei der Arbeit genug. Viel mehr erfahre ich nicht aus
seinem Seelenleben. Dieser Mann trägt sein Herz nicht auf der
Zunge. Er ist ein Einzelgänger mit großem Drang zur Eigen-
ständigkeit. Sein Sohn, sagt er, sei genauso: Der sei jetzt sechzehn und schon aus dem Haus – so wie er damals auch.

Heute Mittag gibt es Schweinenackensteak, da muss schon mal ein bisschen vorgebraten werden. Markus schwenkt die Pfanne und wirft die Bratkartoffeln durch die Luft. Das erinnert mich an Ahmed. Der konnte das genauso gut. Wann immer ich in den letzten dreizehn Jahren hier hereinspaziert bin, ich habe stets den Mann mit dem pechschwarzen Schnauzer und der dezenten Brille angetroffen. Oliver hatte ihn von seinem Vorgänger Peter Angerer übernommen. Seit Menschengedenken war Ahmed der zweite Mann im Laden gewesen.

»Arbeitet Ahmed gar nicht mehr bei dir?«

»Doch«, sagt Oliver, »inzwischen wieder. Früher hat er sogar Vollzeit gearbeitet. Aber wegen dem Schweinefleisch durfte er dann nicht mehr. Er ist ja Moslem. Und da hab ich gesagt: Gut, dann musst du dir was anderes suchen.« Und das habe Ahmed dann wohl oder übel auch getan. Warum er überhaupt irgendwann mal hier arbeiten durfte – Oliver weiß es nicht.

»Und dann?«, frage ich. »Was ist aus ihm geworden?«

Ein Jahr später habe Ahmed plötzlich wieder auf der Matte gestanden, erzählt Oliver. Doch zu dem Zeitpunkt sei die entstandene Lücke ja schon lange mit Markus besetzt gewesen. Er habe Ahmed nur noch die Spätschichten anbieten können.

»Dann durfte Ahmed also plötzlich doch wieder mit Schweinefleisch hantieren?«

»Siebzehn Jahre lang durfte er, dann durfte er nicht mehr … und dann mit einem Mal doch wieder.« Oliver schaut mich an und zieht eine Augenbraue hoch. »Wenn der sich so verarschen lässt von seinen Obermullahs …«

Die Schweinenackensteaks gehen wie geschnitten Brot. Doch nicht nur die – erstaunlich viele Gäste verlangen das Seelachfilet, besonders gern in der Kombination »einen Hahn und einmal Alaska«. Irgendwann flüstere ich Markus zu, er solle den Fischquader doch mal gefroren auf den Teller legen, so würde sich das doch eigentlich gehören für »Alaska«. Markus verzieht keine Miene.

Der nächste Gast entscheidet sich für das Schnitzel. Um Zeit zu sparen, hantiere ich mit dem erstbesten Greifwerkzeug herum, das mir in die Finger kommt. Das sieht Oliver überhaupt nicht gern. Für den Praktikanten gibt es keinen Kuschelbonus. »Du kannst keine Salatzange fürs Schnitzel nehmen!«, weist er mich zurecht. »Das geht ja gar nicht! Dafür haben wir unsere Fleischzange. Jetzt kannst du es ruhig schon mal parat legen – und dann fragst du den Gast, ob er nicht vielleicht ein Wiener Schnitzel haben möchte. Da ist nämlich schon ein kleiner Salat dabei – das kommt dann günstiger.«

Man spürt den Schwaben in ihm. Mein Einwand, dass es sich bei diesem Angebot nicht um Kalbfleisch und somit nur um ein »Schnitzel Wiener Art« handele, wischt mein Chef großzügig beiseite: Es stehe ja korrekt auf der Karte. Der Gast reibt sich die Augen. So viel Dialog hatte er doch gar nicht bestellt.

»Sie sind kein Moslem, oder?«, frage ich vorsichtshalber.

Ein zerknitterter Herr mit grauem Gesicht bestellt Pommes mit Ketchup und Mayo zum sofortigen Verzehr. Oliver fragt, ob es noch ein Bierchen dazu sein solle. Wie immer.

»Nee, heute nich«, erklärt der Knittrige. Er müsse noch arbeiten. »Sons gibs Ärger.«

Ich werfe die Kartoffelstäbe in die Friteuse. Der Knittrige hat offenbar Angst, nicht satt zu werden. »Noch eine Currywurst, bitte«, nuschelt er. Es klingt, als sei sein Gebiss nicht so ganz felsenfest verankert. »Ich ess ja nich mehr auffer Arbeit«, verrät er mir. »Ich weiger mich.«

»Oh«, sage ich, »was ist denn passiert? War was schlecht?«

»Ich geh da nich mehr hin«, beharrt der Knittrige. Ich hebe den Korb aus der Friteuse. »Hab 'n bösen Brief gekricht.«

Ein dicker Bauarbeiter bestellt zwei halbe Hähnchen mit Pommes. Markus springt ein.

Seine Arbeitsstelle habe sich so verändert, weiht mich der Pommesesser mit dem Wackelgebiss ein. Früher sei er mit Freude hingegangen. »Und da bin ich nich der Einzige! Die meisten – früher sind die alle gerne hingegangen. Früher war's noch sozial. Heute werden die… niedrigen Angestellten nur noch schikaniert.« Die letzten Worte wiederholt er mit Nachdruck, jede Silbe spricht er einzeln aus: »Nur noch schi-ka-niert.«

Der dicke Bauarbeiter schielt den Gebeutelten von der Seite an. Seit einunddreißig Jahren sei er im Betrieb, fährt der fort. Wenn er könne, würde er kündigen. »Ich geh da nich mehr gerne hin. Nich mehr gerne.«

»Mensch«, sage ich, während ich ihm seine Pommes in die dürre Hand gebe, »da hilft wohl nur durchhalten, oder?«

»Ich weiß nur eins«, seufzt der Knittrige, »bei der nächsten Gelegenheit krich ich wieder ein aufen Deckel.«

Gegen drei Uhr ebbt die Mittagswelle langsam ab. Ich fege den Laden aus. Der Chef ist unterwegs, Getränke kaufen. Erst jetzt meldet sich der Hunger. Markus brät mir ein Schnitzel, ich steuere selbst die Bratkartoffeln bei und setze mich mit meinem Teller ans Fenster. Früher, bevor Oliver den Laden übernahm, sah es hier deutlich schmuddeliger und abgeranzter aus. Insbesondere die uralten, rührend dilettantisch bemal-

277

ten Angebotsschilder mochte ich besonders gern. Auf dem Haxenschild stand rechts neben dem Preis noch ein mehrfarbig gemaltes Knollennasenmännchen mit sehr kleinem Körper und hielt eine überdimensionale Grillhaxe auf einer Gabel aufgespießt. Nur wenige dieser Preziosen konnten wir vor dem Bauschuttcontainer retten. Die alte Pappe mit dem Sinnspruch »Geborgt wird nichts, das halte ich für's Beste – man verliert sein Geld und später noch die Gäste« ist eine von ihnen. Sie wird auch heute noch für jede Sendung extra an die Säule rechts vom Tresen gehängt.

Ich esse und schaue. Die Wände im Gastraum sind vom Boden bis in Hüfthöhe mit Holz verkleidet. Den oberen Abschluss bildet eine Leiste mit rotem Zierstreifen. An der Ecke, auf die mein Blick jetzt fällt, ist nicht ganz sauber gearbeitet worden: Ein kleiner Spalt ist sichtbar geblieben. Ein Spalt, an dem sich im Sommer 2005 vor laufender Kamera gewissermaßen ein Streit entzündete. Zwischen mir – als Ingo – und Oscar Umpierrez.

Zu dieser Zeit, zwischen Dittsche-Staffel Nummer eins und zwei, wurde die Grillstation renoviert. Um den Zuschauer auf den neuen Look vorzubereiten, drehten wir während des Umbaus mit und strahlten vor Beginn der Herbststaffel das »Renovierungs-Special« aus. Nun schlug die große Stunde des Oscar Umpierrez. Der mickrige Spanier mit dem überschäumenden Temperament und dem eigenwilligen Deutsch hatte sich praktisch seit der ersten Sendung als wiederkehrender Ein-Minutengast in unsere und die Herzen der Fernsehzuschauer gespielt. Nun führte der Hausmeister und »von Ingo engagierte Bauleiter« den Interviewer mit der Grandezza eines Großgrundbesitzers durch die Räume und moderierte sich in seinem unnachahmlichen Kauderwelsch durch sämtliche Baumaßnahmen. Gerade so, als habe er selbst vor einer Minute erst die Kelle aus der Hand gelegt. Oscar war einzigartig.

Als ich ihn 1995 auf der Wohnungseinweihungsparty meines Freundes Stephan kennenlernte, bildete der Limbo tanzende Herr im Smoking den Mittelpunkt der Tanzfläche. Weder seine sechzig Lebensjahre noch die augenrollende Anwesenheit von Ehefrau Wilma konnten ihn davon abhalten, alles anzugraben, was keinen Bartwuchs hatte. Dass es sich bei ihm um den Hausmeister handelte, hätte niemand gedacht. »Ich bin Oscar«, sagt er zu mir, als Stephan uns bekanntmachte, und präsentierte dabei zwei beeindruckende Zahnreihen. »Ein Mann für alle Fälle.«

Ein Jahr später bezog ich die Wohnung über der Familie Umpierrez und lernte Oscars Marotten und Gewohnheiten näher kennen. So überkam den Exil-Mallorquiner an fast jedem Sonntagnachmittag der unwiderstehliche Drang, die Musik aufzudrehen. Dann nahm er seine große, üppige Wilma in den Arm und zog die Sylter Blondine übers Wohnzimmerparkett. Sein Lieblingsrepertoire lag dabei im Bermuda-Dreieck zwischen Julio Iglesias, Italo-Disco und Party-Schlagern und musste vor allen Dingen laut gehört werden. Sehr laut. Einmal war es so schlimm, dass ich das Wort »Gnade!« auf eine Pappe malte und diese an einem Band vor seinem Wohnzimmerfenster herunterließ. Zwei Minuten später saß der kleine Mann in meiner Küche und konnte auch durch beherztes Einflößen von teurem Brandy nicht vom Lachen abgehalten werden. »Hombre! Du bis verruck!«, rief er immer wieder aus, und hielt sich den kleinen Bauch.

Als Dittsche-Gast war Oscar unschlagbar: Er war vollkommen angstfrei und authentisch – und ging in jede Sendung mit dem unerschütterlichen Vorhaben, dort einen klasse Witz zu erzählen. Niemals hat er auch nur eine Pointe ins Ziel gebracht. Sein Deutsch war einfach zu schlecht und er zu langatmig, zu kompliziert, zu verschroben. Doch gerade dadurch zählten diese Minuten mit dem kleinen Hausmeister zu den schönsten, rührendsten und lustigsten, die uns je ein Gast beschert hat.

Vor vier Jahren bekam Oscar einen schlimmen Husten. Sein Bellen drang vor allem nachts laut und deutlich durch den Dielenboden. Das war der erste Vorbote des Lungenkrebses. Ein Jahr später war Oscar tot. Kurz davor hatte seine Darstellertätigkeit weitere Früchte getragen und ihm Nebenrollen in einem Detlev Buck-Film und einer Faust-Inszenierung im Hamburger Schauspielhaus eingebracht. Ich schenkte ihm Autogrammkarten, die er mit stolzgeschwellter Brust und bisweilen auch unaufgefordert in der Nachbarschaft verteilte. Ohne ihn wurde es sehr still im Haus.

Zwei unscheinbare Männer in meinem Alter haben gerade ihren Teller geleert. Der eine von ihnen tupft sich mit der Serviette den Mund und kommt zu mir an den Tresen.

»Entschuldigen Sie«, sagt er, »wir würden gern über die Fruchtallee zur Sternschanze fahren.« Während er spricht – langsam, fast betulich und mit süddeutschem Akzent –, hält mir sein Begleiter einen aufgeschlagenen Stadtplan hin. Das sei überhaupt kein Problem, antworte ich. Zur Fruchtallee müssten sie von hier einfach nur geradeaus fahren. Ob sie dort allerdings links abbiegen dürften …

»Wir sind mid'm Fahrrad underwegs«, klären sie mich auf.

Umso besser, versichere ich, während ich den Weg auf der Karte zeige. Dann könnten sie nämlich im Grünen am Kaiser-Friedrich-Ufer entlangradeln. Dankend begeben sich die beiden an den Stehtisch, um dort fast im Flüsterton noch eine

Weile über ihrer Karte zu brüten. Ich wende mich dem nächsten Gast zu, der sich in breitestem Hamburgisch für die feilgebotenen Wurstarten interessiert. Ich zeige ihm die Bratwurst, die Schinkenkrakauer, die Schinkencurry …

»Ja«, ruft der Mann aus, »die nehm ich! Als Curry.«

Ich werfe die Wurst in die Friteuse. Heute Morgen hat mir Oliver erklärt, dass sie seiner Meinung nach so am besten geriete: außen kross und innen saftig. Auf dem Bräter dagegen würde sie bloß austrocknen und hart werden.

»Stück Brot dazu?«, rufe ich dem Gast über die Schulter zu, während ich seine Wurst aus dem Fettgefängnis befreie.

»Nö«, meint der, »Brot macht Kopfschmerzen.«

Oliver, Markus und ich sehen uns an.

»Interessante These«, sage ich und reiche ihm seine Wurst herüber, »hab ich noch nie gehört.«

»Jetzt hätt ich noch 'ne Frage«, schaltet sich der Erste der beiden Süddeutschen noch einmal ein, »bist du jetzt ned in Deutschland underwegs un bringst 'n Buch raus?«

»Das stimmt«, antworte ich wahrheitsgemäß. »Nächstes Jahr im März.«

Seine Eltern und auch er selbst, seien »totale Freaks von der ganzen Show hier«, bekennt der Süddeutsche daraufhin, deshalb seien sie beide jetzt auch hier. Extra angereist aus Nürnberg und Kraiburg in Oberbayern. Ich staune.

»In Nürnberg hab ich auf meiner Reise auch kurz haltgemacht, auf dem Weg von München nach Jena. Wegen der original Nürnberger Rostbratwürstchen.«

»Drei im Weckle?«, fragt der Nürnberger.

»Natürlich«, sage ich.

Der Franke glüht. Ob man vielleicht noch ein gemeinsames Foto machen könne?

»Ja, wo ihr schon mal hier seid«, sage ich. »Und vor allem: Wo ich schon mal hier bin.«

Ich komme hinter dem Tresen hervor, und der Franke zückt seine Digitalkamera.

»Bist du denn ned die ganze Woche hier?«, fragt er, während ich mich neben seinem Kollegen postiere. Ich halte inne.

»Ich bin nie hier«, antworte ich, »nur heute.« Ich bin kein Imbisswirt, und dies ist auch nicht mein Laden. Heute ist der letzte Tag meiner Reise, und dies meine letzte Station. Der Franke und der Oberbayer sehen sich an, als sei ihnen gerade der Urknall erklärt worden.

»Das gibt's ja ned!«, rufen sie fast unisono, und noch einmal: »Das gibt's ja ned!«

Jetzt noch schnell ein Autogramm für Paul und Hedwig. Als die glücklichen Radfahrer an der Tür sind, dreht sich der Franke noch einmal um und winkt mit der unterschriebenen Pommes-Pappe: »Die sind achtzig, meine Eltern, wenn die des … die fallen tot um!«

»Dann gib das mal ganz schnell zurück«, will ich ihm noch hinterherrufen, doch da sind sie schon durch die Tür, die sportlichen Herren aus dem Süden.

Es ist kurz nach fünf, als Ahmed für die Spätschicht zu uns stößt. Er begrüßt mich herzlich und verschwindet zum Umziehen in der Hinterküche. Oliver macht einen Prosecco auf, zwei Flaschen sind noch von der Pommes-Promotion übrig. Markus hält ihm seinen leeren Kaffeebecher hin. Während wir auf das Ende meiner Reise anstoßen, schlurft ein Mann mit schütterem Haar herein. Der einzige Mensch, den ich kenne, der es schafft, immer gleichzeitig überrascht und total gelangweilt aus der Wäsche zu gucken.

»Fahrrad-Michi! Ich glaub es nicht!« Ich bin komplett aus dem Häuschen. Obwohl er um die Ecke wohnt, ist dies der einzige Ort, an dem ich den Mann jemals gesehen habe – und auch das nur während der Dittsche-Sendungen: Fahrrad-Michi zählt zur festen Runde der Ein-Minutengäste.

»Hallo«, nuschelt Michi, »ich bin ja auch mal so hier... als Gast.«

Mit meinem Erstaunen kann er offenbar nicht so viel anfangen.

»Was möchtest du denn?«, frage ich und strahle dabei immer noch wie ein Honigkuchenpferd.

»Lass dir von dem nichts andrehen – der is nur Praktikant«, wirft Oliver von der Seite ein.

»Nö, nö«, wiegelt Fahrad-Michi ab. »Er macht das aber gut...«

»Und? Bist du mit'm Fahrrad da?«

»Nee, im Moment nich...«

»Dann bist du ja eigentlich Fuß-Michi heute!«

Dieser eher mittelprächtige Kalauer findet nur einen dankbaren Abnehmer – mich selbst.

Michi zieht eine Schnute: »Nö, ich...«

»Möchste Mayo auf die Pommes?«, unterbricht Oliver.

»Nee, hab ich zu Hause«, erklärt Fahrrad-Michi und macht eine abwehrende Handbewegung. Dass ich hier heute ohne Perücke hinterm Tresen stehe, scheint ihn nicht im Geringsten zu irritieren. Während ich die Garung seiner Currywurst beaufsichtige, hat sich Michis Auge an einer Drei-Liter-Flasche Kräuterschnaps im Regal festgesaugt.

»Das is ja auch Riesenklopper, oder?«

»Wenn du ein ganz großer Jäger sein möchtest«, vertraue ich meinem Gegenüber an, »dann musst du die auf ex nehmen.«

283

»Dann biste tot«, meint Michi, ohne seinen Blick zu lösen. Eigentlich möge er so was ja ganz gerne. So fünf bis sechs am Abend könnten es schon mal werden. Bei Helmut – in seiner Stammkneipe. Aber so 'ne ganze Flasche? Er ist unsicher. »Der schenkt ja auch immer gut ein, der Helmut.«

Während ich Fahrrad-Michis Bestellung einpacke, hat er die *Bildzeitung* auf einem der Stehtische entdeckt. »Was Boris Becker wohl für die Vermarktung seiner Hochzeit kriegen mag«, spekuliert er, »eine Million? Oder zwei?«

»Jedenfalls mehr als wir beide zusammen«, sage ich und reiche das Essenspaket über den Tresen.

»Da kanns wohl Recht haben«, meint Fahrrad-Michi, hebt die Hand zum Gruß und schlurft zum Ausgang.

»Willst du noch 'n Stück Brot dazu?«, rufe ich ihm hinterher.

Mich dreht sich um.

»Wieso?«

»Ist gut gegen Kopfschmerzen.«

Michi zieht die Augenbrauen noch höher. Dann schlurft er weiter.

Eine Weile beobachte ich, wie sich die Hähnchen langsam in dem großen Grill drehen. Es sind sonderbare Orte, diese Imbisse, denke ich. Sie kauern in den Nischen, wurschteln vor sich hin und erfüllen doch eine so elementare Funktion. Sie versorgen Nachbarschaften. Jeder Kiez braucht seine Bude. Man kennt sich. Man gehört zusammen. Man wird satt. Das ist der archaische Kern des Imbisses: Er ist eine zivilisierte Steinzeithöhle – eine, in der die Fleischbrocken für die Sippe über dem Feuer gegart werden. Und das ist Männersache. Immer noch. Nach zwei Millionen Jahren. Zumindest, wenn es

Paare sind, die zusammenarbeiten. Dann bedient die Frau die Friteuse, und der Mann dreht die Würste um. Ich habe keinen Imbiss gesehen, in dem es sich umgekehrt verhält.

Niemand träumt davon, Imbisswirt zu werden. Niemand scheint mit so etwas überhaupt zu rechnen, es sei denn, er wird in den Job hineingeboren. Die Menschen, die ich getroffen habe, haben vorher etwas anderes getan. Ihre Biografien verlaufen nicht gradlinig, sie haben Knicke und Brüche. Erst jetzt, auf dieser letzten Station, frage ich mich, warum es eigentlich keine Ausbildung zum Imbisswirt gibt. Oliver zuckt mit den Schultern – er weiß es auch nicht.

Die vergangenen Wochen waren die vielleicht spannendsten meines Lebens. Es war eine schöne, anstrengende Reise. Ich werde mich lange erinnern. An die Mundharmonika in Hannes' Händen, an Fatmas sanfte Stimme und Heikos Kämpferherz. An Rock'n'Roll in Jena, den schwarzen Regen an der Saale und den Duft der Heidelberger Holy Bones. An eine durchzechte Nacht in Mecklenburg, eine Oase in Schwabing und die tollsten Frauen von Dorsten. An all diese Menschen und ihre Geschichten.

Ich habe nur eine Messerspitze davon gekostet, aber ich weiß jetzt: Imbiss ist Knochenarbeit. Man kann damit reich werden. Aber auch arm. Beides habe ich gesehen. Ich befürchte, dass der klassische Imbiss in diesem Land langsam verschwinden wird. Wirte und Wirtinnen wie Lude, Heiko, Marlies oder Fatma wachsen nicht mehr nach.

Ich erinnere mich noch sehr deutlich an die Bude meiner Kindheit: in Hamburg Winterhude, im Durchgang Lattenkamp. Die Waldmeisterbrause, die in dem durchsichtigen Plastikkasten sprudelte, besaß das grünste Grün von der ganzen Welt. Die Münzen in der Hosentasche reichten nie für mehr als eine kleine Tüte Pommes – aber mit Ketchup! Und wenn die Tüte leer war, kaute ich auf der rot durchweichten und mit Pommesbröseln gefüllten Spitze herum. Alle Jungs aus meiner Straße machten das so.

Es ist kurz vor sieben und Zeit aufzubrechen. Ahmed fegt gerade die Hinterküche aus. Als ich mich von ihm verabschieden möchte, sieht er verdutzt auf.

»Hast du schon Feierabend?«, fragt er.

»Halt die Klappe!«, sage ich. Wir geben uns die Hand und lachen.

Und dann – fahre ich nach Hause. Es ist ein weiter Weg.

Dank

Großen Dank an: meine Eltern Olaf und Traute Olsen (Mutter, das mit dem Bein auf Seite 156 war nur ein Witz!). Meine Schwestern Theda und Tomma – die leider so weit weg sind. Olli Dittrich – ohne den es keinen Dittsche und keinen Ingo gäbe. Eckhard Voss – mit dem ich die Idee zu diesem Buch gemeinsam entwickelt habe. Gila Keplin – die durch alle Höhen und Tiefen der letzten zwölf Monate immer an meiner Seite war.

Meine geliebte Ehefrau Agnes, die mich in dieser Zeit so tapfer ertragen hat.

Außerdem Dank an: die Literaturagentur Simon, Sven Hasenjäger, Christian Braucksiepe, Maik Schacht, Kati Naumann, Birgitt Frey, Anja Keil, Nancy Salchow, Rüdiger Gerdts, Julia Jüttner, Anja Kwijas, Sebastian Fuchs, Thomas Kutsche, Clemens Sienknecht, Mathias Bothor, Frank Radtke, J. P. Rosendahl, Tom Tomczyk, Andreas Sehtlusch, Thomas Fürst, Bärbel Ralf, Steffen Rabe, Jon von Wetzlar.

Ein Spezialdank an alle Goldmänner und -frauen für den Glauben an das Buch und die großartige Unterstützung.

Dank an meine Tippgeber: Jens Klindt, Andreas Rogahn, Jörg Moissner, Volker Griepenstroh, Christine Weiland, Gerhard Dawen, Reinhold Winderl, Martin J. Zimmermann, Tobias Stellmacher, Georg Ecker, Philipp Coerdt, Heike Fadda, Konrad Geyer, Werner Weidner, Christian Sorge, Mathias Bothor, Stefanie Goddin, Nancy Salchow.

Mein heißer Dank gilt auch allen Wirtinnen und Wirten, ihren Familien und Mitarbeitern sowie allen Kunden, die ich kennenlernen durfte.

Alle Personen und Imbisse in diesem Buch sind real. Lediglich den Imbiss namens »Extra-Griller« werden Sie weder in Weißenfels noch sonstwo finden. Hier war es juristisch notwendig, Namen und Ort zu verändern.

Und zu guter Letzt: Der Mietvertrag der Otts wurde inzwischen verlängert – der Imbiss »Alles Wurscht« am Nikolaiplatz bleibt bestehen.